AtV

Torsten Körner, geboren 1965, studierte Germanistik und Theaterwissenschaft, Promotion mit einer Studie über Heinz Rühmann. Seit 1999 Arbeit als Fernsehkritiker. Er lebt und arbeitet in Berlin. Publikationen u. a.: *Die Geschichte des Dritten Reiches, erzählt von Torsten Körner* (2000), *Ein guter Freund. Heinz Rühmann* (2002), *Schiller für Eilige* (2004) und *Franz Beckenbauer* (2005).

Beim Thema Fußball sind »große« Männer schnell wieder »kleine Jungs« – in vielen Biographien spielte irgendwann der Traum von einer Karriere als Kicker eine wichtige Rolle. Hier erzählen Politiker und Journalisten aus ihrem Fußballer-Vorleben, schildern Schauspieler und Intendanten ihre Kindheitserlebnisse im Verein, erinnern sich Musiker, Schriftsteller und viele andere an ihre beste Zeit auf dem Platz. Und nicht nur diese Männer haben früher begeistert gedribbelt, auch prominente Frauen aus der Medienwelt bekennen sich zu ihrer Fußballiebe. *Auch ich war einst Pelé* spürt ihren Geschichten nach und zeigt, was von den Träumen geblieben ist.

Auch ich war einst Pelé

Prominente und ihr Traum vom Fußball

Herausgegeben von
Torsten Körner

Aufbau Taschenbuch Verlag

ISBN-10: 3-7466-7051-9
ISBN-13: 978-3-7466-7051-5

1. Auflage 2006

Umschlaggestaltung Dagmar & Torsten Lemme
unter Verwendung eines Fotos von Visum Foto
Druck und Binden C. H. Beck, Nördlingen
Printed in Germany

www.aufbau-taschenbuch.de

Inhalt

Für Sebastian

Manuel Andrack, Fernsehschaffender

Manuel Andrack, geb. 1965 in Köln, wuchs in der Domstadt auf und studierte hier nach dem Besuch des Gymnasiums Theater-, Film- und Fernsehwissenschaften, Germanistik und Kunstgeschichte. Er arbeitete als Redakteur bei *RTL* und *SAT.1* und begann 1995 als verantwortlicher Redakteur der *Harald-Schmidt-Show*. Seit Ende August 2000 kam er mit auf die Bühne, wo er als Ansprechpartner für Harald Schmidt bundesweite Bekanntheit erlangte. Nach dem Aus der Show Ende 2003 nahm ihn Schmidt als Chefdramaturg unter Vertrag. In seinem Kabarettprogramm tritt Andrack wieder als Sidekick auf und ist auch bei Schmidts neuer Show in der *ARD* mit von der Partie. Er hat zwei Kinder und lebt in Köln.

Wir treffen uns in Köln-Mülheim. Herr Andrack erzählt ernsthaft und präzise, Herr Andrack scheut große Worte und Phrasen. Er macht keine Schnörkel, sondern sticht einfach zu, wie einst auf dem Platz, wo man ihn nur die »Nadel« nannte.

Die Nadel

Die Fußballeidenschaft war von Kindesbeinen an vorhanden. Ich hab' schon im Kindergarten rumgebolzt und auch mit meinem Vater auf der Wiese gespielt. Aufgewachsen bin ich auf der Schääl Sick in Köln Ostheim. Schääl Sick nennt der linksrheinisch lebende Kölner abfällig die Seite rechts des Rheins. Ostheim ist auf der rechten Rheinseite und liegt zwischen dem eher gutbürgerlichen Köln-Rath und den Arbeitervierteln Kalk und Vingst. Als Kind und Jugendlicher wollte ich immer in einen Fußballverein eintreten. Das wäre vor Ort gleich der SSV Ostheim gewesen. Ich erinnere mich, daß ich da auch manchmal mit meinem Vater zum Zuschauen war. Häufiger sind wir allerdings zu Viktoria Köln gegangen, deren Fan ich später auch wurde. Leider durfte ich nicht in den Fußballverein, weil meine Eltern das Umfeld zu asozial fanden. Ich glaube, das war ein Fehler, denn hätte ich von der Pike auf das Fußballspielen gelernt, wäre eine große Karriere nicht zu verhindern gewesen. So hat es nur zum geachteten Hobbyfußballer gereicht. In Ostheim war das Milieu gemischt. Es gab solide Reihenhäuser, aber hinter den Reihenhäusern lagen gleich die Sozialwohnungen. Als ich da aufwuchs, wohnten noch viele Aussiedler dort. Ich hatte als Kind manches Mal große Angst, zur Grundschule zu gehen, weil ich auf dem Schulweg des öfteren verprügelt oder in die Brennesseln geschmissen wurde. Da gab es ein paar Spezialisten, denen ich besser aus dem Weg ging. Der Fußballklub SSV Ostheim lag für meine Eltern definitiv auf der falschen Seite der Straße.

Unser Reihenhaus hatte einen kleinen Vorgarten. Hinter dem Haus gab es einen größeren Garten, der allerdings sehr schmal war. Der war etwa dreißig Meter lang und gerade einmal zweieinhalb Meter breit. Da hab' ich auch gekickt, hin und wieder mit meinen Schulkameraden, aber man landete ja automatisch in den Blumenbeeten. Daraufhin gab es einen Anpfiff von Muttern, und deshalb konnte man sich die Bälle nur ganz sachte hin und her schießen. Das wurde schnell langweilig. Deshalb ging meine Fußballbegeisterung andere Wege. Mein roter Fußballfaden liegt eher auf der Fanwerdung. Ich bin schon in jungen Jahren, mit elf oder zwölf, zu Viktoria Köln gegangen. Ich bekam zu Weihnachten einen Viktoria-Schal geschenkt, den meine Mutter selbst gestrickt hatte. Er war ellenlang und viel zu warm, in Schwarz-Weiß-Rot, den alten Preußenfarben. Mit diesem Schal bin ich immer ins Stadion marschiert, und damit gehörte ich auch zu einem Verein.

Nein, der 1. FC Köln kam da erst mal gar nicht in Betracht, denn von Ostheim aus gesehen, lag das Müngersdorfer Stadion in einer ganz anderen Zeitzone, das wäre eine Weltreise gewesen.

Zu den Heimspielen in die Viktoria-Kampfbahn Köln-Höhenberg bin ich immer mit dem Fahrrad gefahren und hab' mir für eine Mark eine Schülerkarte gekauft. Viktoria Köln spielte eigentlich immer in der dritten Liga, die im Lauf der Jahre ihre Namen wechselte und mal Oberliga Nordrhein oder Mittelrhein hieß, aber es war immer die Liga, von der aus man in die zweite Bundesliga aufstieg. In die Phase, als sie drei Jahre lang in der zweiten Liga Nord spielten – damals war die zweite Liga noch in Nord und Süd geteilt –, fiel auch meine größte Fanzeit. Das war von 1978 bis 1981. Viktoria wurde damals vom »4711«-Boß Ferdi Mühlens gesponsert. Im ersten Jahr in der zweiten Liga sind wir dem Abstieg nur knapp entronnen, als wir Lüdenscheid, die schon abgestiegen waren, mit 6:2 besiegten. Da hieß es dann, ganz Lüdenscheid hätte nach »4711« gestunken. In der zweiten Saison wurden wir sensationell Vierter und landeten sogar noch vor Fortuna Köln, sehr wichtig für einen Fan. Den Sprung in die eingleisige zweite Liga hat Viktoria dann nur ganz knapp verpaßt, und seitdem haben wir den bezahlten Fußball nur aus weiter Ferne gesehen. Das waren die Jahre meiner Fanwerdung. Später kam dann der 1. FC Köln dazu, als ich auf die linke Rheinseite zog.

Ich fand es klasse, Teil einer Gemeinschaft zu sein: Einer zu sein, der mit dem Verein jubelt und mit ihm leidet. Es war einfach schön, in dieser Kontinuität zu leben. Ich rechnete die Tabelle noch mit der Hand aus, denn damals gab es noch keinen Videotext. Und mich packten die typischen Gedankenspiele eines Fans: Wie sieht es am nächsten Spieltag aus, wenn sie da gewinnen oder verlieren, was ist möglich, wie ist die Mannschaft aufgestellt. In diesem jugendlichen Kennertum konnte man sich wohl fühlen, es machte ganz einfach Spaß zu sagen: »Ich kenne die Mannschaft.« Mein Held in dieser Zeit war Peter Langer, ein hochaufgeschossener, sehr dürrer Spieler. Langer kam aus Lüttringhausen, und mein Vater sagte immer: »Der hat doch Streichholzbeinchen.« Gegen rustikalere Abwehrspieler hat er kaum einen Stich gemacht, aber er war technisch sehr gut und machte deshalb auch jede Menge Nüsse. Ich besitze auch heute noch die Viktoria-Single, die es damals zu kaufen gab und die von den Spielern eingesungen worden war: *Sie ist da, sie ist wieder, wieder da, unsere Viktoria.* Diese absolute Heldenverehrung, wie ich sie jetzt auch bei meiner Tochter in Sachen Lukas Podolski erlebe, die gab es bei mir nicht. So doll waren die Spiele nun auch nicht, daß ich auf die Idee gekommen wäre, mit einem Blöckchen und einem Stiftchen mir am Kabinengang Autogramme abzuholen. Das waren keine Stars, und ich wußte auch, daß das keine Stars waren. Sie waren Drittligisten, aber es war *mein* Klub.

Ganz präsent ist mir, daß ich 1974 herumhüpfte, als Gerd Müller sein Tor geschossen hat. Das Spiel habe ich mit meinem Vater zusammen gesehen. Das war das erste Spiel, das ich bewußt im Fernsehen sah. Am besten in Erinnerung ist mir noch, daß der Fernseher das erste Mal an der Stelle stand, wo sonst der Brikettofen war. Für die WM mußte eigens der Brikettofen verschwinden. Ich kann mich auch an die Vorrunde und das Spiel gegen Chile erinnern, wo sie diese komischen Trikots trugen. Es war unheimlich warm, und Paul Breitner steckte in so einem Trikot, wo die Arme fehlten. Daran erinnere ich mich, ich habe mich auch schon mit Leuten darüber unterhalten, die meinten, das gibt es nicht, ich würde mir das einbilden, aber es war so, und es sah scheußlich aus.

Seit der WM in Spanien 1982 habe ich dann massiv mit meinen Kumpels Fußball geguckt. Was wir bis dahin überhaupt nicht kannten, erlebten wir jetzt anläßlich dieser Weltmeisterschaft. Die Italiener machten einen Autocorso in Köln. Vier Jahre später wollten wir das auch. Ich behaupte mal für Köln, daß wir die Erfinder des deutschen Autocorsos sind. Ab dem Halbfinale 1986 Mexiko sind wir auch mit einem Autocorso durch die Innenstadt gefahren, und nach dem Endspiel haben wir so die Vizeweltmeisterschaft gefeiert. Das wurde eine absolut irre Veranstaltung. Da standen gerade mal zehn Autos auf der Kyffhäuser Straße und versperrten die. Das wurde der Polizei unheimlich. Aus beiden Richtungen rasten die Polizeiwagen heran. Es ging nicht vor und nicht zurück. Ein junger Polizist, der offenbar ein bißchen angepöbelt wurde, verlor die Nerven und drückte den Notknopf. Da kamen alle Kölner Polizeiwagen angefahren, nach dem Motto: »Unser Kollege ist bedroht.« Das war wie in so einem amerikanischen Krimi, wo schließlich viel zu viele Cops um das Gangsterpärchen herumstehen. Die zehn Wagen der Fans waren von zwanzig Polizeiwagen vorne und zwanzig Polizeiwagen hinten eingekreist. Super, das war unser Autocorso 1986. Bei der Weltmeisterschaft 1990 war der Autocorso dann schon Folklore. Die Welt- und Europameisterschaften in den 80er Jahren habe ich in einer katholischen Jugendgruppe verfolgt. KSJ hieß das, die Abkürzung stand für Katholische Studierende Jugend. Und da gab es sehr viele fußballinteressierte Leute. Anstatt nun Lateinamerika zu retten, haben wir eigentlich nur auf unserem Bolzplatz gekickt.

Ich habe mich immer in der Sturmmitte eingefunden, mit wenig Arbeit nach hinten. Ich fing dann auch mit dem Rauchen an, da war ich nicht mehr so sportlich. Eigentlich lungerte ich im Sturm herum und wartete, daß ich den Ball über die Linie bugsieren konnte. Später, als wir auf der Uni-Wiese gespielt haben, bekam ich den Spitznamen »die Nadel« verpaßt, weil ich mit größtem Körpereinsatz und gestrecktem Bein doch noch irgendwie eine Fußspitze an den Ball bekommen habe und die Pille aus etwa 30 Zentimetern über die Torlinie schubste. Ich war nicht der Mann, der durchs Mittelfeld flanierte und die Leute aussteigen ließ. Schlecht war ich auch, wenn es auf einem richtig großen Platz mit richtigen Toren zur Sache ging. Da war ich verloren. Wohin sollte ich laufen? Wie weit konnte ich schießen? Keine Ahnung. Und so ist auch mein wohl schönstes und kuriosestes Tor zustande gekommen. Der Ball fliegt in hohem Bogen Richtung Strafraum, ich laufe hinterher. Der Abwehrspieler köpft ihn raus, ich lass' mich ein Stück zurückfallen, so daß ich den Ball volley aus der Luft nehmen kann. Der Ball geht senkrecht nach oben, und ich dreh' mich schon um. Plötzlich sehe ich aber meine Mitspieler jubeln. Der Ball war in einer riesigen Bogenlampe doch noch ins Tor geflogen und hinter dem völlig überforderten Torwart wie ein Stein runtergefallen. Das war das entscheidende 1:0, das geilste Tor meines Lebens, und ich habe es nicht gesehen.

Später, als ich schon studierte, spielte ich in einer Mannschaft auf der Uni-Wiese. Und weil wir uns anschließend immer zum Saufen in Papas Pizza-Laden auf der Kyffhäuser Straße getroffen haben, nannten wir uns TSV Torpedo Papas. Das war eine türkische Pizzeria, da gab es Gilden Kölsch aus der Flasche. Eines Tages haben wir uns dann auch Trikots angeschafft, richtig geile Trikots. Eins hab' ich auch noch, so in Tottenham-Hotspurs-Farben, ein dunkles Bordeauxrot mit Hellblau dran und Nummern. Wir waren eigentlich richtige Weicheier. Wenn wir bei einem Turnier auf einem Aschenplatz spielten, dann haben wir nicht gegrätscht, denn das hätte ja fiese Schürfwunden gegeben. Man kennt das von diesen eingefleischten Kreisligaspielern, die schürfen sich ja die Schürfwunde vom letzten Mal mit Begeisterung wieder auf. Das war nicht unser Ding, wir haben eher Schönwetterballett gemacht.

Einmal haben wir gegen das »Blue Shell« gespielt, das war zu dieser Zeit die In-Kneipe in Köln. Gott, war das peinlich. Es war matschig, und als es schon 10:1 für das »Blue Shell« stand, haben die gemeint: «Ihr könnt doch so nicht gegen uns antreten!« Wir trugen fast alle ganz normale Schuhe und hatten keinen Stand auf dem rutschigen Boden. So waren wir drauf: Wir hatten zwar die Trikots, aber keine Fußballschuhe. Richtig peinlich, das war auch nicht mehr witzig. Wir kamen uns vor wie kleine Jungs, wie Deppen. Ich habe mir dann gebrauchte Schuhe gekauft, die hatten Gummistollen. Das war wirklich ein irres Gefühl, die Schienbeinschoner und die Fußballschuhe. Ich fühlte mich auf einmal so kräftig, so martialisch, man ging auch gleich ganz anders. Als ich das erste Mal mit den Fußballschuhen gekickt habe, war das ein richtiges Erwekkungserlebnis. »Du Idiot«, dachte ich, »erst jetzt bist du ein Fußballer.«

Promispiele mache ich sehr ungern. Ein traumatisches Erlebnis verbinde ich mit der Saisoneröffnung 2002 des FC Köln am Geißbockheim. Ich spielte in einer Prominentenmannschaft mit »Big Brother«-Jürgen und solchen Leuten, und wir spielten gegen die Altinternationalen vom FC. Als wir auf den Platz kamen, fragten die: »Wie oft spielt ihr denn zusammen?« Da haben wir gesagt: »Wat? Wir sehen uns heute das erste Mal!« Nachdem am Anfang noch jedes Tor der Altinternationalen bejubelt wurde, wendete sich so langsam die Stimmung im Publikum, weil die gespielt haben, als wären wir ernstzunehmende Gegner. Overath tanzte mich aus und schrie seine Mitspieler an. Da spielte auch Gerd Strack mit, ehemaliger Vorstopper der Nationalmannschaft. Die haben uns regelrecht auseinandergenommen, keiner von uns wußte, wo man sich hinstellt. Ich hatte vielleicht ein- oder zweimal den Ball, wenn sich dann aber Gerd Strack vor dir aufbaut, ist alles vorbei. Ich war so ratlos, ich hab' ihm gleich freiwillig den Ball gegeben, weil ich nicht wußte, wohin damit. Es war furchtbar. Bei uns Freizeitspielern trägt ja jeder seinen Ranzen vor sich her, den siehst du dann auch in den Trikots, und so ein Overath hat noch einen Waschbrettbauch. Das war scheiße. Die Höhe der Niederlage weiß ich nicht mehr, auf jeden Fall zweistellig. Bitter!

Als ich 1992 Vater wurde, hatte ich definitiv keine Zeit mehr für Fußball. Ein Jahr später kam auch schon die zweite Tochter. Wenn ich nicht arbeitete, hatte ich Kinderdienst. Ich bin dann noch einmal mit dem Kinderwagen an den Platz, als meine Tochter noch ganz klein war. Sie schlief gerade, da habe ich noch mal 25 Minuten mitgekickt, aber dann wachte sie auf, es gab Rabääh, Rabääh, und ich bin raus. Mittlerweile aber gehe ich mit meinen Töchtern ins Stadion. Meine Jüngste hat jetzt intensiv Fußball im Schulsport, und die andere spielt mit ihren fußballverrückten Freundinnen. Nicht im Verein, aber immer nach der Schule. Da spielen nur Mädchen, da hat sich doch im Gegensatz zu früher vieles geändert. Ich hab' die ja mit zum FC ins Stadion genommen, seitdem sie drei waren, und dort beim FC Kinderland, das war so eine Betreuungseinrichtung, abgegeben. Meine Tochter wäscht ihre Lieblingsjeans seit drei Monaten nicht, weil ihr Lukas Podolski ein Riesenautogramm auf die Hose geschrieben hat.

(Aufgezeichnet von Torsten Körner)

Dieter Anschlag, Journalist

Dieter Anschlag, geb. 1958 im westfälischen Rhede, studierte nach Abitur und Zivildienst an der Westfälischen Wilhelms-Universität in Münster Publizistik, Niederlandistik sowie Politikwissenschaft. Seine journalistische Laufbahn begann er als Sportredakteur für Tageszeitungen in Bocholt und Münster. Er ist Mitglied der Jury des Adolf-Grimme-Preises, der Jury des Hörspielpreises der Kriegsblinden und der Jury der »HR 2 Hörbuch-Bestenliste«. Seit 1991 ist er Redaktionsleiter des Medienfachdienstes *Funkkorrespondenz* (Bonn), 2002 wurde Anschlag mit dem Bert-Donnepp-Preis / Deutscher Preis für Medienpublizistik ausgezeichnet.

Der Mann arbeitet zuviel. Fußball findet nur noch vor dem Fernseher statt. Allerdings hält er bei einer Größe von 182 Zentimetern sein Idealgewicht von 70 Kilogramm. Das Gespräch findet in der Kantine des *WDR* in Köln statt. Anschlags Teller bleibt voll, die Gabel dennoch nicht arbeitslos: Mein Gesprächspartner kratzt mit den Zinken imaginäre Strafräume in die Luft.

Auf der anderen Seite des Zaunes

Meine Erinnerungen an den Fußball beginnen mit der Weltmeisterschaft 1966 in England. Allerdings finden sich da nur noch ganz wenige Bilder in meinem Kopf. Ich sah die Spiele zusammen mit meinen Eltern und meinem jüngeren Bruder. Das 5:0 gegen die Schweiz in der Vorrunde erinnere ich noch sehr deutlich, sehr viel deutlicher als das Finale gegen England, von dem nur dieses tiefe Gefühl der Enttäuschung geblieben ist. Deshalb muß ich beim Rückblick auf die WM 1966 zwangsläufig immer auch an die

Weltmeisterschaft 1970 in Mexiko denken, weil es ja dort im Viertelfinale zu einer Art Rückspiel gegen die Engländer kam. Ich war 1970 noch angefressen vom Wembley-Tor und der Niederlage unserer Mannschaft, die durch die Zeitungen und das Fernsehen im Vorfeld dieses neuen Duells natürlich wieder aufbereitet wurde. Ich war damals zwölf und habe schon verstanden, was Revanche bedeutet. Deshalb war ich unglaublich sauer und wütend, daß die Engländer ziemlich schnell schon wieder mit 2:0 führten. Der Schwarzweiß-Fernseher stand immer noch an seinem Platz, und wir lagen schon wieder hinten. Scheinbar aussichtslos. Nichts schien sich verändert zu haben. Ich schlug mit dem Kissen auf den Boden, ich rannte durchs Wohnzimmer und war wirklich den Tränen nahe. Meine Eltern versuchten, mich zu beruhigen, aber mich hatte noch niemals zuvor ein Spiel so mitgenommen. Ich sehe noch heute, wie Uwe Seeler dann mit dem Hinterkopf den Ausgleichstreffer zum 2:2 erzielt und da bin ich vor Erleichterung beinahe ausgeflippt und vom Sofa gefallen. Das war die Wende zum 3:2-Sieg für Deutschland. Die Freude über diesen Sieg gegen England bei der WM in Mexiko gehört sicherlich zu den intensivsten emotionalen Höhepunkten in meiner Kindheit.

Auf jeden Fall aber beginnt mein Fußballeben mit der WM 1966, als ich anfing, mich für die Spieler zu interessieren. Mein Vater tankte mir zuliebe bei Aral, denn es gab das große Aral-Fußballalbum, in das man 32 Spielerporträts, die man beim Tanken nach und nach gratis dazubekam, einkleben konnte. Komischerweise war Helmut Haller, der einer der großen Stars des Turniers wurde, in diesem Sammelalbum gar nicht drin. Hatte es etwas damit zu tun, daß er in Italien spielte? Ich erinnere mich noch an Sprüche über den »Verräter« und »Landesflüchtling« Haller. Durch das Fußballalbum wußte ich schon ganz früh, daß Pelés richtiger Name Edson Arantes do Nascimento lautete, und dieser Name klang für mich irgendwie ritterlich und geheimnisvoll. Immer wenn beim Fußballspielen oder in der Schule die Sprache auf Pelé kam, konnte ich seinen richtigen Namen hersagen und dadurch viele verblüffen. Auf dem Aral-Sammelbild trug er einen komischen Bürstenhaarschnitt und sah damit ein bißchen wie ein Soldat aus. Ich sehe auch noch das gelbe Trikot vor mir und diese merkwürdig großen Kragenflügel, die er rechts und links trug, der Kragen lag wie ein großer grüner Schmetterling auf den Schultern. Wir, mein Bruder und ich, sind dann auf jeden Fall durch die WM 1966 bewegt worden, in unserer Heimatstadt Rhede in einen Verein einzutreten. Natürlich hatten wir vorher auch schon immer Fußball gespielt, auf der Straße, dem Rasen, einer Lichtung im Wald und auf einem schmalen Streifen zwischen den Häusern, wo man sich die Bälle gut hin und her schlagen konnte. Irgendwann in den Wochen nach der Weltmeisterschaft bin ich dann wohl zum E-Jugend-Training des VfL Rhede 1920 gegangen und habe mitgemacht. VfL ist die Abkürzung von Verein für Leibesübungen. Ich fand »Leibesübungen« immer ein schreckliches Wort.

Wirklich glücklich bin ich im Verein nie geworden. Zuerst wollte ich selbstverständlich Stürmer werden, Tore schießen, das wollten alle, aber meistens landete man doch ganz woanders. Ich spielte lange Zeit Verteidiger, war aber später auch Linksaußen, obwohl ich ein Rechtsfuß bin. Jede Mannschaft hatte ein oder zwei Begleiter, das waren nicht unbedingt unsere Trainer, aber trotzdem machten diese Begleiter die Mannschaftsaufstellung. »Du bleibst erst mal draußen!« das war ein niederschmetternder Satz. Ich fand diesen Ausleseprozeß unangenehm, denn in Rhede gab es – es war die Zeit der kinderreichen Jahrgänge – sehr viele Jugendmannschaften, es gab die E1 und E2, D1 und die D2, ja sogar D3, die B1 und die B2, die

Gemischte Jugend (aus B- und A-Jugend-Spielern) und die A1 und A2, und irgendwie schaffte ich es leider nie in die erste Mannschaft. Es gab viele Spieler, deren Eltern sich gut kannten, die mit den Begleitern bekannt oder befreundet waren, die mithalfen, die Jugendlichen zu den Spielen zu fahren, und dadurch kam es manchmal zu komischen Entscheidungen und Bevorzugungen. Ich fühlte mich da immer auf mich allein gestellt.

Nachmittags spielten wir mit der Clique unseres Neubaugebiets Fußball. Wir trafen uns oft im Wald, wo es eine geeignete Lichtung gab, vier gegen vier oder fünf gegen fünf, das waren unsere Partien. Die meisten trugen Turnschuhe, einige Straßenschuhe, aber Turnschuhe sollten es eigentlich schon sein, am besten welche von Adidas. Allerdings konnte sich nicht jeder Adidas-Schuhe leisten, obwohl wir alle aus der Mittelschicht kamen. Trotzdem gab es da noch Abstufungen. Fast alle Eltern waren damit beschäftigt, ihre Häuser abzubezahlen, einige mußten sich die Schuhe vom Mund absparen, und anderen fiel das leichter. Einige bekamen die billigeren Modelle, andere hatten immer die besten, Schraubstollen waren das Nonplusultra. Das nahm ich schon wahr. Hießen meine Adidas-Turnschuhe »Rekord«? Die waren hellblau und hatten weiße Streifen. Oder hießen die doch »Gazelle«? Die Turnschuhe haben wir bei einem Schuster und Schuhhändler gekauft, der geschickterweise auch ein Funktionär des Vereins war. Der hieß Hans Terworth und machte für die VfL-Jugendabteilung so wichtige Sachen wie die Mannschaftsaufstellungen tippen, die er dann in den berühmten Schaukasten hing, am Vereinslokal Hams, damit jeder sehen konnte, wer wo und wann spielte. Seinen Laden führte er in einem kleinen Anbau in seinem Garten, und bei ihm konnte man sich auch für den Verein anmelden. Er stand hinter seinem Tresen, auf dem die Schreibmaschine stand, hinter ihm stapelten sich die begehrten weiß-hellblauen Adidas-Schuhkartons mit den markanten drei Streifen, die so gezackt waren, als ob man sie mit der Zackenschere ausgeschnitten hätte. Mein erster Fußballschuh war ein Noppenschuh, eher eins der preisgünstigeren Adidas-Modelle. Weil mein jüngerer Bruder auch Fußball spielte, mußten meine Eltern immer alles doppelt anschaffen – Schuhe, Stutzen, Turnhosen, später Schienbeinschoner. Das ging ins Geld. Das Trikot wurde vom Verein gestellt. Es war aus Baumwolle, schwarzweiß gestreift, längsgestreift so wie bei Inter Mailand, nur daß es bei denen blauschwarz ist. Ich war damals schon sehr erpicht darauf, das Wappen des VfL Rhede auf meiner Turnhose zu tragen. Ich blätterte stundenlang im Lexikon, um die Nationalfahnen zu betrachten, und dieses Interesse übertrug sich auf die Wappen der Fußballklubs. Meine Mutter war Schneiderin, und sie nähte mir nicht nur das VfL-Wappen auf die Hose – ich war der einzige, der das hatte –, sondern sie schneiderte mir auch links und rechts drei weiße Streifen auf die schwarze Hose, so daß die schlichte Turnhose plötzlich wie eine echte Adidas-Hose aussah. Auch mein Vater unterstützte unsere Fußballbegeisterung nach Kräften. Von Beruf war er Postbeamter, und außerdem wurde er einmal Rheder Stadtmeister im Tischtennis. Er hätte gerne selbst Fußball gespielt, doch nach einem schweren Autounfall, bei dem er sich ein Bein sehr kompliziert brach, war daran nicht mehr zu denken, das eine Bein war nach der Operation ein wenig kürzer. Er ging mit meinem Bruder und mir zu jedem Heimspiel des VfL Rhede, wo er auch seinen Schwiegervater traf. Wir blieben eigentlich immer in der Nähe des Vaters, nur in der Pause holten wir uns ein paar Salinos oder Nappos, um die Zeit abzukürzen.

Ich kann ohne Übertreibung sagen, daß Fußball in diesen Jahren wirklich mein Leben war. Ich war ein großer Sammler von Panini-Bildern, die man tauschte, bis das

Album voll war. Diese Spannung, bevor man die Tüte öffnete! Am Ende fehlten aber immer die zwei wichtigsten Porträts, das war wie eine Seuche. Durch meine Leidenschaft für Wappen kannte ich mich mit den Vereinswappen wahnsinnig gut aus, und immer wenn ich mich im Schulunterricht langweilte, malte ich die Embleme der Bundesliga-Klubs in meine Schulhefte. Besonders schwierig war das Emblem des 1. FC Saarbrücken, das mehrere Löwen zeigte, und ich war sehr froh, als die wieder abgestiegen waren, denn das überforderte meine zeichnerischen Fähigkeiten. Auch das Wappen der Münchner Löwen war schwierig. In dieser Zeit hatte ich auch ein großes Buch, in dem ich nach dem Wochenende noch einmal alle Ergebnisse und Tabellen aus der Zeitung abschrieb und nur für mich eintrug. Ich kannte die Bundesliga und alle Regionalligen – die damals der zweiten Bundesliga entsprachen – auswendig. Deshalb erinnere ich mich noch so gut an den SV Alsenborn, das war ein winziges Dorf in der Nähe von Kaiserslautern, und trotzdem wären die beinahe mal in die Bundesliga aufgestiegen. Auch deren Stadion trug einen komischen Namen, der einem nicht mehr aus dem Kopf geht: Die spielten im Stadion an der Kinderlehre. War das ein Fluß? Oder ein Landschulheim? 1974 gab es sogar einen großen Skandal, weil sich der SV Alsenborn sportlich für die zweite Bundesliga qualifiziert hatte, aber vom DFB wegen irgendwelcher Formalien nicht zugelassen wurde. Das habe ich damals, wie viele andere auch, als Betrug empfunden.

Als ich zwölf Jahre alt war, gelang es mir dann mit Hilfe meiner Eltern, den *Kicker* zu abonnieren, worauf ich wahnsinnig stolz war. Viele Jahre später habe ich alle meine Jahrgänge, die schön geordnet in roten Sammelmappen steckten, an einen Sammler aus Bottrop verkauft. In späteren Jahren durfte ich dann selbst Spielberichte für den *Kicker* schreiben, und ich war schon sehr, sehr stolz. Zum Sportjournalismus bin ich eigentlich gekommen, weil ich merkte, daß ich niemals den Sprung in die erste Herrenmannschaft schaffen würde. Ich wollte aber auf jeden Fall am Ball bleiben und irgendwie am »großen« Fußball teilnehmen. Also mußte ich auf die andere Seite des Zaunes wechseln, um mittendrin zu sein. Deshalb trifft der Titel des Buchs *Auch ich war einst Pelé* mich nicht so ganz, es müßte für mich heißen »Auch ich war einst Ernst Huberty«, denn so wie Huberty die *Sportschau* moderierte, wollte auch ich einmal zur Fußballwelt gehören. Und vielleicht ein Interview mit Pelé machen, wer weiß?

Nach dem Abitur und dem Zivildienst habe ich erst einmal ein Volontariat beim *Bocholter-Borkener Volksblatt* gemacht. Ich war der erste – und ich glaube, auch der bis heute einzige – Volontär, der beim *BBV*, wie es alle nannten, ausschließlich für den Sport eingestellt wurde. Damals machte der *Kicker* schon eine ausführliche Regionalberichterstattung und bediente sich dafür der einheimischen Sportreporter der jeweiligen Regionalzeitung. In meinem Fall hieß das, daß ich die Spielberichte über die beiden Traditionsvereine in Bocholt schrieb, den 1. FC Bocholt und Olympia Bocholt. Die beiden Vereine lieferten sich einen erbitterten Kampf um die Vorherrschaft in der 70000-Einwohner-Stadt und spielten lange Zeit gemeinsam in der Oberliga, der damals höchsten Amateurklasse, ehe sich der 1. FC Bocholt in die zweite Bundesliga absetzen konnte. Olympia war immer der Verein der kleinen Leute, der Proletarier, während der FC als Verein des bürgerlichen Lagers galt, das waren die Reichen. Grün war die Farbe von Olympia, Schwarz war die Farbe vom FC. Deshalb lag bei den Derbys durchaus ein Hauch von Klassenkampf in der Luft. Wir, die wir eher mit Olympia sympathisierten, obwohl wir später eher zum 1. FC Bocholt gingen, weil die besser spielten, fragten uns nach einer Niederlage mit leichter Schadenfreude auf plattdeutsch:

»Na, wat ham die Schwatten denn wieder gemacht?!« Das Witzige an dieser Rivalität aber war, daß die zwei Stadien kaum einen Steinwurf voneinander entfernt lagen, beide Spielstätten lagen im Sportpark am Hünting. Trotz dieser Nähe kamen sich die beiden Vereine nie wirklich nahe, und als man in den achtziger Jahren überlegte, die Vereine zu fusionieren, um die Kräfte zu bündeln, brachen die alten Gegensätze wieder auf. So blieb es dabei: Die Schwarzen und die Grünen gehen getrennte Wege.

Leider haben sich die Wege von Pelé und mir bis heute nie gekreuzt. Aber immer wenn ich jemandem im sportiven Streit um Fachwissen mit Sicherheit eine Antwort voraus sein will, hab' ich zwei Fragen parat. Entweder: Wie heißt die Hauptstadt von Honduras? Oder: Wie heißt Pelé mit richtigem Namen? Da muß jeder passen. Da fällt mir übrigens ein, daß ich nie recherchiert habe, warum Pelé sich eigentlich Pelé genannt hat. Würd' mich jetzt mal interessieren.

(Aufgezeichnet von Torsten Körner)

Norbert Blüm, Politiker

NORBERT BLÜM, geb. 1935 in Rüsselsheim, lernte Werkzeugmacher, studierte Philosophie, Germanistik, Geschichte und Theologie und ist Dr. der Philosophie. Seit 1969 ist er Mitglied des Bundesvorstandes der CDU und seit 1981 Mitglied des Präsidiums der CDU. Neben diversen Vorsitzen und Ausschußtätigkeiten war Blüm von 1987 bis 1999 Landesvorsitzender der CDU von Nordrhein-Westfalen und von 1981 bis 1982 Mitglied des Abgeordnetenhauses von Berlin. Er war Mitglied des Bundestages von 1972 bis 1981 und ist es wieder seit 1983; von 1980 bis 1981 war er stellvertretender Vorsitzender der CDU/CSU-Fraktion und von 1982 bis 1998 Bundesminister für Arbeit und Sozialordnung.

Norbert Blüm hat noch eine Wohnung in Berlin. Im Wedding. Da treffen wir uns. Blüm kullern die Worte wie Murmeln aus dem Mund. Ein Erzähler, ein dampfender Erzähler, dessen Pfeife alle Kamin-, Höhlen- und Lagerfeuer dieser Welt heraufbeschwört. Lebhaft. Er springt auf, um die Finten und Tricks seiner Jugend vorzuspielen.

Erst den Mann und dann den Ball

Meine Mutter, mein Bruder und ich waren auf der Flucht vor den Bombenangriffen. Wir kamen nach Schafhausen, das ist ein kleiner Ort bei Alzey. Das Dorf hatte früher 150 Einwohner und ist heute noch genauso vergessen von der großen Welt wie damals. Fußball hat mir geholfen, mich dort zurechtzufinden. Denn beim Fußball bist du nicht mehr gefragt worden, ob du ein Fremder bist, ob du hier geboren wurdest oder nicht. Da bist du danach eingeteilt worden, wie gut du gespielt hast. Die Mannschaften sind ja nach einem bestimmten Ritual zusammengesetzt worden. Die zwei besten Spieler standen sich gegenüber und gingen Schritt für Schritt aufeinander zu, und wer den letzten Schritt gemacht hatte, durfte den ersten Spieler für seine Mannschaft wählen. Und da gehörte es schon zum Stolz eines Jungen, daß du nicht als letzter dastehst und sozusagen als Restgröße verteilt wirst. Ich bin nie als erster gewählt worden, denn ein Star war ich nicht, aber auch nicht als letzter. Das hat mein Selbstbewußtsein sehr gestärkt.

Mit Fußball fing es an, da war ich sieben oder acht Jahre alt. Bei unseren Spielen ging es meistens auf ein Tor. Einer ging ins Tor, und dann wurden zwei Mannschaften gebildet. Der Torwart war natürlich zur Neutralität verpflichtet, der mußte alle Schüsse halten. Unser bester Ball war ein kleiner Tennisball. Wir haben auch schon mal mit zusammengeknäulten Lumpen gespielt. Wir spielten auf einem Feldweg, der nicht sehr frequentiert war. Wenn ein Fuhrwerk kam, mußte das Spiel natürlich kurz unterbrochen werden. Das Tor wurde aus Steinen gebildet. Es ging ziemlich zur Sache, denn wir spielten ohne Schiedsrichter, es wurde mit hohem Körpereinsatz gekämpft, mit technischen Finessen hatten wir wenig im Sinn. Ich war einer, der nach dem Motto »erst den Mann und dann den Ball« gespielt hat. Fußballhelden gab es damals für mich auf dem Feldweg noch nicht. Wir hatten weder einen Fernseher noch einen großen Radioapparat. Wir haben zuletzt in zwei Zimmern mit acht Personen gelebt, da hat das Radio dann auch keine große Rolle gespielt. Später habe ich verzweifelt versucht, die Tricks von Fritz Walter und Uwe Seeler nachzuahmen, vor allem den berühmten Fallrückzieher von Seeler, aber ich war weit davon entfernt, den Ball jemals so zu treffen.

Torwart wurde ich erst in der Lehrlingsmannschaft der

Firma Opel. Meine Lehre bei Opel hat dreieinhalb Jahre gedauert, von Herbst 1949 bis Ostern 1953. Mittwoch mittags war Sport bei den Opel-Lehrlingen von 15 bis 17 Uhr. Und diese Sportzeit fand auf dem werkseigenen Fußballplatz statt. Einige machten Tauziehen, andere Leichtathletik, einige spielten Fußball, und ich war Fußballer. Ab und zu haben wir dann mal gegen benachbarte Lehrlingsmannschaften gekickt. Bei genauerem Studium meines Gesichtes können sie noch Spuren meines Torwartlebens finden, denn mein Nasenbein ist gebrochen, und zwar deshalb, weil dort, wo der Ball war, auch für kurze Augenblicke mein Kopf lag. Ich hatte den Ball im Hechtsprung zuerst mit dem Kopf erreicht und ihn von dort blitzschnell unter den Bauch gezogen. Der heranstürzende Stürmer hatte diesen Wechsel aber nicht mehr bemerkt und voll durchgezogen, was zu der Zertrümmerung meines Nasenbeins führte. Aber wie sich das für Opel-Lehrlinge gehört, habe ich weitergespielt, denn wir spielten gegen die Mannschaft von MAN, und es ging um die Ehre der Firma. Ich war allerdings stark benommen, deshalb stand ich nicht mehr im Tor, sondern torkelte als Feldspieler herum. Aber auch das dauerte nicht lange, denn es kam ein hoher Ball, den man normalerweise mit dem Kopf nimmt. Ich ging mit dem Kopf hin, hatte danach aber leichte Steuerungshemmungen, brach zusammen und mußte ins Krankenhaus.

Ich war bei Opel auch Jugendvertreter und Mitglied der Christlichen Betriebsgruppe. Und die Christliche Betriebsgruppe hatte in Königswinter eine Schulungsstätte, und da haben mich meine Oberen zu einem Lehrgang in Betriebs- und Verfassungsrecht geschickt. An diesem denkwürdigen Sonntag am 4. Juli 1954 fuhr der Zug um 16.30 ab, und das Spiel wurde um 17 Uhr angepfiffen. Bei Rüdesheim an der Drosselgaß hatte ein Stellwerkswärter ein Schild herausgehängt »D Null zu Zwei«. Auf der Höhe von Rüdesheim konnte das Spiel gerade zwanzig Minuten gelaufen sein, und wir konnten uns ausrechnen, wie das Ergebnis nach 90 Minuten aussehen würde. Die Erwartungen waren ohnehin nicht groß, denn wir hatten wenige Tage zuvor gegen die ungarische Wunderelf mit 3:8 verloren. Deshalb hat dieser Spielstand wenig Aufregung verursacht, sondern nur bestätigt, daß wir krassen Außenseiter keine Chance hätten. In leicht depressiver Stimmung sind wir dann weitergefahren. In Koblenz hielt ein Schrankenwärter den linken Daumen und Zeigefinger und den rechten Daumen und Zeigefinger hoch, was nur bedeuten konnte, daß es jetzt 2:2 stand. Im ganzen Abteil war sofort die Hölle los. Das kann doch nicht sein? Was bedeutet das nun? Und in Neuwied ist der Zug dann eingefahren, und alle stürmten ans Fenster mit der Frage »Wie steht es?«. Der Lautsprecher verkündete dann nicht wie üblich »Hier ist Neuwied!«, sondern die Durchsage ertönte: »Deutschland ist Weltmeister!« Da war im Zug erst recht die Hölle los. Die Leute umarmten sich, eine alte Frau, die zuvor in einer Ecke des Abteils apathisch ihre Strümpfe gestrickt hatte, küßte mich. An unserem Zielort in Königswinter war der Tumult kaum noch zu beschreiben. Da zogen die Strohhutausflügler singend durch den Ort, *So ein Tag, so wunderschön wie heute war* ein beliebter Gassenhauer. Eine Jugendgruppe sang *Wildgänse rauschen durch die Nacht*. Was Wildgänse mit Fußball zu tun haben, weiß ich auch nicht, aber das Lied wurde begeistert geschmettert. Und am Abend war dann ganz Deutschland im Geiste in einem Festzelt versammelt. Am nächsten Tag konnte ich dem Unterricht kaum folgen, weil ich keine Übung darin hatte, Weltmeisterschaften zu feiern. Ich war 19. Die Weltmeister von 1954 bekomme ich im Unterschied zu den Mannschaften, die 1974 und 1990 Weltmeister wurden, alle noch zusammen. Im Tor Toni Turek, in der Verteidigung Posipal, Kohlmeyer, in der

Läuferreihe Eckel, Liebrich, Mey, im Sturm Hans Schäfer, Fritz Walter, Ottmar Walter, Max Morlock, Helmut Rahn. Diese Nobodies! Wir waren ja die Aussätzigen der Völkergemeinschaft, und die Schweizer waren die ersten, die nach dem Krieg gegen uns gespielt haben. Insofern war dieses »Wunder von Bern« sicherlich ein Bruder des Wirtschaftswunders, ich glaube, auch eine Form der Autosuggestion. Der Schäfer hat vor dem Spiel geschrien: »Die putzen wir weg!« Den Eckel habe ich mal gefragt: »Was habt ihr denn gemacht, als es 0:2 stand? Habt ihr gedacht, ihr werdet jetzt überfahren?« Da hat er gesagt: »Du wirst es kaum glauben, beim Anstoß hat der Morlock dem Fritz Walter, der ja ein Sensibler war, zugerufen: Fritz, jetzt sind wir dran!« Und was haben die Weltmeister bekommen? Als sie in Singen zuerst wieder deutschen Boden betraten, überreichten ihnen die Ehrenjungfrauen von der Firma Maggi Suppenwürfel, eine Waschmaschine haben sie auch bekommen und, ich glaube, 300 Mark. Suppenwürfel! Stellen Sie sich das mal vor! Vor dem Spiel, das hat mir der Eckel erzählt, ist der Herberger zu jedem Spieler gegangen und hat ihnen aus seinem Notizbuch die Tricks und Schwächen des Gegenspielers verraten. Herberger war auch einer, der sich durch die Wirren des Nazi-Reichs halb durchgemogelt, halb durchschlawinert hat, so wie der Normalbürger da eben durchgekommen ist. Deshalb war er für viele eine Identifikationsfigur, die mit heiler Haut durchgekommen sind.

Die folgenden Weltmeisterschaften habe ich dann alle in den Medien verfolgt. Oh, bis auf eine. Ausgerechnet die Weltmeisterschaft 1974, die hab' ich nicht erlebt. Ich war mit meiner Familie in Griechenland im Urlaub, und da ist meine Frau mit zwei Kindern in die Dorfkneipe gegangen, und ich hab' mit der Jüngsten die Hütte bewacht. Und in dieser Kneipe waren alle für die Holländer, bis sie merkten, daß meine Frau eine Deutsche ist. Freundlich, wie die

Griechen sind, liefen sie auf die deutsche Seite über. Ich hab' damals nicht an den Sieg geglaubt, vielleicht bin ich auch deshalb in der Hütte geblieben. Aus Aberglaube. Dann war ich bei dem Endspiel in Mexiko, als wir 1986 gegen die Argentinier verloren haben – mit Schuhmacher im Tor. Da hab' ich mal ein Stadion kennengelernt, das lag da wie ein riesiges Tier. Das hatte etwas Mythisches, denn die Fans reagieren ja immer im Kollektiv. Das hatte auch etwas Beunruhigendes, es war nicht nur faszinierend, der Mensch als Masse. Du wirst da geschluckt, du verschwindest und verlierst völlig deine Individualität. Und die Ränge waren so steil, man saß sehr gedrängt und bekam fast Platzangst. Dieses Erlebnis hatte etwas von einem antiken Gladiatorenspiel, wenn Menschen den Löwen vorgeworfen werden. Wir sind im Stadion angekommen und haben das Spiel gesehen. Anschließend war ich zusammen mit dem Kohl in der Kabine. Am Abend vorher war ich schon bei der Nationalmannschaft. Das fand ich komisch. Da saß die Kölner Truppe beieinander und dort die Münchner. Sehr distanziert. Völler ist damals eingewechselt worden. Das Spiel war dramatisch. Matthäus war nach der Niederlage sauwütend. Er war der einzige, der noch laut war. Ich habe dann versucht, ihn mit Sprüchen wie »Das Leben geht weiter« zu trösten, der konnte solche Phrasen aber in dem Moment überhaupt nicht hören. Das konnte ich gut verstehen. Die Spieler waren wie in Trance. Sie lagen kraftlos und wie erschossen auf dem Rasen. Beckenbauer war im Moment der Niederlage bemerkenswert ruhig. Was sollst du auch machen? Eine heroische Ansprache halten? In so einem Moment? Du mußt eigentlich nur dasein. Und dasein ist wie dabeisein. Und es ist auch richtig, keine Phrasen zu dreschen.

Was ich bei der Bundestagsmannschaft gut fand, war, daß die sich vorher gekloppt und die gröbsten Gemeinheiten an den Kopf geworfen hatten, und dann spielten die alle miteinander. Das fand ich schön. Politische Gegnerschaft darf nicht Feindschaft sein. Ich mag die nicht, die die Welt in Parteimitgliedschaften einteilen, das heißt nicht, daß es nicht hart und hitzig sein kann, aber wenn die Debatte abgepfiffen ist, muß man fähig sein, miteinander ein Bier zu trinken oder Fußball zu spielen. Und gerade der, den ich eben noch für einen sehr abwegigen Menschen gehalten habe, schießt plötzlich die Tore nach meinen Vorlagen, oder er gibt mir die Vorlage. Das ist doch ein schönes Erziehungsmittel. Das Spielen war eigentlich immer mit Lachen verbunden. In Bonn war es noch leichter für die Bundestagsmannschaft. Da sind wir vom Bundestagsgebäude über die Straße, und zwanzig Meter weiter lag der Fußballplatz. Da hast du dich im Bundestag umgezogen, bist im Trikot über die Straße, und dann warst du auf dem Platz. In Bonn haben wir das zwischen eins und halb drei gemacht und im Bundestag geduscht.

Der Kohl ist ja ein absoluter Anhänger von Kaiserslautern, und ich bin ein Dortmunder, und da wurde natürlich immer mal wieder im Vorbeigehen gehänselt: »Na, haben Deine schon wieder verloren?« Mein Staatssekretär, der Bernhard Worms, war damals Verwaltungsratsvorsitzender beim 1. FC Köln, und samstags habe ich den um 18 Uhr angerufen. Aber nur, wenn Köln verloren hatte. Sonst nicht! Und dann habe ich meinen Freund Bernhard scheinheilig gefragt: »Bernhard, wie hat denn Köln heute gespielt?« Ganz egal, wo ich war, weit entfernt oder vom Auto aus, ich habe bei Niederlagen immer angerufen. Und er hat dann immer geschimpft: »Du Drecksack!« Dann hab' ich wieder aufgelegt. Das war unser Ritual.

Als ich Landesvorsitzender in Nordrhein-Westfalen war, hab' ich mal gesagt, wir müßten bei der Bundespräsidentenwahl auch andere Leute als Delegierte mitnehmen, nicht nur die, die ohnehin schon in der Politik sind. Wir müßten auch mal Sportler mitnehmen. Da hab' ich den Pierre Littbarski vorgeschlagen. Das war bei der Wahl von Carstens. Und da haben sich viele lustig gemacht und gesagt, das sei ja wieder mal ein Gag vom Blüm. Inzwischen gilt das als seriös. Ich gebe zu, etwas Spaß war auch dabei, aber ich fand auch, daß die Republik sich in Sektoren aufteilt, die nichts miteinander zu tun haben. Wenn ein Politiker eigentlich ein Fußballmuffel ist und Begeisterung heuchelt, dann ist das scheinheilig. Kohls Fußballleidenschaft war allerdings echt. Soll ich mich etwa verstellen, wenn ich Fan vom Borussia Dortmund bin? Ich bin Mitglied beim BVB. Schon lange. Ich mag den Ruhrpott, die Menschen. Die sind direkt, unverstellt. Und ich mag das Frozzeln. Außerdem mag ich es, wie der Verein den Kontakt zu seinen ehemaligen Spielern hält. Außerdem liebe ich Stadien ohne Laufbahn. Stadien, wo du mit dem Opernglas das Spiel verfolgen mußt, finde ich nicht gut. Die Fußballergebnisse verfolge ich meistens im Sportteil. Der Fußball ist so wie das Leben. Glanz und Gloria und Hosianna und Kreuziget ihn! Mit Triumph und Depression, und deshalb eignet er sich auch als pars pro toto. Es ist wie unterm Brennglas, mit allen Gefährdungen und Abstürzen, Kinderstars, die über Nacht verschwunden sind, mit Leuten, die sechsmal abgeschrieben wurden und siebenmal wiedergekommen sind, mit Leuten, die ungeheures Selbstvertrauen besitzen, und Leuten, die nicht an sich glauben. Fußball ist ein Stück Leben, und zwar mit mehr Authentizität als »Big Brother«.

Du brauchst in einer Gesellschaft gemeinsame Erzählungen, etwas, worüber du dich morgens am Schraubstock gemeinsam unterhalten kannst. Da gibt es mehrere Themen, die sich anbieten, etwa das Wetter. Das Wetter ist ein Thema, das allen zugänglich ist, Gesundheit ist auch ein dankbares Thema. Ich weiß nur, daß man gemeinsame Erzählungen braucht, um eine Gemeinschaft zusammenzukitten. Das mögen früher biblische Erzählungen gewesen sein, die Geschichte von Jonas und dem Walfisch kannte früher jeder. Erzählen Sie das mal heute, vermutlich denken die Leute, daß sei eine Nachricht von einer Fischerei-Gesellschaft. Und so war die Weltmeisterschaft 1990 sicherlich eine Erzählung im Westen und im Osten des Landes. Wenn es das nicht mehr gibt, entstehen Teilgesellschaften mit eigenen Gesprächsgegenständen. Deshalb ist es auch schlecht, daß Rostock aus der Bundesliga abgestiegen ist. Es müssen Fans von Rostock in München sein, und es müssen Fans von Dresden in Wanne-Eickel sein, dann haben wir die Wiedervereinigung geschafft. Wenn ich in Dortmund ins Stadion gehe, interessiere ich mich nicht nur für den Fußball, sondern auch für die Menschen. Du mußt dir da mal die Zwischenrufe anhören. Das ist ja zum Teil hochintelligent. Wenn dann einer ruft: »Bring einmal 'nen Blindenhund!«, das finde ich ja köstlich. Ich sitze auf der Tribüne, aber es ist auch schön, in der Kurve bei den Fans zu stehen. Dort in der Kurve zu stehen und für die gegnerische Mannschaft zu rufen, das ist etwas, was mich noch reizt. Ein Vergnügen der besonderen Art. Bei einem Spiel gegen die Bayern in der Dortmunder Südkurve stehen und die Münchner anfeuern.

(Aufgezeichnet von Torsten Körner)

Matthias Brandt, geb. 1961 in Berlin, studierte an der Hochschule für Musik und Theater Hannover Schauspiel (1982 bis 1985) Nach einem ersten Engagement in Oldenburg 1985 gehörte er unter anderem den Ensembles folgender Theater an: Staatstheater Wiesbaden, Nationaltheater Mannheim, Schauspiel Bonn, Bayerisches Staatsschauspiel, Renaissancetheater Berlin, Schauspielhaus Zürich, Schauspielhaus Bochum und Schauspiel Frankfurt. Seit 2000 ist der Sohn von Willy und Rut Brandt regelmäßig in Fernsehrollen zu sehen. 2003 spielte er in dem Fernsehfilm *Im Schatten der Macht*, der die letzten Tage vor dem Rücktritt seines Vaters vom Amt des Bundeskanzlers schildert, die Rolle des Günter Guillaume. 2005 kam der Film *Schattenväter* in die Kinos.

Bevor wir uns endlich getroffen hatten, waren unsere Anrufbeantworter schon beim »Du« angekommen. Es ist ein absolutes Vergnügen, sich von Matthias Brandt auf den AB sprechen zu lassen. Freundlich ohne Ende, und man denkt, mit solchen Aufmunterungsbotschaften kann deine Welt nicht mehr zusammenfallen. Unser Gespräch von Mann zu Mann fand dann in Friedenau statt. Herzlichen Dank für Ihre Ausdauer!

Hart, aber fair

Bei Leuten wie mir existiert immer das Problem, daß ihre Kindheit ausführlich fotografisch dokumentiert worden ist und man deshalb nicht genau weiß, wo die Erinnerung verläßlich anfängt oder wo die Bilder dir nur die Erinnerung vorspielen. Es gibt ein Foto, das mich zusammen mit meinen Eltern und Brüdern im Garten zeigt. Da bin ich drei oder vier Jahre alt, und ich trete da ganz offensichtlich mit großer Begeisterung gegen einen Fußball. Ob das nun meine erste Erinnerung an den Fußball darstellt, weiß ich nicht genau, denn solche Erinnerungen sind, wie schon gesagt, trügerisch. Auf jeden Fall hatte ich schon sehr früh eine Affinität zum Fußball, und ich weiß noch, daß ich das alte schwarzweiße Muster des Lederballes sehr gerne mochte. Diesem schönen Muster trauere ich heute noch nach, denn die modernen Bälle mag ich nicht.

Ich bin in Berlin aufgewachsen und habe hier meine ersten fünf Lebensjahre verbracht. Unsere Familie zog dann nach Bonn, und dort blieb ich bis zum Abitur. Wir zogen in die Dienstvilla des Außenministers auf dem Venusberg, wo ich meine Kindheit bis zu meinem vierzehnten Lebensjahr verbrachte. Hinter der Villa lag ein riesiger Park, der zum Fußballspielen ziemlich gut geeignet war, zumal dort zwei große Tannen im richtigen Abstand zueinander standen und damit ein akzeptables Tor abgaben. Meistens aber spielte ich nicht in unserem Park Fußball, sondern fast immer im Garten meines damals besten Freundes Andreas, mit dem ich so gut wie jeden Nachmittag verbrachte. Mit dem Fahrrad war ich in fünf Minuten bei ihm. Da standen zwei Wäschestangen, die bildeten das Tor, und auf diesem Wäscheplatz haben wir über Jahre hinweg jeden Tag zu zweit mehrere Stunden Fußball gespielt. Unser Spiel hatte auch einen besonderen Namen, es hieß »Hart, aber fair«. Wenn wir uns wieder einen langen Fußballnachmittag gönnen wollten, sagten wir bloß: »Komm, laß uns ›Hart, aber fair‹ spielen gehen.« Einer stellte sich ins Tor, und der andere übernahm den Rest und spielte jede Position vom Mittelstürmer bis zum Libero. Andreas war HSV-Fan, und ich war Gladbach-Fan. Ein ganz wesentlicher Bestandteil unseres Spiels bestand darin, daß wir uns auch kommentierten, jeder Spielzug und Schuß wurde geschildert. Unsere Anregungen dafür bekamen wir bestimmt durch die *Sportschau* und die

Reportagen im Radio. Und so spielten wir gerne die Partien nach, die wir am Wochenende im Fernsehen gesehen hatten. Es war richtig anstrengend, sich selbst einen Paß zuzuspielen, den anzunehmen und das Geschehen im selben Augenblick auch noch zu kommentieren.

Dabei fällt mir ein, daß es in meiner Jugend noch den Konflikt zwischen *Daktari* und der *Sportschau* gab. Wahrscheinlich war das auch eine herausragende Entwicklungsstufe in meiner Biographie, als ich von *Daktari* zur *Sportschau* wechselte. Da siegte dann die Fußball-Obsession über die kindliche Lust an Clarence, dem schielenden Löwen. Ich mochte *Daktari* sehr, und trotzdem wurde das abgelöst vom »Tor des Monats« und Ernst Huberty. Große Ereignisse! Die *Sportschau* habe ich immer alleine geschaut oder zusammen mit Andreas. Mit meinem Vater habe ich die Sendung nie gesehen. Er kannte sich auch nicht aus mit Fußball. Sicher, ab und zu mußte er sich in einem Stadion blicken lassen, wie das bei Politikern eben so ist, und einen halbwegs unverfänglichen Satz zum Spiel sagen.

Mit Andreas zusammen bin ich dann auch in den Verein eingetreten. Ich glaube, sein Vater hatte die Verbindung hergestellt. Plittersdorf ist ein Ortsteil von Bad Godesberg, und so wurde der SSV Plittersdorf unser Verein. Bei dieser Gelegenheit kam es zur ersten ideologischen Auseinandersetzung zwischen uns, weil ich Schraubstollen wollte und er Noppen. Es gab damals von Adidas zwei Modelle, die Schraubstollenschuhe hießen »Franz Beckenbauer«, und das Modell mit den Noppen hieß »Uwe Seeler«. Ich war mächtig stolz auf meine Schuhe und fand die auch schicker. Allerdings erwiesen sie sich relativ schnell als vollkommen ungeeignet, weil wir immer auf Aschenplätzen spielten, und mit Schraubstollen hattest du einfach keinen Stand. Das konnte ich aber so nicht zugeben, weil ich die vorher so vehement verteidigt hatte.

Seit meinem achten Lebensjahr hatte ich Polizeibegleitschutz, stets und ständig, und ich habe die hemmungslos als Kompagnons instrumentalisiert. Deshalb mußten mich die Polizeibeamten auch beim Kauf der Fußballschuhe begleiten, als wir in die Stadt fuhren und die Schuhe im Sportgeschäft »Wurm« kauften. Ich kann rückblickend nicht mehr nachvollziehen, warum ich bereits zur Adidas-Fraktion gehörte, bevor ich überhaupt ein Paar von Adidas besaß. Vermutlich trug sie einer der Jungs, mit denen ich auf der Wiese spielte, oder ich hatte mich im Schaufenster in sie verguckt. Damals gab es noch nicht die Vielzahl von Modellen und Marken. Man stand da einfach vor der Frage: Adidas oder Puma? So wie man bei den Füllern vor der Frage stand: Geha oder Pelikan? Auf jeden Fall fing ich beim SSV Plittersdorf in der E-Jugend an, als ich neun Jahre alt war. Wir nahmen das Training sehr ernst, und ich betrieb das Spiel dann auch mit einiger Passion. Ich war vielseitig und spielte im Lauf meiner Karriere auf drei verschiedenen Positionen: Ich war Torhüter, weil ich mich unerschrocken zeigte und offenbar einiges Talent dafür mitbrachte, ich war auch Rechtsaußen, aber die meiste Zeit habe ich schon als Mittelstürmer gespielt.

An die Atmosphäre auf den Plätzen und an das ganze Drumherum kann ich mich noch ziemlich gut erinnern. Es schien immer zu regnen, es war matschig, kalt, und Sonnenbilder habe ich kaum im Kopf. Und dann diese furchtbaren Verletzungen, die man sich zuzog, wenn man auf der Asche entlangrutschte, »Reibekuchen« hieß das dann und tat irre weh. Unser erstes Trikot war schwarz-rot. Später, als ich den Verein wechselte, spielten wir in Gelb-Blau und sahen aus wie die Mannschaft von Eintracht Braunschweig. In der Luft hing immer so etwas, ja, wie soll ich sagen, etwas Barackenhaftes, diese alten Aschenplätze, die spartanischen und winzigen Umkleideräume, in denen es immer muffig roch. Aber es war genau diese Atmosphäre, die mich anzog, denn der Fußball stellte noch einmal einen ganz anderen Kosmos dar, der sich sehr von meinem schulischen Umfeld und meiner Herkunft unterschied. Da war es nicht mehr so gut behütet und bürgerlich, es herrschte ein anderer Ton, und es ging auch ganz anders zur Sache. Ich traf Menschen aus anderen sozialen Schichten, mit denen ich vorher keinen Kontakt gehabt hatte, und jetzt wurden die Karten noch einmal neu gemischt. Plötzlich ging es nicht mehr um deine Herkunft, sondern schlicht und ergreifend um dein Können. Das fand ich angenehm, weil ich es in dieser Deutlichkeit noch nicht erlebt hatte. Auch den rheinischen Dialekt lernte ich erst auf diesem Wege kennen, denn ohne diesen Ton und diese Ausdrücke ging es einfach nicht. Als wir älter waren, so etwa zwölf, wurde es noch einmal rauher, im Ton und in der Gangart. Es gab einen Spieler, der war für die »Nuß« berüchtigt, der setzte seinem Gegenüber mit der Stirn blitzschnell einen Stoß über das Nasenbein. Ich weiß nicht mehr, wie er hieß, aber er spielte in einer Mannschaft, auf die wir ziemlich oft trafen, und er war berühmt und berüchtigt. Der Schiedsrichter mußte sich nur einmal kurz umdrehen, dann stieß der wieder mit einer rasenden Geschwindigkeit zu, und schon lag ein neues Opfer auf dem Rasen und wälzte sich vor Schmerzen. Ich kann mich nicht erinnern, daß ich beim Fußball einmal angefeindet worden wäre, weil ich der Sohn von Willy Brandt war, nein, wirklich nicht. In der Schule hingegen kam das relativ oft vor, aber beim Fußball definitiv nicht.

In unserer Mannschaft gab es zwei Kandidaten, die recht oft vom Platz flogen. Der eine war sehr begabt, zu begabt für uns. Er regte sich permanent über die anderen auf. Der ging nicht auf die Spieler der gegnerischen Mannschaft, sondern auf seine Mitspieler los. Es machte ihn wahnsinnig, daß die nicht so funktionierten, wie er es gerne gehabt hätte. Von heute aus betrachtet, verstehe ich das ganz gut, das war bei ihm das Beckenbauer-Syndrom, dieses totale Unverständnis, daß jemand es einfach nicht kann. Er war ansonsten ein lustiger Typ und hat es sicherlich nicht böse gemeint, aber daß die anderen nicht auf ihn eingingen, hat ihn verrückt gemacht. Immer wenn er den Ball hatte, rief er uns zu: »Hau ab, hau ab, aus dem Weg!« Dann gab es noch einen anderen, der irrsinnig jähzornig war. Wenn er ausgewechselt wurde, fing er an zu beißen und zu treten. Unser Trainer oder sein Vater mußten ihn dann vom Platz tragen, liefen aber Gefahr, gebissen zu werden.

Ich habe dann noch einmal den Verein gewechselt, jedoch nicht freiwillig. Das lief schon sehr skurril ab, weil wir als Spieler darüber gar nicht informiert worden waren. Es hatte irgendwelche Kabale innerhalb des Vereins gegeben, woraufhin der Trainer unsere Mannschaft komplett zu einem anderen Verein mitnahm und ummeldete. So landete ich unversehens beim GFV 08, das war der Godesberger Fußballverein 08, wo ich bis zu meinem vierzehnten Lebensjahr gespielt habe. Dann wurde mir das Spiel zu ruppig, und ich beendete meine Karriere im Verein. Zu diesem Zeitpunkt schieden sich dann auch noch einmal die Wege zwischen denen, die es ganz ernsthaft betreiben wollten, und denen – zu denen ich gehörte –, die nicht mehr den nötigen Ehrgeiz aufbrachten und das nötige Talent besaßen. Es war schlicht und ergreifend eine Frage des Talents. Ich hatte relativ früh eine Ahnung davon, daß ich nicht so gut Fußball spielen kann, was aber meiner Begeisterung für das Spiel überhaupt keinen Abbruch tat. Mein Freund Andreas war da wohl etwas talentierter als ich, blieb auch noch eine Weile, aber sehr lange hat er es dann auch nicht durchgehalten.

In dieser Zeit, das muß ich wirklich sagen, auch ohne jeden Kitsch, war Fußball das wichtigste in meinem Leben. Das beanspruchte meine Hauptaufmerksamkeit, auch was die theoretische Beschäftigung mit dem Spiel anging. Ich hatte nämlich ein unglaublich dickes Fußballlexikon geschenkt bekommen, und mit diesem Buch verbrachte ich viel Zeit. Immer wenn ich aus der Schule kam – das blieb lange ein richtiges Ritual –, aß ich schnell etwas, und dann setzte ich mich in mein Zimmer und las in meinem Fußballexikon. Das war mir sehr ernst, ich versank vollkommen darin. An der Wand meines Zimmers hing die EM-Elf von 1972 mit Beckenbauer als Kapitän. Dann hatte mir mein Vater einmal einen Ball mit Autogrammen von der Nationalmannschaft mitgebracht. Ich besaß außerdem zwei Fritz-Walter-Bücher, das eine war das Buch über die WM 1954 und hieß *3:2* und das andere erzählte von der 58er WM in Schweden und hieß *So war es*. Merkwürdigerweise mochte ich dieses Buch eigentlich lieber, obwohl die Deutschen 1958 nicht ins Finale gekommen waren. Vielleicht gefiel mir das Tragische daran, die Ungerechtigkeit, die »hinterhältigen Machenschaften«, die unglückliche Art, wie sie gegen die Schweden ausgeschieden sind. In diesem Buch wurde auch Pelé das erste Mal sehr ausführlich beschrieben.

Auch als wir längst im Verein spielten, haben Andreas und ich noch lange Jahre auf dem Wäscheplatz gespielt. Der Fußball hat uns unheimlich verbunden. Irgendwann in der Pubertät ging diese Freundschaft dann auseinander, obwohl wir über sechs oder sieben Jahre so eng waren, und es war tatsächlich ein bißchen so wie eine sich auflösende Liebesbeziehung. Alle Versuche, die Freundschaft in irgendeiner Weise zu retten, hatten mit dem Spiel zu tun. Über den Fußball fanden und verständigten wir uns, auch dann noch, als wir hilflos davor standen, daß wir sonst nicht mehr viel miteinander zu tun hatten.

Damals gab es ja noch diese Vorspiele vor den Bundesligapartien, und eines meiner größten Fußballerlebnisse hat damit zu tun. Eines Tages spielten wir gegen die

Jugendmannschaft des Wuppertaler SV, der damals noch in der Bundesliga spielte. Das war so ein altes Schrottstadion, atmosphärisch vollkommen anders als die Stimmung in den Arenen heute. Das waren bröckelnde Betonschüsseln, es gab hauptsächlich Stehplätze, überall rostige Stangen, an denen man sich festhalten konnte, auf den Tribünen wuchsen Grasbüschel, weil das Stadion fast niemals voll war. Wir spielten da von 16er zu 16er, denn in der C-Jugend kickten wir damals noch nicht über das ganze Feld. An das Spiel selbst kann ich mich überhaupt nicht erinnern, wir bekamen da mit Sicherheit eine Packung, weil der Wuppertaler SV besser war als wir, aber ich weiß noch, daß wir nach unserem Spiel hinter einem der Tore sitzen durften. Es war toll, den Profis aus nächster Nähe beim Warmmachen zusehen zu dürfen, während das Stadion immer voller wurde. Der Torjäger und Star des Wuppertaler SV hieß übrigens Günter Pröpper. Komisch, warum hab' ich mir den Namen gemerkt?

Während unserer Norwegen-Urlaube habe ich mich meistens gelangweilt, mit den Eltern in die Abgeschiedenheit der skandinavischen Wälder zu fahren, ist für einen elf- oder zwölfjährigen Jungen einfach nicht spannend. Da wohnte dann auch ein großer Troß von Personenschützern ganz in unserer Nähe in der Jugendherberge. Ich habe die Beamten häufig aufgescheucht, weil diese Jugendherberge einen eigenen Fußballplatz hatte, und dann mußten die komplett in Mannschaftsstärke antreten, um mit mir beim Fußball Spaß zu haben. Meine Personenschützer waren selbstverständlich bei jedem meiner Punktspiele dabei, sie waren nicht auffällig, sie blieben im Hintergrund, und man hätte sie sicherlich für Betreuer halten können.

Bevor ich es vergesse, ich bin auch einmal Pelé begegnet und habe sogar mit ihm gekickt. Das war so: Ich besuchte zusammen mit meinem Vater das Eröffnungsspiel der WM 1974 in Frankfurt. Da spielte der amtierende Weltmeister Brasilien gegen Jugoslawien. Hinter der Ehrentribüne lag ein VIP-Raum, und inmitten dieses übervollen Raumes stand ich mit meinem Vater. Plötzlich kam Pelé herein, und ich war wie paralysiert. Er trug einen weißen Pelzmantel, sah aus wie eine Rockstar. Er war sehr freundlich, und ich kippte fast aus den Latschen, denn das war ja der liebe Gott, das war auch noch mal was ganz anderes, als wenn jetzt Beckenbauer hereingekommen wäre. Das Endspiel von 1970 war mir in diesem Augenblick noch sehr präsent, denn es war so ungeheuer expressiv, was die Brasilianer gezeigt hatten. Ich erinnere mich an das Bild, als Pelé ein Tor geschossen hatte, auf die Knie ging und sich bekreuzigte. Diese Art, ein Tor zu zelebrieren, kannte man noch nicht bei uns, es war noch lange vor der Zeit, als man anfing, den Torjubel möglichst originell in Szene zu setzen. Man sprang damals noch in die Luft, Gerd Müller immer mit halber Drehung, und dann war es gut. Und eben auch deshalb war mir klar, daß das jetzt der Größte von allen ist, der da hereinkommt. Deshalb war ich völlig paralysiert, als Pelé auf uns zukam. Er gab meinem Vater und mir die Hand, ein paar Scherze wurden gemacht, man lachte, und dann war auf einmal ein Ball da, und wir kickten ihn ein paarmal hin und her, hielten ihn ein bißchen in der Luft. Was will man mehr im Leben? Ich kann sagen, ich habe einmal mit Pelé Fußball gespielt. Er schenkte mir noch eine brasilianische Fahne mit seinem Autogramm, dann rauschte er wieder ab. Von dem Eröffnungsspiel hinterher habe ich kaum etwas gesehen, weil mich erst jetzt die Aufregung so richtig packte.

Ich war sehr erleichtert, daß ich bei der WM 1974 dabeisein konnte. Als mein Vater als Bundeskanzler zurücktrat, war meine Hauptsorge, daß unser geplanter Besuch beim Finale hinfällig geworden sein könnte. Er beruhigte mich aber schnell. Allerdings wurde er, da er ja nun nicht mehr Kanzler war, gleich ein paar Reihen zurückversetzt, und ich konnte gar nicht mehr auf die Ehrentribüne, das war mir aber ganz recht. Ich saß dafür ziemlich nah am Kabineneingang, wo die Spieler herauskamen, und konnte sie deshalb ganz gut anschauen. Nach dem Spiel wirkte es so, als ob die deutschen Spieler es selbst noch nicht verstanden hätten, daß sie jetzt Weltmeister sind. Für mich war das Spiel extrem aufreibend, es hat mich unglaublich eingenommen. Nein, eine Fahne hatte ich nicht dabei, aber so eine Fahrradhupe, mit der ich mein Bestes gegeben habe. Abends flogen wir zurück, ich sah die entscheidenden Spielszenen noch einmal im Fernsehen und freute mich ganz wahnsinnig.

Es gab keinen in meiner Familie, der sich für Fußball interessierte, außer mir. Meine Eltern haben auch niemals bei einem meiner Spiele zugesehen, auch meine Brüder nicht. Das war aber auch nicht schlimm und vielleicht sogar ganz gut, denn so gehörte der Fußball wirklich mir. Fußball, das war meine Welt, die ich mir schaffen und gestalten konnte. Es war auch deshalb wichtig für mich, weil dieser Kosmos geschützt blieb, ich hatte auf einmal etwas, wovon nur ich etwas in unserer Familie verstand, und das nachweisbar. Es hat durchaus zwei oder drei Situationen gegeben, wo mein Vater mich etwas über Fußball fragte, weil er sich irgendwo dazu äußern mußte. Weil er aber davon nichts verstand, konnte ich ihm auf die Sprünge helfen, und das hat mir gutgetan. Vermutlich habe ich damals versucht, ihm die Abseitsregel zu erklären, aber das ist so eine Sache mit der Abseitsregel, es gibt Leute, da ist einfach Hopfen und Malz verloren.

(Aufgezeichnet von Torsten Körner)

Olli Dittrich, Entertainer

Oliver »Olli« Michael Dittrich, geb. 1956 in Offenbach, ist Musiker, Schauspieler, TV-Entertainer und Fan von Borussia Dortmund und dem HSV. Während seiner Schulzeit interessierte er sich »nur« für Fußball und Mädchen. Nach der Schule lernte er als Theatermaler an der Hamburger Staatsoper. Danach arbeitete er bei einer Plattenfirma und komponierte Stücke u.a. für James Last und Die Prinzen. Mit Wigald Boning trat er im »Quatsch Comedy Club« auf und gründet die Band »Wigald Boning & Die Doofen«, mit der sie einen Nummer-Eins-Hit landeten. Für seine Fernsehbeiträge mit Kollegen wie Boning oder Anke Engelke wurde er mehrfach mit dem Adolf-Grimme-Preis ausgezeichnet. Für seine jüngste TV-Serie *Dittsche – das wirklich wahre Leben* wurde ihm auch der Deutsche Fernsehpreis 2004 verliehen.

Wir telephonieren. Dittrich berichtet lebhaft und lustig, und manchmal macht es ihm Spaß, gerade so irrlichternd assoziativ zu erzählen wie seine berühmte Kunstfigur Dittsche. Kann man jemand durch den Hörer lächeln hören? Man kann …

Morbus Schlatter, Uwe und ich

Die Bubis waren die ganz Kleinen. Ich dürfte sechs oder sieben Jahre alt gewesen sein, als ich in einen Fußballverein eintrat. Der Grantplatz des TSV Niendorf lag unmittelbar auf der anderen Straßenseite des Vogt-Cordes-Damms 16, wo wir wohnten. Unser kleines Einfamilienhaus war das letzte Haus vor der Einflugschneise, weshalb in unserem Garten ein großer Positionsmast stand. Die Flugzeuge bretterten wirklich in 50 Meter Höhe über das Dach. Und dort begann meine Geschichte mit dem Ball.

Fußball war auch schon in dieser frühen Zeit etwas ganz Besonderes für mich, und ich war voller Stolz, daß ich jetzt in einem richtigen Verein war. Mein Vater war auch Fußballfan, und er fand es auf jeden Fall gut, daß ich in einem Verein spielen wollte. Allerdings wurde mein Glück über den Vereinseintritt empfindlich getrübt, denn ich hatte keine professionelle Ausrüstung. Ich schämte mich ein bißchen vor den anderen, die im Verein waren und schon richtige Lederstiefel besaßen. Meine ersten Fußballstiefel werde ich nie vergessen. Genau betrachtet waren sie aus Hartgummi und nicht aus Leder. Die sahen diesen Gummi-Turnschuhen sehr ähnlich, sie gingen noch über den Knöchel und mußten geschnürt werden. Auf der Sohle saßen rechteckige, sehr längliche Stollen, Stollen im weitesten, ja, im allerweitesten Sinne. Das waren mit Sicherheit die einfachsten und billigsten Fußballschuhe, die man damals bekommen konnte, auf keinen Fall Adidas-Schuhe. Ja, und das war schon eine sehr traurige Sache für mich, zumal ich auch kein Vereinstrikot besaß, damals sagte man noch Jersey. Aber es kommt noch schlimmer, denn ich spielte linker Verteidiger, was an sich keine Katastrophe dargestellt hätte, wenn nicht damals schon Uwe Seeler mein großer Held gewesen wäre. Tore schießen wie er, das war toll und wünschenswert, aber als linker Verteidiger war ich dafür in meiner Mannschaft einfach nicht vorgesehen. Das war eine tiefe Enttäuschung für mich. Ich weiß aber noch sehr genau, wie mich mein Vater eines Tages tröstete. Er saß vor dem Fernseher und sah sich irgendein Spiel an. Es fiel ein Tor. Da kam er zu mir und sagte: »Schau mal, jetzt hat der Verteidiger ein Tor geschossen.« Er wollte mir zeigen, daß ich das auf meiner Position auch kann. Ich werde niemals vergessen, wie ich damals als Verteidiger auf dem Platz stand. Der rechte Verteidiger und ich wurden vom Trainer so aufgestellt, wie man eben auf dem Platz seine Position als Verteidiger einnahm. Immer wenn unser Angriff nach vorne lief, blieben wir da stehen und standen erst einmal. Ich sah zum rechten Verteidiger hinüber, und der stand auch so da wie ich. Wir standen auf einer Linie, rührten uns nicht und warteten, daß uns der Gegner mal wieder was zu tun gibt. Dieses Bild geht mir nicht aus dem Kopf, dieses sture Stehen.

Wir zogen mit unserer Familie recht häufig um, deshalb blieb ich nicht so lange bei den Bubis des TSV. Zuerst hatten wir in Ochsenzoll gewohnt, dann in Schenefeld, von dort ging es nach Niendorf, und schließlich zogen wir nach Langenhorn. In diesem Stadtteil verbrachte ich auch den größten Teil meiner Kindheit und Jugend. Es dauerte ein paar Jahre, bis ich wieder in einen Verein eintrat. Ich muß 13 Jahre alt gewesen sein, als ich in die C-Jugend des TuS Alstertal kam. Für meinen neuen Verein spielte ich in der C-, B- und A-Jugend, bis ich mit 17 Jahren schließlich aufhörte.

Lange Zeit wollte ich Fußballprofi werden. Irgendwann bekam ich endlich die so lang erhoffte bessere Fußballausrüstung. Meine ersten ernstzunehmenden Fußballschuhe waren natürlich von Adidas und hießen »Uwe«, das war ein Noppenschuh. Es gab ein paar Mannschaftskameraden, die trugen Adidas »Inter« mit Schraubstollen und blauer Sohle. Selbstverständlich hat man mit diesem Schuh geliebäugelt, aber neidisch war ich nicht, denn Uwe Seeler war ja mein Held. Das Modell »Uwe« lag halt eine Klasse unter dem Schraubstollenschuh, und natürlich schliffen sich die Noppen auf diesen Grantplätzen ab. Mein erster Lederball war ein klassischer Flutlichtlederball mit dem berühmten Fünfeck, wo sich schwarze und weiße Flecken abwechselten, und das war ja deswegen so genäht, damit man den Ball im Flutlicht gut erkennen konnte.

Beim TuS Alstertal spielte ich zuerst als Halblinker – das sagt heute auch kein Mensch mehr –, und dann wurde ich Linksaußen, obwohl ich Rechtsfuß bin. Wahrscheinlich besetzte ich diese Position, weil ich ziemlich schnell war, auch noch mit dem Ball, und damit als Angriffsspieler gut geeignet. Allerdings war ich empfindlich und zweikampfscheu, ich ging Kopfbällen lieber aus dem Weg, und wenn du einem Kopfball nicht wirklich mit Wucht entgegengehst, sondern ihn nur halbherzig nimmst, tut es verteufelt weh. Deshalb konnte wohl aus mir, auf lange Sicht, kein dramatisch guter Stürmer werden. Mein schönstes Tor ist mir mal vom Mittelkreis aus gelungen, als ich einen wunderschönen Heber über die gesamte Abwehr hinweg oben in den rechten Winkel setzte. Aber die Regel waren solche Treffer nicht. Mein Trainer hieß Herr Wolter, den Vornamen habe ich vergessen, und sein Vater fuhr einen VW Karman-Ghia. Besser erinnere ich mich aber an unseren Betreuer Werner Holst, denn der hatte einen roten VW Bully, in dem er uns immer zu den Spielen fuhr. Außerdem verteilte er in der Halbzeitpause immer den Trinkfruchtsaft, eine kleine Palette hatte er immer dabei und für jeden Spieler einen Apfel.

Ich war nicht gut genug, um Profi werden zu können. Diese Einsicht reifte langsam, aber der Traum und die Leidenschaft waren lange Zeit sehr vital. Als ich mit neun Jahren nach Langenhorn zog, lag in Reichweite unserer Wohnung ein Rasenplatz, das war in der Stadt etwas sehr Kostbares, zumal dieser Platz frei zugänglich war. Er lag am Ende unserer Gasse, die für den Autoverkehr nicht zugelassen war. Da bin ich sofort jeden Tag nach der Schule hin, wenn es nicht gerade in Strömen regnete. Und dort versammelten sich die Jungs aus der Nachbarschaft, und wir spielten wirklich den ganzen Tag Fußball. Im Sommer, wenn es lange hell blieb, kickten wir manchmal bis zu sechs Stunden am Stück. Fußball, das war mein ein und alles, bis die Musik kam. Schon als Kind hing ich immer am Radio und hörte Musik. Ich hörte gerne Schlager, und am

Sonntag um 17.15 Uhr schaltete ich immer die Schlagerparade des NDR ein. In meinem Zimmer hing ein großes Poster von Udo Jürgens, und das Dreigestirn Freddy Quinn, Udo Jürgens und Uwe Seeler waren meine größten Helden.

Für meine Fußballeidenschaft war 1966 ein ganz wichtiges Jahr, weil da Fernsehen und Fußball für mich das erste Mal zusammenkamen. Die Weltmeisterschaft 1966 habe ich zusammen mit meinem Opa in Offenbach gesehen, mit ihm bin ich auch ein paarmal zum Biberer Berg gegangen, wo Kickers Offenbach spielte. Das waren meine ersten Stadionbesuche. Meine Oma hatte mir dieses blaue Aral–Sammelalbum geschenkt, in das man die Bilder aller deutschen Nationalspieler als Sammelbildchen einkleben konnte. Da war sogar schon der junge Günter Netzer vertreten, obwohl er dann doch nicht mit nach England fuhr. An Einzelheiten dieser WM kann ich mich nicht mehr erinnern. Mein Opa war ein ruhiger, ein gemütlicher Mann, er hatte eine Glatze und hinten einen spärlichen Haarkranz. Das ist das Bild, das ich noch habe, als er da im Sessel saß. Bei dieser WM festigte sich aber wohl Uwe Seeler als mein »Ein-und-alles-Vorbild«. Uwe hatte alles, was ein Fußballer meiner Vorstellung nach besitzen mußte. Er konnte unglaublich hoch springen und machte noch unglaublichere Kopfballtore, er beherrschte Fallrückzieher, er schoß aus allen Lagen, er war schnell und dymamisch, und er war ein echter Sportsmann. Seine Leistung war immer gut und über jeden Zweifel erhaben. Bei dieser Weltmeisterschaft zitterte ich nicht so sehr mit der Mannschaft, sondern eher mit den Hamburger Spielern wie Seeler und Willi Schulz, den alle nur »World-Cup-Willi« nannten, so wie das offizielle Maskottchen der WM. Das war dieser berühmte Löwe, den ich dann immer nachgemalt habe, so wie ich später die HSV-Raute in allen möglichen Varianten in mein Mathematikheft malte, weil durch die Karos eine gute Linienvorgabe gegeben war. Später malte ich dann noch das Raumschiff Orion nach, mit kompletter Besatzung, weil ich die Typen gut fand.

Richtig gezittert und mit der deutschen Nationalmannschaft mitgefiebert habe ich erst bei der Weltmeisterschaft 1974. Von der WM in Mexiko 1970 sind mir nicht viele Bilder in Erinnerung geblieben, aber ich kann mich um so besser an den Moment erinnern, als mein Vater ausrastete. Wir haben die Spiele mit der ganzen Familie gesehen, und beim Spiel Deutschland gegen Italien stand es bis kurz vor Schluß 1:0 für Italien. Als dann Karl-Heinz Schnellinger in der 90. Minute das 1:1 schoß, schlug mein ansonsten recht ruhiger Vater jubelnd auf unser Sofa ein. »Ausgerechnet Schnellinger!« rief der Reporter, weil der Schnellinger bis dahin noch nie ein Tor geschossen hatte. An die WM 1974 erinnere ich mich gut, denn ich war damals gerade im Urlaub, es war das erste Mal, daß ich allein mit zwei Freunden nach Frankreich gefahren bin. Wir fuhren mit einem European-Interrail-Paß und hatten einen internationalen Jugendherbergsausweis. Das Endspiel habe ich in Barcelona gesehen, wo mein Freund Lucian Segura, der in meiner ersten Band Banjo und Gitarre spielte, Verwandte besuchte. Bei diesem Spiel war ich richtig ergriffen.

Als ich siebzehn war und in der A-Jugend spielte, stieg der TuS Alstertal in die Leistungsklasse auf, und am Anfang gehörte ich noch zur Mannschaft. In dieser Klasse trafen die zehn besten Jugendmannschaften Hamburgs aufeinander, da war die A-Jugend von Concordia Hamburg mit dabei, die A-Jugend von St. Pauli, vom HSV, alles schwere Kaliber, und auf einmal gehörten wir dazu. Die erste Saison schlossen wir sogar unter den ersten fünf ab, aber zu diesem Zeitpunkt saß ich schon häufig auf der Bank. Mich plagte damals eine Knieverletzung, richtiger muß man wohl sagen, eine Deformation, denn ich litt an einer Krankheit namens Morbus Schlatter, die sich durch zwei stark schmerzende Knubbel unterhalb der Kniescheibe bemerkbar machte. Und die Knie wurden dann mit so schwarzem, klebrigem und stinkendem Teer-Kleister einbalsamiert und dick bandagiert. Diese Verbände mußte ich immer zwei Wochen tragen, und in dieser Zeit war an Fußball nicht zu denken. Was auch immer diese Behandlung erreichen sollte, es hat nicht wirklich dazu geführt, daß mein Ansinnen, Fußballprofi zu werden, ernsthafter verfolgt wurde.

Es war Winter, als ich meinem großen Helden Uwe Seeler das erste Mal begegnete. Mit meinem blauen Aral-Sammelbuch bin ich zum Rothenbaum gefahren, wo der HSV damals noch trainierte. Es lag sehr viel Schnee, und es war kalt. Ich wartete vor dem Eingang, bis die mit dem Training fertig waren, um von Uwe ein Autogramm zu bekommen. Um sicherzugehen und ihn nicht zu verpassen, rührte ich mich anderthalb Stunden nicht vom Fleck, bis ich steif gefroren wie ein Stock vor der Tür stand und wie angewachsen war. Irgendwann kam Uwe frisch geduscht heraus. Er trug einen schweren Wintermantel, und ich fragte höflich: »Herr Seeler, können Sie mir bitte ein Autogramm geben?« Ich hielt ihm mein Aral-Sammelalbum zum Unterschreiben hin, und da war mein Kugelschreiber eingefroren. Das kann man heute noch in Augenschein nehmen, denn Uwe hat drei- oder viermal angesetzt und versucht, seinen Namen zu schreiben. Man sieht noch die tiefen, dick eingedrückten Furchen, man sieht, daß Uwe Seeler dreimal versucht hat, seinen Namen genau übereinander zu schreiben. Der Stift schrieb dann wieder ein bißchen, aber sehr hakelig und krakelig, mit Aussetzern. Uwe gab mir den Stift zurück und sagte so im Weggehen: »Kauf dir mal 'nen neuen Stift, Junge!« Das werde ich nie vergessen, und ich stand da und war vollkommen belemmert. Ich dachte, daß ich in seiner Gunst unendlich tief gesunken sei, denn mein Held weist mich zurecht, weil ich noch nicht mal mit einem richtigen Stift zu ihm komme. Größer hätte die Niederlage an diesem Tag nicht sein können. Ich mußte schon kräftig schlucken.

Dafür wurde ich viele, viele Jahre später von ihm reich beschenkt, denn Uwe war zu Gast in meiner Sendung *Dittsche – das wirklich wahre Leben* und hat mich in Dittsches Imbiß besucht. Er hat dreißig Minuten nur auf dem Barhocker gesessen und geschwiegen und übernahm den Part der schweigsamen »Schildkröte«. Er sagte kein Wort. Wie »Schildkröte« trank Uwe sein Bierchen, machte gute Miene zum bösen Spiel und hatte nur am Ende der Sendung das Schlußwort: »Halt die Klappe, ich hab' Feierabend!« Daß der Held meiner Jugend zu Gast in meiner Sendung war, zumal der HSV tags zuvor zu Hause gegen Werder Bremen mit 2:3 verloren hatte, ist für mich wirklich bewegend und grandios!

Die neue AOL Arena in Hamburg war gerade fertiggestellt, da durfte ich noch mal den Duft eines wirklich großen Stadions atmen. Ich spielte in einer Prominentenmannschaft mit Manni Kaltz, Horst Hrubesch, Thomas Helmer, Tony Baffoe und vielen anderen. Sobald man sich die Fußballschuhe anzieht, geht sofort ein Bild im Kopf auf, und man fühlt sich wieder wie damals. Man kennt und spürt das Programm, man läuft an und macht sich warm. Wenn man dann jedoch den ersten Spurt über 50 Meter hinter sich hat, merkt man erschreckend schnell: Es ist lange vorbei, nicht nur konditionell, sondern alles ist vorbei, der Traum ist aus. Und der Ball ist eben nicht mehr dein Freund, um mit Bernd Schuster zu sprechen. Heute spiele ich nicht mehr. Mein Sohn, fünf Jahre alt, und ich daddeln manchmal ein bißchen mit dem Ball so hin und her und gegen die Hauswand, aber Jonathan ist gar nicht so sehr am Fußballspielen selbst interessiert, sondern er spielt das ganze wie ein Schauspieler. Er spielt die Fouls, er spielt Schiedsrichter, die gelbe Karten zücken, offenbar schätzt er das theatralische Moment, das im Fußball steckt. Vor kurzem träumte ich, daß ich tatsächlich in der Nationalelf stehe, ein komisches Bild, ich erinnere auch nur noch einen kurzen Dialog, an dem auf jeden Fall Rudi Völler beteiligt war.

Wenn Sie mich nach der Katastrophe meines Fußballlebens fragen, muß ich definitiv diese Geschichte erzählen. Ich litt nicht nur an Morbus Schlatter und knubbeligen Knien, sondern ich hatte außerdem eine heftige Wirbelsäulenverkrümmung und mußte deshalb immer wieder in orthopädische Behandlung. Der straffere Trainingsplan, den wir in der A-Jugend hatten, wir trainierten dreimal die Woche, hat sich auch nachteilig auf meine Wirbelsäule ausgewirkt, so daß ich beim Laufen Kopfschmerzen bekam. Nachdem mein Rücken nochmals geröntgt worden war, hat der Orthopäde klipp und klar und auf jeden Fall sehr robust in meinem Beisein zu meiner Mutter gesagt: »Wenn Sie nicht wollen, daß Ihr Sohn mit 25 im Rollstuhl sitzt, muß er mit dem Fußballspielen aufhören.« Diesen schwarzen, schwarzen Satz werde ich nie vergessen. Das war ein Schock für mich. Es hat mich richtig erschüttert, weil es von da an so klar war, daß es aus war. Es zerbrach etwas, der Traum war aus, bevor er auf andere, auf weniger brutale Weise hatte zu Ende gehen können. Es war nicht mehr reparabel, denn im Verein mußte ich ohnehin um meinen Stammplatz kämpfen. Und mit so einer Prognose kann man natürlich gleich einpacken und die Fußballstiefel an den Nagel hängen.

(Aufgezeichnet von Torsten Körner)

Götz von Fromberg, Rechtsanwalt

GÖTZ VON FROMBERG, geb. 1949, studierte von 1967 bis 1972 in Hamburg, Berlin und Bonn Jura. Ab 1973 absolvierte er seine Referendarzeit in Hannover, wo er 1975 als damals jüngster Rechtsanwalt der Stadt zugelassen wurde. Seit August 2005 fungiert er als Vorstandsvorsitzender von Hannover 96. Von Fromberg, zu dessen Freunden auch Altkanzler Gerhard Schröder gehört, ist der zwölfte Hannover-96-Präsident seit Gründung der Fußball-Bundesliga 1963. Er steht an der Spitze von mehr als 4500 Vereinsmitgliedern.

Götz von Fromberg bezeichnet sich selbst als Paradiesvogel. Der Paradiesvogel ist ein ausgewachsenes Mannsbild, groß, mit sinnlich-lebensfrohem Embonpoint, ein freundlicher Epikureer, der hinreißend erzählen kann. Ich höre ihm gebannt zu in der Zigarrenbar des Savoy-Hotels. An diesem Abend scheidet der Kanzler, sein Freund, aus dem Amt, und verflixt – Frau von Fromberg entdeckt, daß sie für den Empfang das falsche Paar Schuhe eingesteckt hat. Auf zum Kuhdamm, Götz!

Immer wieder Schienbein 05

Mein Vater war ein vornehmer alter Offizier und hatte mit Fußball überhaupt nichts am Hut. Fußball hieß bei ihm nur despektierlich »Schienbein 05«, und immer wenn ich zum Fußball ging, sagte er: »Gehst du schon wieder zu Schienbein 05?« Es gab eigentlich nur ein Erlebnis, das ihn mit dem Fußball verband, und das war die Weltmeisterschaft 1954. Ich habe das Finale Deutschland gegen Ungarn in einer Eckkneipe in unserem Viertel Kleefeld miterlebt. Ich war gerade fünf Jahre alt. Kleefeld hatte ein Arbeiterviertel, und hier wuchs ich auf. Natürlich habe ich die Bedeutung dieses Spiels damals noch nicht verstanden, aber daß da was Großes passiert, bekam ich schon mit. Die Kneipe war voll, kein freier Platz, und ich saß auf den Schultern meines Vaters. Ich durfte Sinalco trinken, es gab Bockwurst mit Kartoffelsalat. Das war phantastisch. Ich sehe noch den alten Fernseher, einen klobigen Kasten, wie der oben auf einem Holzbrett steht. Im Fernsehen wurde das Spiel von Bernhard Ernst kommentiert, aber in der Kneipe hatten sie den Ton ausgeschaltet und dafür den Radiokommentar von Herbert Zimmermann laut aufgedreht. Es war eine wahnsinnige Stimmung, und als das Spiel aus war, haben alle geheult. Und weil ich nicht wußte, warum jetzt alle heulten, fing ich auch an. Dann wurde die Nationalhymne gesungen, und zwar die erste Strophe, wie mir mein Vater später erzählt hat.

Einige Monate später spielte die deutsche Nationalmannschaft zur Eröffnung des Niedersachsenstadions im Oktober 1954 in Hannover gegen Frankreich. Salomon Goldblüth, der Vater meines ältesten Freundes Lothar Goldblüth, nahm mich zu diesem Länderspiel mit. Dieses Spiel wird mir immer unvergeßlich bleiben, allein deshalb, weil es das erste Fußballspiel überhaupt war, das ich in einem Stadion gesehen habe. Außerdem gaben zwei Hamburger, die ich später sehr bewunderte, an diesem Tag ihr Debüt in der Nationalelf: Uwe Seeler war damals gerade erst 17 Jahre alt, und Klaus Stürmer, sein bester Kumpel, der dann leider früh an Krebs verstorben ist, war mit 19 Jahren ebenfalls noch blutjung. Dieses Spiel stellte für mich ein einschneidendes Erlebnis dar. Von diesem Moment an hat mich der Fußball nicht mehr losgelassen. Lothar und ich gingen von nun an immer in die alte Radrennbahn, wo Hannover 96 noch seine Heimspiele austrug, ehe man ins Eilenriede-Stadion und 1959 ins Niedersachsenstadion umzog. In der Radrennbahn mußten die Spieler auf dem Weg zum Platz noch durch ein Spalier von

Zuschauern laufen. Jetzt war ich ein Roter, das war die Farbe unseres Vereins, und sah mir fast jedes Heimspiel an. Ich liebte den Verein.

Wir besaßen nichts, wir hatten kein Geld. Mein Vater konnte mir deshalb auch keinen anderen Sport finanzieren. Kaum war ich aus der Schule nach Hause gekommen, flog der Tornister in die Ecke, und ich rannte in die Eilenriede, das ist der große Stadtwald in Hannover. Wir bauten uns Tore, auch die Bäume mußten als Pfosten herhalten. Im Winter haben wir die Weihnachtsbäume, die schon rausgeworfen worden waren, gesammelt und daraus ein Tornetz gebastelt. Die Tannenbäume wurden zwischen zwei Bäumen zusammengeschoben und mit Stricken verbunden. Davor wurden Blätter hingelegt, damit es schön weich war und der Torwart sich hinschmeißen konnte. Ich habe meine Karriere als Torwart begonnen, weil mir die Schiebermütze, die die Torleute damals trugen, so gut gefiel. Die Mütze konnte ich mir eines Tages von meinem Taschengeld kaufen. Nach dem Krieg lebten alle in den ärmlichsten Verhältnissen, und unser Zusammenhalt war Fußball. Obwohl wir aus den unterschiedlichsten Schichten kamen und es allen schlechtging, ging es uns doch gut, weil wir Fußball spielen konnten. Es gab auch viele Spieler in der Oberliga, von denen man wußte, daß sie Soldaten gewesen waren, und viele Kriegsheimkehrer spielten bis ins hohe Alter.

Ich habe vor allem in der Schule Fußball gespielt. Wir hatten schon auf der Volksschule eine gute Klassenmannschaft und Schulmannschaft, und es war eine große Ehre mitzuspielen. Ich habe alles darangesetzt, immer dazuzu gehören. Aus unserer Schulmannschaft sind einige Spieler hervorgegangen, die später im bezahlten Fußball antraten. Meine Schulkameraden nahmen mich mit zu Hannover 96. Ich trainierte auch mit, durfte mitspielen, mir fehlte aber das Geld, um die Vereinsbeiträge zu zahlen, und außerdem war mein Vater dagegen. Als ich aufs Gymnasium kam, sind wir mit der Schulmannschaft der Schillerschule sogar niedersächsischer Schulmeister geworden. Der damalige niedersächsische Sozialminister Kurt Partzsch ehrte uns für diesen Erfolg, der wie eine deutsche Meisterschaft gefeiert wurde. Außerdem war der Sieg für unsere Außendarstellung bei den Mädchen sehr vorteilhaft. Ich hatte mir die Haare in einer speckigen Tolle nach hinten gekämmt. Die Rolling Stones waren angesagt, und wir Fußballer gewannen die schönsten Mädchen.

Seit 1956 spielte Hannover 96 im Eilenriede-Stadion, das früher Hindenburgkampfbahn hieß. Mein Freund Lothar und ich krochen immer unter dem Zaun durch, weil der Eintritt für Schüler 70 Pfennig kostete, und die hatten wir nicht. Wir sammelten Flaschen, da man für jede Flasche, die man abgab, 10 Pfennig bekam, was der Erhöhung des äußerst kärglichen Taschengeldes diente – damals 3 Mark im Monat. Mein Verein spielte in der Oberliga Nord gegen Mannschaften wie Bergedorf 85, Altona 93, HSV, Concordia Hamburg, Eintracht Braunschweig, Werder Bremen. Damals spielte auch noch der zweite Hannoveraner Traditionsverein Arminia Hannover in der Oberliga. Hannover 96 war immer eine Kämpfertruppe, und die Arminen galten als Techniker. Jedesmal, wenn die beiden aufeinandertrafen, kam es zu erbitterten Rivalitäten. Schon als Schüler mußte man unbedingt Farbe bekennen: Bist du ein Blauer oder ein Roter?

Einer der berühmtesten Spieler in Hannover war Klemens Heyduck, der mit uns in der Eilenriede trainierte. Er spielte bei der Arminia und hatte als Kriegsversehrter nur einen Arm. Er war ein Supertechniker, der uns beibrachte, wie man dribbelt und schießt. Ich kann noch heute die Namen aller Spieler nennen, die 1954 mit Hannover 96 deutscher Meister geworden sind. Diese Helden konnte man als Sanella-Bildchen sammeln und in ein großes Album einkleben. Phantastisch waren auch die Kaugummi-Bildchen aus dem Automaten. Man konnte bis zu 32 Spieler bekommen und mußte jedesmal 10 Pfennig einwerfen. Es wurde lebhaft getauscht. Horst Eckel spielte da eine große Rolle und Fritz Walter. Das größte Idol meiner Kindheit war aber Uwe Seeler. International imponierte mir Harry Gregg, der spielte in der nordirischen Nationalmannschaft im Tor und war bei der Weltmeisterschaft 1958 dabei. Damals schrieb ich mit Kreide die Namen meiner Lieblingsspieler in den alten Barockschrank meiner Eltern. Die Kreide ist inzwischen etwas verblichen, aber man kann die Namen meiner Helden heute noch lesen, da waren selbstverständlich auch die Brasilianer Garrincha und Pelé dabei.

Bei der Weltmeisterschaft 1958 bin ich vor Ärger richtig krank geworden. Als die deutsche Elf im Halbfinale gegen Gastgeber Schweden mit 1:3 ausschied, regte ich mich so furchtbar auf, daß ich eine Blutübersäuerung bekam. Ich weiß nicht, wie die medizinische Diagnose heute ausfallen würde, aber damals wurde das Blutübersäuerung genannt. Ich konnte nichts mehr essen und mußte mich ständig übergeben. Es war ziemlich ernst, der Arzt kam, und man überlegte, ob ich ins Krankenhaus müßte. Natürlich hat sich mein Vater aufgeregt und mir erst einmal das Fußballgucken verboten. Ich hatte das Spiel bei Nachbarn gesehen, denn damals besaßen nur wenige Leute einen Fernseher. Es war ein emotional sehr aufgeheiztes Spiel, die schwedischen Zuschauer waren sehr aggressiv, und der schwedische Stürmer »Kurre« Hamrin hatte unseren Verteidiger Juskowiak so provoziert, daß er sich zu einem Foul hinreißen ließ und vom Platz flog. Damit war die Niederlage besiegelt. Ich kam erst langsam wieder auf die Beine und wurde mit Quark und Schabefleisch wieder aufgepäppelt. Meine Eltern hielten mich jetzt für fußballverrückt. Und die Geschichte geht noch weiter, denn im

Urlaub fuhren wir immer an die Ostsee. Wegen der Niederlage haben wir nicht mehr mit den schwedischen Kindern Fußball gespielt, wie wir es sonst getan hatten. Ein Jahr später bekamen wir den ersten eigenen Fernseher, und von da an konnte ich Fußball daheim sehen.

Wir waren richtige Straßenfußballer, Bälle aber gab es damals so gut wie keine. Eines Tages flog Salomon Goldblüth nach Israel, das war eine Sensation in unserem Viertel, daß einer eine so weite Flugreise unternimmt. Und als er zurückkam, brachte einen englischen Lederball mit. Das war die zweite Sensation. Der Ball wurde gehütet wie ein Augapfel und durfte nur von zwei Personen angefaßt werden, von Lothar und mir. Der Ball mußte auch noch zugenäht und die Blase hineingedrückt werden. Wir gingen zum Schuster, und der hat uns die Pille schön zugenäht. Mit diesem Schatz haben wir jahrelang gespielt, bis er völlig zerfallen war. Dieser Ball war stets leicht eiförmig, nie rund gewesen, wenn er sich mit Wasser vollsog, war er schwer wie ein Ziegel, und wenn er trocknete, steinhart. Selbstverständlich wurde er oft repariert, bis es dann irgendwann nichts mehr zu reparieren gab. Natürlich spielten wir auch mit Plastikbällen, da mein Freund und sein Ball nicht immer da waren. Die Plastikbälle hatten aber den Nachteil, daß sie oft kaputtgingen, vor allem, wenn sie, was häufig passierte, in Stacheldraht flogen. Deshalb mußten wir uns neue besorgen, und das taten wir im Kepa, einem großen Kaufhaus am Bahnhof. Heute kann man das ja erzählen, ich denke, es ist verjährt: Wir haben uns die Bälle geklaut. Das war unsere Mutprobe. Einige standen draußen Schmiere, zwei gingen rein und kamen mit einem Ball zurück. Die ganze Mannschaft war unglaublich stolz, nur leider bekamen unsere Eltern irgendwie Wind davon, und es gab Riesenärger. Meine Eltern waren sauer, es gab Stubenarrest, und ich durfte eine Woche lang keinen Fußball spielen – die Höchststrafe überhaupt.

Ich machte 1959 Ferien im Landschulheim und hatte schreckliches Heimweh. Da schrieb mir mein Vater einen Brief: »Wenn du wieder zu Hause bist, bekommst du Fußballschuhe.« Von den Schuhen hatte er sogar ein Bild gemalt. Und tatsächlich bekam ich bei meiner Rückkehr richtige Lederfußballschuhe von Adidas geschenkt. Die trug ich so lange, daß ich schließlich meine Zehen einrollen mußte, damit ich überhaupt noch hineinpaßte. Sie hatten noch Lederstollen, die sich schnell abnutzten. Als ich die Schuhe bekam, war das so, als ob Weihnachten, Silvester und mein Geburtstag auf einen Tag fielen. Ich nahm sie vor Freude sogar nachts mit ins Bett.

Bei Hannover 96 habe ich in meinen Jugendtagen viel mittrainiert, aber ich spielte nie in der ersten Mannschaft, das schaffte ich nicht, weil ich nicht der Schnellste war. Ich bin Linksfuß, das rechte Bein war mir nur zum Stehen gegeben. Wir spielten in den 50er Jahren noch das alte WM-System, ich spielte zunächst Halblinks, dann linker Läufer und endlich linker Verteidiger. In den letzten Jahren spielte ich vor allem als Libero, weil ich nicht mehr so gut laufen konnte, aber durch ein gutes Auge die fehlende Schnelligkeit ausglich. Mit dem Fußball mußte ich vor kurzem aufhören, weil ich eine Hüftoperation hinter mir habe.

Ich habe 1967 mit dem Jura-Studium in Hamburg begonnen und ging von dort nach Berlin. Ich engagierte mich politisch sehr stark, und wir protestierten viel, auch gegen den Springer-Verlag. Ich trug eine lange Mähne, und in meiner Familie war ich damit der Außenseiter. In diesen Jahren spielte ich auch kaum Fußball, denn es blieb zwischen all den Demonstrationen kaum Zeit. Als Referendar spielte ich wieder im Verein fußballspielender Juristen, dem VfJ, den es heute noch gibt. Meinen größten sportlichen Erfolg errang ich bei der Juristen-WM 1990 in Südfrankreich, der Mundiavocat, wo unsere Mannschaft aus Rechtsanwälten den siebten Platz unter 20 Teilnehmern belegte. Weil wir fast die älteste Mannschaft des Turniers waren, hatte uns das niemand zugetraut, aber wir glichen das Alter durch Kampf und Leidenschaft wieder aus. Ich trug den Spitznamen Blutgrätsche, weil ich meine fehlende Schnelligkeit durch perfektes Tackling kaschierte. Wir gründeten 1992 die Fußballtruppe Los Veteranos, in der sich Juristen, aber auch ehemalige Profis und andere nette Leute treffen. Ich pflegte immer zu sagen: »Wir sind die Weltmeister der dritten Halbzeit.« Denn wenn wir ein Spiel verloren, drehten wir das Ergebnis am Stammtisch noch um.

Als ich Sprecher der Referendare in Niedersachsen war, lief mir in Hannover Gerhard Schröder über den Weg. Ich wußte, wer er ist, denn er war schon Juso-Vorsitzender in Göttingen gewesen. Wir begegneten uns das erste Mal bei einem Prozeß. Ich arbeitete als Referendar in einer Verkehrskanzlei und trat vor Gericht gegen ihn an, der Referendar für eine andere Kanzlei war. Schröder vertrat in diesem Fall eine große Versicherungsgesellschaft, und ich war mit den Interessen des geschädigten KFZ-Halters beauftragt. Wir duellierten uns sehr schön vor Gericht, und danach haben wir uns angesehen und gesagt: »Komm, laß uns noch zusammen einen trinken!« War es ein Kaffee oder ein Bier? Auf jeden Fall gingen wir in die Meineidsklause und fingen an zu quatschen, und schon nach drei Sätzen waren wir bei meinem Lieblingsthema: »Kannst du Fußball spielen?« fragte ich. – »Ja, ich kann spielen.« – Ich: »Wo hast du denn gespielt?« Und er: »Ja, beim Tus Talle in Westfalen.« – »Und was hast du gespielt?« – »Mittelstürmer.« Sehr viel mehr hat er dazu aber nicht gesagt, ob er gut sei oder nicht. Und einige Wochen später bestritten wir das erste Spiel mit ihm gegen IGS Roderbruch, das war eine Lehrermannschaft. Die waren ziemlich gut. Wir siegten locker mit 7:3, und von den sieben Toren hat Gerhard Schröder fünf erzielt.

Als ich ihn angeschleppt hatte, wurde das zunächst mit äußerster Skepsis betrachtet. Was wollen wir denn mit einer zweiten roten Socke? wurde mißtrauisch gefragt. Diejenigen im VfJ, die politisch weiter rechts standen, waren nicht so begeistert, weil sie schon genug an mir und meinen Ansichten zu knabbern hatten, und nun kam der Juso Schröder und sah obendrein noch ziemlich unsportlich aus. Er besaß keine richtigen Stutzen und trug komische Fußballschuhe. Wir machten uns warm, und schon kam der erste zu mir und argwöhnte: »Meinst du, der kann was? Da hast du uns vielleicht einen komischen Typen mitgebracht.« Ich sagte nur: »Schnauze halten und abwarten! Mal sehen, was er bringt.« Innerlich aber war mir auch mulmig zumute, weil er sich so nachlässig warm machte. Ich dachte insgeheim, ein großes Licht kann der auf dem Platz nicht sein. Im Spiel aber explodierte er plötzlich, und die Tore erzielte er fast ausschließlich mit dem Kopf. Er war sehr bissig, ging in jede Flanke und keinem Zweikampf aus dem Weg. Wirklich ein ehrgeiziger Westfale.

Als das Spiel vorbei war, war er natürlich bei allen der Größte, und unter der Dusche war er schon der beste Kumpel, den man am liebsten nicht mehr ziehen lassen wollte. Am Stammtisch hat er dann ordentlich mitgebechert, denn beim Biertrinken erwies er sich als nicht weniger zupackend. Er spielte aber leider nur noch sehr selten bei uns, denn er hatte schon damals tausend Termine und wenig Zeit.

(Aufgezeichnet von Torsten Körner)

Dieter Hundt, geb. 1938 in Esslingen am Neckar, studierte Maschinenbau an der ETH Zürich und promovierte zum Dr. sc. Er begann 1964 seine Berufstätigkeit bei AEG-Telefunken und wurde 1976 alleiniger Geschäftsführer der Allgaier Werke GmbH in Uhingen. 1988 wurde er Vorsitzender des Verbands der Metallindustrie Baden-Württembergs (VMI). Im Dezember 1996 wurde er zum Präsidenten der Bundesvereinigung der Deutschen Arbeitgeberverbände (BDA) gewählt, im Dezember 2003 für weitere drei Jahre und im November 2005 für weitere zwei Jahre im Amt bestätigt. Seit 2002 ist Hundt Vorsitzender des Aufsichtsrates des VfB Stuttgart. Er ist verheiratet und hat zwei Kinder.

Wir treffen uns im Haus der Wirtschaft. Hundt ist ein kräftiger, bulliger Typ, man erkennt sofort den Mittelstürmer in ihm, der er einst gewesen ist. Er erzählt ohne Zinnober, ein Gegenwartsmensch, der sein Fußballied ohne Melancholie anstimmt. Wir danken unserem Gesprächspartner mit einem dreifachen Hipp-Hipp-Hurra!

Berühmte Narben

Ich bin im Schwabenland aufgewachsen, in Uhingen, einem Ort, der während meiner Kindheit gut 5000 Einwohner hatte, 35 Kilometer östlich von Stuttgart. In Uhingen habe ich auch mit dem Fußballspielen begonnen, und zwar als Straßenfußballer, in der Zeit, als der Krieg zu Ende ging. Fußball war mehr oder weniger die einzige Sportart, die wir als Kinder damals betreiben konnten. Durch die Bekanntschaft meines Vaters mit einem Lederfabrikanten besaß ich sehr früh einen Lederfußball, und damit war ich bei all meinen Freunden sehr beliebt, weil wir einen echten Ball zum Kicken hatten.

Mein Elternhaus lag am Ende des bebauten Teils unseres Orts, dem sich unmittelbar Wiesen und Felder anschlossen. Der Bauer hatte seinen Grund und Boden mit einem großen Gatter aus Maschendraht abgegrenzt, das für uns als Tor ideal war. Wir, die Straßenjungs, haben dort stundenlang gekickt und immer wieder unterschiedliche Mannschaften formiert. Während meiner Gymnasialzeit habe ich dann einmal vorübergehend in Eislingen an der Fils, einem Nachbarort, in der A-Jugend gespielt. Der Verein hieß 1. FC Eislingen. Die Vereinsfarben waren Blau-Weiß, ich glaube, blaue Hose, weißes Trikot. Ein guter Freund aus meiner Schulklasse hat mich dorthin geschleppt. Sehr aktiv war ich ebenfalls in unserer Schulfußballmannschaft. Damals gab es eine württembergische Oberschulmeisterschaft, bei der ich für die Hohenstaufen-Oberschule in Göppingen aufgelaufen bin.

An meine Fußballschuhe aus der Mitte der fünfziger Jahre erinnere ich mich noch sehr gut. Das waren richtig sperrige, grobschlächtige Schuhe, bereits mit den drei Adidas-Streifen und mit aufgenagelten Lederstollen, die sich bei den Spielen abnutzten, so daß dann die Nägel immer weiter herausstanden. Wenn man damit dem Gegner übers Schienbein fuhr, kam es zu den berühmten Narben, von denen ich heute noch eine beträchtliche Zahl vorweisen kann. Die ersten Schuhe habe ich meinen Eltern regelrecht abbetteln müssen, denn ich hatte das Problem, daß sie, insbesondere meine Mutter, meine Fußballeidenschaft nicht unterstützt haben. Ich mußte mich gegen beträchtliche Widerstände durchsetzen. Wir hatten noch keine Waschmaschine, und die Sportklamotten mußten im Zuber von Hand gewaschen werden. Aber die Abneigung meiner Mutter hatte tiefere Gründe, denn sie war der Überzeugung, Fußball sei ein Proletensport. Meine Mutter wollte deshalb, daß sich ihre Kinder mehr den Musen und der Musik zuwenden. Sie hat sich immer abfällig über den Fußball geäußert, bei dem die Spieler mit krummen Beinen herumrennen, und das war etwas, was ihr Sohn aus einem gutbürgerlichen Haus nicht machen sollte.

Die Weltmeisterschaft 1954 habe ich sehr intensiv erlebt, weil das auch die Anfänge der Fernsehübertragungen waren, und ich erinnere mich genau, wie ich gemeinsam mit Freunden mit den Fahrrädern in den benachbarten Ort Hattenhofen fuhr. Hattenhofen lag höher als Uhingen, und deshalb gab es in der Gastwirtschaft »Krone« schon ein Fernsehgerät, auf dem wir die Spiele verfolgen konnten. Im Raum saßen vorwiegend Männer, das Bier floß in Strömen, der Saal war total überfüllt und mit dikken Rauchschwaden verhängt, und vorne stand der kleine Bildschirm. Das Endspiel habe ich dann im Elternhaus am Radio verfolgt, mit der Reportage des berühmten Herbert Zimmermann. Wir hatten Angst, in der »Krone« keinen Platz mehr zu finden und daß wir 16jährigen zu weit nach hinten gesetzt würden. Die Atmosphäre in der »Krone« war bei allen Spielen von wahnsinniger Begeisterung geprägt, es war die Faszination des Neubeginns, denn die Fußballweltmeisterschaften starteten erst jetzt wieder so richtig, und auch das Fernsehen legte zu dieser Zeit richtig los. Daß dies auch noch mit dem deutschen Erfolg zusammenfiel, war natürlich phantastisch.

Ich war damals ein schlaksiger Spieler, normal groß, technisch recht gut. Ich habe immer Mittelstürmer gespielt, in der klassischen Formation der damaligen Zeit. Dabei hatte ich sehr konsequent den Drang in die Spitze und habe mich durch eine gute Trefferquote ausgezeichnet. Meist konnte ich im Strafraum den Ball noch irgendwie um den letzten Gegenspieler herumziehen, außen, innen, und dann fiel das Tor. Die Bundesliga gab es damals ja noch nicht, und an Berufsfußball war nicht zu denken. Ich habe in dieser Zeit eine große Sympathie für den VfB Stuttgart entwickelt. Meine Vorbilder waren die Vertragsamateure des Vereins. Ich erinnere mich vor allem sehr gut an Robert Schlienz, der für mich geradezu zum Idol wurde. Er betrieb in Stuttgart einen Kiosk an der König-Karl-Brücke und hat dort tagsüber Zeitungen und Zeitschriften verkauft. Oder auch an Erich Ritter, der kürzlich für seine 60jährige Mitgliedschaft beim VfB Stuttgart geehrt wurde. Er führte eine Tankstelle unmittelbar neben dem Neckarstadion. Robert Schlienz habe ich zeitlebens sehr, sehr verehrt, er war für mich ein phantastisches Vorbild. Schlienz hatte einen Arm bei einem Autounfall auf der Fahrt zu einem Meisterschaftsspiel verloren. Er saß in einem kleinen Fahrzeug, es war sehr heiß, und er ließ den Arm zum Fenster raushängen. Da geriet das Fahrzeug ins Schleudern, kippte auf die Seite, und dabei wurde ihm der Arm abgequetscht. Schlienz war danach weiterhin ein hervorragender Fußballspieler, und menschlich war er einer, wie wir sie heute dringend bräuchten. Er hatte einen Haarschopf wie ein Löwe. Wenn er im Spiel mit den Leistungen seiner Mitspieler unzufrieden war, hat er seinen Kameraden im wahrsten Sinne des Wortes den Schuh in den Arsch gehauen. Er war zunächst Stürmer und sehr erfolgreich. Erst mit zunehmendem Alter hat er sich in die Defensive zurückgezogen und Stopper gespielt – heute sagt man wohl Libero. Ich erinnere mich daran, daß in unserem Gymnasium eine Schülerzeitschrift herausgegeben wurde mit dem Titel Wir. Für mich war es das größte Erlebnis, daß ich Robert Schlienz für diese Zeitschrift einmal interviewen durfte und ihm dabei alle Fragen stellen konnte, die mich schon immer interessiert hatten. Nach seinem schrecklichen Unfall hat ihn der damalige Trainer des VfB Stuttgart, Georg Wurzer, wieder aufgebaut, sowohl psychisch als auch physisch. Er hat ihn so weit gebracht, daß Schlienz später unter Herberger sogar dreimal in der Nationalmannschaft spielte. Daß es ein Einarmiger bis in die Nationalmannschaft schaffte, ist in der Geschichte wahrscheinlich einmalig. Ich hatte Robert Schlienz dann etwas aus den Augen verloren, als er seine aktive Fußballkarriere beendete und ich in Zürich studierte. Wir trafen uns dann 1986 beim DFB-Pokal-Endspiel in Berlin wieder. Damals spielte Jürgen Klinsmann noch bei uns. Der VfB Stuttgart hatte 5:2 gegen Bayern München verloren, und wir waren alle ziemlich niedergeschlagen. Am Abend begegnete ich Robert Schlienz im Mannschaftshotel am Wannsee. Wir haben uns über alles mögliche unterhalten, und bei dieser Gelegenheit hat er mir das »Du« angeboten. Mich hat das damals stark bewegt, und die emotionale Erinnerung an die zurückliegenden Jahre überwältigten mich geradezu. Leider ist Robert vor einigen Jahren verstorben.

Nach dem Abitur begann ich 1958 mein Studium in Zürich an der Eidgenössischen Technischen Hochschule und schloß mich den Grashoppers Zürich an. Ich spielte in der ersten Mannschaft als Mittelstürmer. Mein Rekord lag bei 18 Toren in einer Saison, wobei die erste Liga, die Nationalliga A, nur aus zehn oder zwölf Mannschaften bestand. 1962 habe ich dann mit dem Fußball aufgehört, und 1963 ist bekanntlich die Bundesliga gestartet. Als ich meine Berufstätigkeit bei der AEG/Telefunken in Frankfurt begann, war dies mit Fußball nicht mehr vereinbar. 1975 kam ich durch Zufall wieder an den Ort meiner Kindheit, nach Uhingen, zurück und habe dort die Leitung des mittelständischen Unternehmens Allgaier Werke übernommen. Das erste war, daß ich mich sofort dem VfB Stuttgart anschloß. Inzwischen bin ich seit vier Jahren Aufsichtsratsvorsitzender des Vereins. Zurückblickend denke ich nicht wehmütig an den Fußball vergangener Tage. Im Gegenteil: Heute ist ein Fußballspiel in einem der großen Stadien ein gesellschaftliches Ereignis. Während früher beim Spiel eine Bockwurst gegessen und ein Bier getrunken wurde, sind dies heute gesellschaftliche Höhepunkte und Treffpunkte der Eliten aus Wirtschaft, Politik und Sport. Vor und nach dem Spiel werden geschäftliche Angelegenheiten besprochen. Auch bei meinen Begegnungen mit Bundeskanzler Schröder war Fußball immer das Einstiegsthema. In den letzten Jahren eröffnete er das Gespräch stets damit, daß er mir mit einem gewissen Neid in der Stimme sagte, beim VfB Stuttgart laufe es derzeit ja recht gut. Wir wollten immer mal gemeinsam ein Spiel Stuttgart gegen Hannover besuchen, leider haben wir das zeitlich nie geschafft. Vielleicht gibt es dazu in Zukunft mal eine Gelegenheit. Schaun mer mal!

(Aufgezeichnet von Torsten Körner)

Uwe Kammann,
Direktor des Adolf-Grimme-Instituts

Uwe Kammann, geb. 1948 in Bünde, ist seit 2005 Geschäftsführer des Adolf-Grimme-Instituts. Nach dem Studium der Germanistik und Romanistik arbeitete er als Redakteur für die *Rheinische Post* und wechselte 1978 zum Evangelischen Pressedienst. Von 1984 bis 2005 war er Leiter des Medienfachdienstes *epd medien*. Dem Grimme-Institut ist er seit 1980 als Jury-Mitglied verbunden. Weiter fungierte er als Juror vom Deutschen Fernsehpreis über den Fernsehfilmpreis der Deutschen Akademie der Darstellenden Künste, den Deutschen Kamerapreis, den Marler Video-Kunst-Preis und den Robert-Geisendörfer-Preis bis zum Hörspielpreis der Kriegsblinden. Kammann ist Gastautor in der Tages- und Wochenpresse und Kommentator im Radio und im Fernsehen. Zu seinen Buchveröffentlichungen zählt u. a. *HörWelten*. Er ist Mitglied des Beirats der Filmakademie Baden-Württemberg und der Mainzer Tage der Fernseh-Kritik.

Uwe Kammann blickt mild gestimmt zurück und nimmt das Fußballkind, das er war, liebevoll auf den Arm, ohne es zu verleugnen. Nein, nein, Fußball hat er schon lange nicht mehr gespielt, aber als Grimme-Chef hält er sich durch viel gutes Fernsehen fit. Das Interview findet in Berlin-Friedenau statt.

Kaputte Knie und Büstenhalter

Das erste Mal habe ich auf der Straße gegen einen Ball getreten. Später ging es auf den Bolzplatz, aber das stellte schon einen Luxus dar, denn die Straße war das Normale, zumal man nicht so ohne weiteres auf den Fußballplatz durfte. Beim Schulsport wurde dann schon mal richtig Fußball gespielt, leider aber sehr selten, in der Regel standen Folterinstrumente wie Barren, Kasten und Reck im Vordergrund. Wenn man dann aber mal Fußball spielte, durfte man auch auf den Schulsportplatz, dessen Spielfläche aus dem üblichen Aschengrund bestand. Ich bin in Bünde in Westfalen aufgewachsen, das ist keine besonders große Stadt, zu meiner damaligen Zeit hatte sie vielleicht 25000 Einwohner. Genaugenommen lebte ich im Nachbarort, Ennigloh, der aber schon bald eingemeindet wurde. Damals waren Ennigloh und Bünde ziemlich lokalstolz, das galt natürlich auch für die zwei Fußballklubs, die fast verfeindet waren. Man konnte entweder nur das eine oder das andere sein. Es gab giftige Derbys, und die Bünder mit ihrer SG Bünde 08 bildeten sich viel darauf ein, daß ihr Klub ein Jahr älter war als der vom SV Ennigloh 09. Mein Vater und mein Onkel waren beide Fußballfanatiker und hatten früher selbst gespielt, mein Vater als linker Verteidiger. Am Sonntag gingen wir gemeinsam zum Fußball, das war unser Ritual. Anschließend besuchte man die Wirtschaft, wie das damals hieß. Da spendierte mir mein Onkel jedesmal Apfelsaft und eine Tafel Schokolade.

In unserer Siedlung fuhren kaum Autos. Mit Blechdosen, die als Pfosten herhalten mußten, markierten wir die Tore, mehr hatte man nicht. Dann nahmen wir einen kleineren Ball, meist einen Tennisball oder die luxuriösere Variante, einen Gummiball. Natürlich spielten wir dann nach relativ einfachen Regeln. Den meisten Streit gab es, wenn jemand behauptete, er hätte ins Tor geschossen, es aber Pfosten war. Doch bei den mickrigen Dosen konnte man natürlich nur schlecht beweisen, ob die Pille drin war oder nicht. Alles war sehr einfach. Wenn man eine Wiese fand, konnte man natürlich richtige Stecken aufstellen, da gab's dann weniger Streit um Tor oder nicht. Im Sommer haben wir auch auf der Schwimmbadwiese gespielt, ganz schön aufregend, weil dabei die Mädchen zuschauten, man konnte sich sehr schön in Pose werfen. Da dienten unsere

Badehandtücher als Pfosten, eine richtige Spielfeldbegrenzung gab es nicht. Deshalb war dieses Bolzen bei den anderen Badegästen natürlich gefürchtet, weil sie schon mal einen scharfen Ball abbekamen oder die Freßkörbe heimgesucht wurden. Sofort gab es großes Geschrei, der Bademeister schritt lauthals ein, nahm manchmal sogar den Ball weg. Aber dann wurde ein neuer herbeigezaubert, die große Jungensschau vor den Mädchen konnte weitergehen.

Normaler Platz zum Fußballspielen war rar. Die meisten Felder waren in Bünde eingezäunt, und mit den Kühen auf den umliegenden Wiesen wollte sich auch keiner anlegen. Außerdem gab es einen Fluß in der Stadt, die Else, und da waren die Uferwiesen ziemlich sumpfig. Parkanlagen im heutigen Sinne gab es nicht. Auf den Sportplatz auszuweichen war riskant, weil es eigentlich verboten war. Wobei wir einen Rasenplatz erst in den sechziger Jahren bekamen, ein kleines Weltwunder, denn vorher kannten wir nur die Aschenplätze. Das war meist mit Jod und Heftpflaster verbunden, jeder Zweikampf mit Bodenberührung zog unweigerlich dicke Schrammen nach sich. Oft hat das hinterher geeitert. Mein Vater hat mir einmal erzählt, das schlimmste Erlebnis in seiner Verlobungszeit sei gewesen, als er vom Fußball mit völlig aufgeschrammten Knien nach Hause kam. Meine Mutter mußte ihm dann viel Jod draufpinseln, was ja nicht toll aussah, und sie schimpfte auf ihn und den Fußball, weil der junge Mann dann nicht mehr eine so tolle Erscheinung war, wie sie sich das natürlich wünschte. Aber die Liebe heilt da wohl auch alle Wunden.

Eine besondere Fußballausrüstung hatten wir nicht. Wir spielten mit unseren Straßenschuhen, die stark beansprucht wurden. Das zog zu Hause natürlich großen Ärger nach sich, denn in dieser Zeit war ein Paar Schuhe etwas sehr Kostbares und Wertvolles. Wenn man in der

Schule mal ein anderes Paar anhatte, das kam alle zwei Jahre vor, dann fiel das jedem sofort auf: Du hast ja neue Schuhe! Insofern war es wichtig, beim Fußballspielen aufzupassen, denn das Bolzen machte das Leder schnell kaputt, es kriegte Schrammen und rauhe Stellen, und auch die Sohlen lösten sich natürlich viel schneller. Deshalb hatte man beim Fußballspielen damals meist immer im Hinterkopf, aufpassen zu müssen, damit nicht alles schnell kaputtgeht. Auch die Hose durfte nicht zu sehr strapaziert werden, denn auch die ließ sich damals nicht so leicht ersetzen, von Jeans oder billigeren Sachen war noch nicht die Rede. Doch in der Hitze des Spiels waren die Vorsichtssorgen schnell vergessen. Und dann kam das dicke Ende. Ich bin Jahrgang 1948. Von Kriegsfolgen habe ich beim Fußball nichts mitbekommen. Das größte Erlebnis in Bünde war, so haben es mir meine Eltern erzählt, daß in den letzten Tagen des Krieges Panzer durch die Stadt fuhren. Die Rohre der Panzer richteten sich genau auf das Schlafzimmer meiner Eltern, weil da eine Biegung an der Straße war. Meine Eltern dachten, wenn die jetzt loslegen, ist das Haus nur noch ein Trümmerhaufen.

In einem Fußballverein bin ich nie gewesen. In der Schule haben wir Schülermannschaften gebildet. Es gab die jeweilige Mannschaft des Klassenjahrgangs, und es gab eine Schulmannschaft, die gegen andere Schulen antrat. Ich habe drei Jahre lang in dieser Mannschaft gespielt. Ich war am liebsten Torwart, weil ich dann nicht so lange laufen mußte, sowieso, ich war nie so geschickt in Zweikämpfen. Doch als Torwart war ich ganz gut, es hat mir am meisten Spaß gemacht, wenn ich gute Paraden zeigen konnte, was aber auch hieß, daß man sich auf diesen harten Boden werfen mußte.

Dabei ging ich in Bünde aufs Gymnasium, das, wo auch Fritz Pleitgen gewesen war. Aber fußballerisch war ich eher Ennigloher, einfach, weil ich dort groß geworden bin, und mein Vater war da sogar richtig lokalpatriotisch. Klar, daß für ihn nur der SV Ennigloh 09 in Frage kam, während mein Onkel, glaube ich, auch mal eine Zeitlang bei Bünde 08 gespielt hat. Als ich dann sechzehn war, ist mein Vater etwas weniger lokalbezogen gewesen, dann ging man auch schon mal zu SG Bünde 08, nicht zuletzt, weil die eine Klasse höher spielten und schon was Besseres waren. Man wollte sehen, ob die technisch wirklich so viel mehr drauf hatten. Und man muß sich das mal vorstellen: Damals kamen sicher zwei- bis dreitausend Zuschauer zu diesem Kreisklassenverein, da war der Amateursport einfach das ganz Normale. Als Ennigloh dann ein richtiges Rasenstadion mit einer kleinen, vielleicht achtstufigen Tribüne bekam, war das ein großes Ereignis, und die Zuschauerzahlen erhöhten sich dann auch dort. Von den Stufen, also von oben, war das Spiel natürlich viel besser zu sehen. Vorher gab's ja nur diese Beton-Balustraden. Als Kind hatte ich immer Angst, daß die Spieler sich verletzten, wenn sie gegen diese Pfähle kämen. Überhaupt, wenn man das Spiel so von ganz nah miterlebte, wirkte es manchmal ziemlich brutal und rauh, die Preßschläge oder das dumpfe Klatschen beim Kopfball klangen sehr bedrohlich.

Die Weltmeisterschaft 1954 habe ich am Radio mitgehört, zusammen mit meinem Vater, aber so richtig miterlebt habe ich sie da noch nicht. Wir hatten das übliche Wohnzimmerradio, mit Noppenstoff bespannt, Messingleisten drum herum, und am faszinierendsten war das sogenannte Magische Auge, das hatte grün leuchtende Dreiecke, um die Senderschärfe zu beurteilen. Die WM 1958 in Schweden, die habe ich dann schon ganz bewußt und mit aller Leidenschaft am Radio wahrgenommen, da war ich zehn. Ich kann mich noch gut dran erinnern, daß mein Onkel und mein Vater lange Zeit auf die Schweden nicht gut zu sprechen waren, weil das schwedische Publikum durch die einpeitschenden Heja-Heja-Rufe die Stimmung so anheizte. Damals ist ja auch in dem Hexenkessel, was ich als Wort lernte, Erich Juskowiak vom Platz gestellt worden. Ja, und damals hörte man auch ganz oft den Name Pelé, so richtig als Zauberwort. In der Zeitung konnte man verschwommene Fotos sehen, aber sonst war das für mich ein Radioturnier.

Länderspiele waren für mich immer ein besonderes Ereignis, weil wir lange Zeit gar keinen Fernseher hatten. Da gingen wir immer zum Onkel, der hatte schon früh eine sogenannte Fernsehtruhe, auf die dann ein kleines Zusatzkästchen kam, als in den frühen sechziger Jahren das zweite Programm dazukam. Erst 1966, glaube ich, bekamen wir auch einen Fernseher, einen Grätz Burggraf, das weiß ich heute noch. Das war ein richtiges Ereignis, der Fernseher stand dann da wie ein kleines Theatergerät, Salzstangen und Käsehäppchen gehörten dazu, das war unser kleiner Luxus.

Wenn mein Vater und mein Onkel, manchmal auch noch weitere Onkel, gemeinsam Fußball sahen, dann regten sie sich immer furchtbar auf und wußten natürlich alles besser, weil sie ja selbst gespielt hatten. Sie riefen den Spielern immer laut zu, was sie eigentlich tun sollten. Das Spiel war auf dem Bildschirm oft unterbrochen, es gab die damals berüchtigten häufigen Leitungsstörungen, und dann kamen ganz primitiv gezeichnete Störungsdias, mit »Kleine Pause, wir bitten um Entschuldigung« oder so. Man sah alles in Schwarzweiß, auf diesem ziemlich ovalen Schirm. Ich habe beim Fernsehfußball damals richtig mitgefiebert, viel intensiver als heute, weil die großen Spiele so selten waren und eine ungeheure Bedeutung hatten. Die Nationalmannschaft in ihrer schwarzweißen Kluft auf dem schwarzweißen Schirm, dazu der dunkle Lederball, das hat sich mir tief eingeprägt. Später waren dann Flutlicht und der Flutlichtball eine richtige Sensation, unglaublich, wo man sonst nur Nachmittagsspiele kannte. Durch die hitzigen Kommentare der Erwachsenen bekam das Spiel noch eine zusätzliche Dramatik, das waren wirklich große Fußballerlebnisse. Obwohl, vermute ich mal, damals eher langsamer gespielt wurde. Und obwohl man wegen des rudimentären Schwarzweiß gar kein realistisches Bild vom Spiel hatte. Heute könnte man fast sagen, das war damals abstrakt, ein unscharfes Muster. So wie auch die Spieler nach vier Seiten Schatten warfen, als das Flutlicht kam, mit den damals unglaublich hohen Masten, die das Stadionbild total veränderten.

Tja, und während die Männer die Länderspiele anschauten, trafen sich die Frauen im Zimmer nebenan und haben über ihre Themen gesprochen. Und, das war immer was Besonderes, sie haben auch ein großes Essen gekocht, Höhepunkt war dabei öfter Hecht mit einer Senf- und Kapernsoße. Den Geschmack habe ich immer noch auf der Zunge und die Warnungen vor den Gräten im Ohr. Aber überhaupt erinnere ich mich immer stärker an den Geschmack der Kindheit, als fast alle Sachen aus dem eigenen Garten kamen. Damals kam mir das so selbstverständlich vor, erst heute wird mir bewußt, wie gut das war. Wie gesagt, Fußball bleibt für mich für immer mit Hechtgeschmack verbunden.

Das Buch *3:2* von Fritz Walter über die Weltmeisterschaft 1954 habe ich verschlungen und wieder und wieder gelesen, einige Passagen konnte ich sicherlich auswendig. Diese Geschichte von David und Goliath, diese Erfolgsgeschichte von Außenseitern und dem listigen Herberger hat mich richtig zu Tränen gerührt. Ich habe mich natürlich damit identifiziert, das als Ansporn gesehen. Mein liebstes Buch aber war *Elf Freunde müßt ihr sein*, von Sammy Drechsel, von dem ich noch gar nicht wußte, daß er auch ein so großer Sportjournalist und Kabarettist war. Die Hauptfigur, dieser Heini Klamke, das war mein Fußballheld, ich wollte unbedingt so sein wie er. Es ging ja um einfache Weisheiten: Man soll zusammenhalten und sich ganz in den Dienst der Mannschaft stellen.

An eine eigene besondere fußballerische Glanztat kann ich mich nicht erinnern. Vielleicht, als ich einmal einen Elfmeter gehalten habe. Aber solche Paraden waren leider immer mit kaputten Knien und Ellbogen verbunden, weil man sich auf den harten Aschenboden werfen mußte. Mein Traum war damals immer, mal richtige Knieschützer zu haben, auch Schutzpolster für die Ellenbogen und die Schultern, wie sie damals auf die Torwartpullover aufgenäht waren. Aber an eine Torwartausrüstung war bei uns zu Hause überhaupt nicht zu denken. Da hatte meine Mutter, der das sehr leid tat, die fabelhafte Idee, mir aus alten dicken Wollstrümpfen und BH-Schalen Knieschützer zu nähen. Damit bin ich dann aufgelaufen. Die Jungs, die ja nun auch alle in der Pubertät waren, haben das natürlich sofort spitzgekriegt, obwohl die Polster nach innen eingenäht waren, mit Kreuzstich, wie ich mich noch ganz genau erinnere. Jeder kann sich leicht vorstellen, wie groß das Gejohle war. Ich lieferte in diesem Spiel natürlich eine katastrophale Leistung ab, sieben Dinger, glaube ich, habe ich mir damals gefangen, weil ich so aufgewühlt war vor lauter Scham. So haben die alten BH-Innenpolster meiner Mutter, mit denen sie es so gut für mich gemeint hatte, meine Torwartkarriere und meine aktive Fußballzeit beendet. Schluß, aus. Meinen Eltern habe ich das nie erzählt.

(Aufgezeichnet von Torsten Körner)

Thomas Kausch, Journalist

THOMAS KAUSCH, geb. 1963 in Werne, arbeitete während seines Politikstudiums in Münster für den *WDR* und die *dpa*. Für *ARD* und *ZDF* berichtete er drei Jahre lang aus New York. Als *ZDF*-Korrespondent in Wien war Südosteuropa für drei Jahre sein Einsatzgebiet. Zwischendurch arbeitete er als *ZDF*-Auslandsreporter in vielen Kriegs- und Krisengebieten. Für seine Arbeit bei *3Sat* wurde er mit dem Axel-Springer-Preis 1998 für junge Journalisten ausgezeichnet. Er war zudem einer der vier Moderatoren des »Kanzlerduells« Merkel-Schröder. Er ist Leiter des Informationsbereichs bei *Sat.1*.

Dort, in der Oberwallstraße, beschäftigen sie jetzt indianische Fährtenleser, die dem Gast helfen, in dem tödlich verwinkelten Gebäude sein Ziel zu finden. Endlich am Ziel bei Thomas Kausch angekommen, kann man sich in seiner Gesellschaft fallenlassen, weil er so vertraut wirkt. Ein Promi ohne Panzerglas. Er trägt Jeans und Hemd, auf seiner Garderobe hängen mehrere hundert Krawatten. Ach ja, sagt er, die hat mir da jemand hingehängt. Nach einer Stunde fröhlichsten Zurückblickens muß er los. »Ich hab' heut abend Sendung.« – »Aber es ist doch noch Vormittag!?« – »Eben, bis ich da mal ankomme! Mein Fährtenleser ist in Mutterschutz.«

Rothändle in Gips

In der E-Jugend habe ich mit dem Fußballspielen beim VfL Bochum angefangen. Das erste Mal gegen einen Ball getreten habe ich aber schon viel früher. Ein Straßenfußballer bin ich nicht so sehr, sondern, wenn man es genau nimmt, ein Fußgängerzonenfußballer. Wir haben praktisch in der Fußgängerzone in Bochum gewohnt. Auf der einen Seite war eine sechsspurige Straße, auf der anderen Seite lag nach hinten raus die Fußgängerzone. Ich bin in einer Stadt mit 450 000 Einwohnern aufgewachsen. Ich stellte fest, daß man als Kind auch sehr gut in einer Großstadt spielen kann. Man klettert eben nicht auf Bäume, sondern auf Mauern und über Hausdächer, man spielt in Hinterhöfen mit einem Tennisball. Und dann haben wir immer auf der anderen Seite dieser großen Straße Fußball gespielt. Auf dieser Straße – sie hieß Viktoriastraße – bin ich mehrmals fast von Bussen, Straßenbahnen und schweren Lastern überfahren worden. Die Fußgängerampel war etwa 400 Meter entfernt, und deshalb bin ich immer direkt vor unserem Haus rübergerannt. Wenn da ein LKW am Straßenrand stand, dann hat man halt nichts gesehen. In so einem Fall mußte man sich langsam vortasten. Ich hab' mich mit dem Fahrrad ein bißchen vorgewagt, und dann kam ein Bus, und Buff – das Fahrrad war platt. Mir ist Gott sei Dank nie wirklich was passiert, aber es gab doch häufiger Sirengeheul vor unserer Haustür. Auf der anderen Seite der Straße stand die Marienkirche, und da gab es eine kleine Wiese, auf der wir immer herumbolzten. Bei einem ordentlichen Schuß flog der Ball auf die sechsspurige Straße. Wir boten das Paradebeispiel für diese Bilder, die man immer in Führerscheintests vorgelegt bekam: Aufpassen, wenn ein Ball auf die Straße rollt, da kommt bestimmt gleich ein Kind hinterher. Das Kind, das immer nach dem Ball kam, das war ich.

Das Fußballspiel in der Fußgängerzone war zwar schwierig, aber interessant, denn wir hatten ja immer sehr viele potentielle Mit- und Gegenspieler. Es ist ein ideales Trainingsgelände, wenn man Fußgänger umspielen und umkurven muß. Wir machten uns unsere Tore und waren von Schaufenstern umzingelt. Die Gefahr, daß da mal was zu Bruch ging, war praktisch eingebaut. Die Passanten waren lebendige Slalomstangen. Da gab es die klassische Rentnerfigur mit dem Regenschirm. Es wurde geschimpft und mit dem Schirm gedroht. Ansonsten haben wir viel in Parks gespielt, in Hinterhöfen, auch auf Parkplätzen. Das war dann immer die altbekannte Hausmeistersituation: »Verschwindet!«

Als siebenjähriger Lokalpatriot habe ich logischerweise die Mannschaft gewählt, die ich am besten aus der Bundesliga kannte, und das war der VfL Bochum. Ich war oft bei Spielen, eigentlich bei jedem Heimspiel im Stadion an der Castroper Straße, das noch nicht Ruhrstadion hieß. Ich besaß auch eine Fahne, die hatte meine Mutter genäht. Im Rückblick war das großartig, damals aber eher peinlich, weil die natürlich nicht so toll war wie die Fahnen, die man beim Artikelverkäufer vom VfL Bochum mit dem super Logo kaufen konnte. Meine Fahne war einfach blauweiß, und meine Mutter hatte da VfL draufgenäht. Sie hat das mit Mühe und Liebe genäht, aber es war nicht die rattenscharfe Fahne, die alle anderen hatten. Die war auch viel kleiner als die anderen, aber sie war gut genug. Ja, und dann sind wir immer zum Fußball gegangen, das war ein Marsch von einer Dreiviertelstunde, aber mit der Fahne auf dem Rücken fiel das leicht. Wir zogen mit ein paar Freunden aus der Nachbarschaft los. Im Stadion habe ich auch das erste Mal heimlich eine Zigarette geraucht. An das Bild erinnere ich mich sehr gut: Da stand ich an so einer Stange und hatte den Arm gebrochen. Ich hatte einen Gipsarm, und vorne guckten die vier Finger raus, die in diesem Moment die erste Zigarette meines Lebens hielten. Eine Rothändle, die mich fast umbrachte. Auf dem Heimweg hab' ich dann mit diversen Kaugummis panisch versucht, den Zigarettengeruch wieder wegzubekommen.

Was ich beim VfL Bochum beeindruckend fand, war das große Trainingsgelände. Da gab es nicht nur einen Bolzplatz, sondern diverse Fußballfelder, die meisten davon

Aschenplätze. Es war deshalb eine richtige Belohnung, wenn man mal auf Rasen spielen konnte. Wir hatten zweimal die Woche Training, da ging es dann ganz gut zur Sache. Höhepunkte waren die Spiele an der Castroper Straße. Das waren Vorspiele zur Fußballbundesliga. Am Samstagnachmittag um 15.30 Uhr begann die Bundesligapartie, und wir haben um 14 Uhr ein Vorspiel gemacht. Nicht immer, aber manchmal. Das gibt es heutzutage leider gar nicht mehr. Wir spielten damals vor 20 bis 25 000 Zuschauern, diese Jugendvorspiele wurden in allen Bundesligastadien ausgetragen. Heute werden vermutlich Elfmeterschießen veranstaltet, von T-Mobile gesponsert. Wir spielten auf kleine Tore und nur über den halben Platz, das war noch in der E-Jugend. Wie die Wiesel sind wir dem Ball hinterher. Die Atmosphäre war schon gut, wir waren in diesem Augenblick die kleinen Könige. Ich habe aber nie ernsthaft mit dem Gedanken gespielt, Berufsfußballer zu werden, dazu war ich einfach nicht gut genug. Ich konnte gut mitspielen, aber ich war kein Ausnahmetalent. Ich spielte zunächst meistens Linksaußen, obwohl ich Rechtsfüßer bin. So mußte ich mir den Ball ziemlich umständlich auf den richtigen Fuß legen. Und Abwehr war nicht mein Ding.

Als ich 14 wurde, zogen wir um von der großen Stadt Bochum in die kleine Stadt Werne zwischen Dortmund und Münster. Da spielte ich im Verein mit dem schönen Namen Sportfreunde Werne. Aber das war nur noch ein müdes Nachspiel. Ich kickte noch zwei Jahre, dann hörte ich auf, weil ich Rockmusiker werden wollte. Ich war Schlagzeuger in einer Band, und Fußball war nur noch Nebensache. Unsere Band hieß Shy Cry. Der angehende Rockstar Kausch trug lange Haare, ein Möchtegern-John-Lennon, die Haare schulterlang, sehr lockig – vielleicht doch eher der Typ Jimi Hendrix. Ich trug eine runde Nickelbrille und einen fiesen Schnurrbart, das war noch der erste Pubertätsflaum, den ich mir über Jahre hinweg erhalten hatte. Wir hatten dann nicht mehr Training, sondern Probe mit unserer Band. Unser Proberaum lag über der Sakristei der Kirche St. Konrad. Dafür mußten wir peinlicherweise einmal im Jahr in so einer Jugendmesse auftreten, aber das war der Deal.

Der Abschied vom VfL Bochum verlief undramatisch. Die Interessen hatten sich einfach verlagert, mit zwölf kamen die ersten Mädels, und so nahm ich es leicht. Außerdem war ich mindestens genausosehr Fan, ein leidenschaftlicher Sportschaugucker und Stadiongeher. Ich war aus einem anderen Grund entsetzt, als ich nach Werne wechselte. Ich war in Bochum auf ein gemischtes Gymnasium gegangen. In Werne jedoch kam ich auf eine Klosterschule, ein reines Jungengymnasium. Auf jeden Fall hatten wir in Bochum schon unsere ersten Parties gefeiert, unsere ersten Klammerbluestänze gehabt, und es ging in der Hauptsache um das große Mädels-und-Jungs-Ding. Dann kam ich nach Werne, und da spielten die Jungs zu meinem Erstaunen auf dem Schulhof nur Fußball, anstatt mit den Mädels spazierenzugehen und sich gegenseitig zu necken. Das habe ich als enormen Rückschritt empfunden, das war doch provinziell.

Meine größten Fußballerlebnisse waren jedoch diese Vorspiele im Stadion Castroper Straße bei einem Bundesligaspiel. Nach unserem Match konnten wir direkt am Spielfeldrand sitzen bleiben, und dann liefen alle Bundesligaspieler aus der Kabine an uns vorbei: zum Beispiel Reinhold Wosab oder Hans Walitza. Der war richtig gut, an den erinnert sich heute niemand mehr, aber der sah cool aus, hatte lange Haare und war damals um die 30. Walitza hat nicht nur viele Tore geschossen, sondern er hatte auch ein super Auto, so einen BMW Coupé. Wenn die Spieler an uns vorbeiliefen, erkannten sie mich, das war klasse! Und ich kannte fast alle Spieler vom VfL, weil die immer zu meinem Vater ins Geschäft kamen. Er war Geschäftsführer eines Elektro- und Hifi-Großhandels. Lange bevor es die großen Ketten gab, war das in Bochum eines der größten Geschäfte seiner Art. Die Spieler kamen dann meistens zu zweit oder zu dritt und kauften bei uns Stereoanlagen, Fernseher, Waschmaschinen, elektrische Dosenöffner, einfach alles. Die hatten vergleichsweise viel Geld, und alles, was es neu auf dem Markt gab, haben die sofort gekauft. Da sie unheimlich oft kamen, hatte ich auch alle Autogramme.

Ich erinnere mich sehr gut an die Weltmeisterschaft 1970 in Mexiko, weil mein Onkel Willi Frieds – er war Landwirt in einem kleinen Kaff im Münsterland – zur WM geflogen war, einfach so. Das war für mich ein total verrücktes Ding, ein Bauer aus dem Münsterland, von dem ich noch nicht einmal wußte, daß er fußballbegeistert ist, fliegt spontan nach Mexiko und schaut sich dort die WM an. Irre! Deshalb war ich natürlich begeistert und habe die Spiele mit ganz anderen Augen gesehen. Mein Vater hat mich deshalb auch mal nachts geweckt, weil die Übertragungen so spät waren. Onkel Willi kam dann aus Mexiko zurück und hatte alles dabei, was man eben so hat, Sombreros, Souvenirs, die mich damals total beeindruckten.

Was ich nie vergessen werde, ist das Sonntagsfahrverbot während der Ölkrise 1973. Das Fahrverbot bestand ja an vier Sonntagen, und wir wohnten nun an dieser sechsspurigen Straße. Dieses Bild vergesse ich nie: Kaum ein Auto fuhr mehr, die totale Leere, nur zwei oder drei PKW, die irgendwelche Sondergenehmigungen besaßen, und natürlich haben wir dann auf der Straße Fußball gespielt. Unter normalen Umständen war das undenkbar, aber jetzt hatten wir ein anarchisches und auch irgendwie surreales Gefühl.

Ich habe in Münster studiert. Wir waren vier Jungs, wohnten in einer WG direkt gegenüber dem Stadion von

Preußen Münster, fünf Jahre lang. Zum Wohnen hätte ich keinen schöneren Platz finden können. Objektiv betrachtet war das sicherlich einer der häßlichsten Plätze der Stadt. Wir haben in einem Hochhaus gewohnt. Leider auch nur im ersten Stock, so daß wir nicht von oben ins Stadion reinschauen konnten. Aber die Sonntage – Preußen spielte damals in der Amateur-Oberliga, der dritthöchsten Spielklasse – sind in meiner Erinnerung die schönsten Tage überhaupt gewesen. Die Spiele fingen immer zwischen 14 und 15 Uhr an. Samstagnacht waren wir natürlich in der Disse und kamen irgendwann um 5 Uhr früh abgekämpft nach Hause. Irgendwann um ein Uhr mittags bin ich aufgestanden und dann mit den Jungs rüber ins Preußenstadion, wo wir gefrühstückt haben. Preußen spielte gegen Erkenschwick Paderborn oder Rot-Weiß-Essen. Es gab Bratwurst und Bier, das war super, jeden zweiten Sonntag. Man traf da auch alle, die man so kannte. Und dann ging man gemütlich nach Hause, oder die Party ging gleich weiter, wenn aus dem einen Bier mal ein paar mehr geworden waren. Das sind meine schönsten Fußballerinnerungen. Es waren bestimmt ziemliche Gurkenspiele dabei, aber in dieses relativ kleine Stadion kamen dennoch regelmäßig bis zu 15 000 Zuschauer – Sonntagnachmittage, wie man sie schöner kaum verbringen kann.

(Aufgezeichnet von Torsten Körner)

Volker Lechtenbrink, Schauspieler

VOLKER LECHTENBRINK, geb. 1944 in Cranz, ist Schauspieler, Regisseur, Schlagersänger und Intendant. Er wuchs in Bremen und Hamburg auf. Mit acht Jahren übernahm er Sprechrollen im *NDR*-Kinderfunk, mit zehn stand er auf der Bühne des Deutschen Schauspielhauses in Hamburg. 1959 wurde Lechtenbrink mit einer Rolle in Bernhard Wickis *Die Brücke* auf einen Schlag bekannt. Sein Theaterdebüt gab er 1963 am Landestheater Hannover, wo er bis 1966 zum Ensemble gehörte. Es folgten Engagements in Köln, Berlin und München. 1969 kehrte er nach Hamburg ans Deutsche Schauspielhaus zurück. Später war er Schauspieler und Regisseur des Ernst-Deutsch-Theaters (bis 1983). Bis zum Frühjahr 1970 hatte er bereits rund 60 Bühnen- und 50 Fernsehrollen gespielt. Von 1995 bis 1997 leitete er die Bad Hersfelder Festspiele. Seit 2004 ist er Intendant des Ernst-Deutsch-Theaters. Lechtenbrink ist Fan des SV Werder Bremen.

Ich darf im Intendantenzimmer Platz nehmen. Irgendwie liegen sich im Ernst-Deutsch-Theater alle in den Armen, seine Assistentin ertrinkt in einem Blumenmeer. Lechtenbrink schmaucht Zigarillos und erzählt lebhaft. Die coolste Stimme Deutschlands, die dennoch wie ein Heizstrahler klingt, besser, sich anfühlt. Man möchte seine Hände in diese Stimme tauchen.

Bratwurst ist Pflicht

Ich bin in Bremen aufgewachsen. Zwar wurde ich 1944 in Ostpreußen in Kranz geboren – das ist ein Ostseebad in der Nähe von Königsberg –, dort blieben wir aber nur zehn Tage, bis ich mit meinen Eltern nach Bremen floh. Im Bremen verbrachte ich die ersten sieben Jahre meines

Lebens, bis mein Vater nach Hamburg versetzt wurde. Die ersten Kindheitserinnerungen sind Bremer Eindrücke. Es fängt an mit vagen Erinnerungen an die Masern. Wegen der Ansteckungsgefahr saß man noch hinter Glasscheiben. Das war für mich ein ganz starker Eindruck. Ich war sehr viel auf dem Land und habe diesen Landgeruch noch in der Nase. Auch an die Einschulung erinnere ich mich genau und natürlich an Fußball. An Fußball erinnere ich mich besonders gut, weil wir jeden Tag auf der Straße gebolzt haben. Das ging da noch, denn es fuhren nur wenige Autos. Wir haben uns einfach zwei Tore gemacht und dann gespielt. Mein bester Freund war Wolfgang Merz, und dessen Vater war Fußballspieler, heute würde man sagen, Fußballprofi, aber das gab es damals noch nicht. Er spielte beim Bremer SV. Mein Vater und ich gingen immer zu Werder Bremen. Und als wir dann nach Hamburg zogen, erlosch diese Leidenschaft bei meinem Vater nicht, der blieb immer Werder treu. Es gab ja noch keine Bundesliga, sondern in Hamburg die Oberliga Nord, und da spielte jeder gegen jeden. Es spielten Altona 93, der HSV und der FC St. Pauli, und wir gingen immer zu *den* Partien, wo Bremen als Gast antrat. Wir standen meistens zwischen den Zuschauern des Heimvereins, und mein Vater ließ es sich auch da nie nehmen, sehr laut für Werder zu schreien. Ja, ich habe da oft um sein Leben gebangt. Wenn ich zu ihm hinsah, saß ihm oft der Hut tief auf der Nase, und auch den Mantel haben sie ihm über den Kopf gezogen. Es war bestimmt nie so aggressiv, wie es heute zum Teil ist, aber sie mochten es nicht, daß er sich so für Werder engagierte. Das war sein ganzes Leben, das war Werder, der Verein, der zählte, und das hat natürlich auf mich abgefärbt. Meine Leidenschaft für Werder hat aber auch viel mit Personen zu tun, ich kenne den Otto Rehhagel privat, und wir haben uns immer gerne unterhalten, weil der Otto ja auch eine große Affinität zu Kunst und

Theater hat, zu Musik. Außerdem hatte Bremen immer klasse Spieler, Spieler, die ich mochte. Auch durch Zufälle blieb ich immer in Kontakt mit dem Verein. Der Sohn des berühmten Werder-Torwarts Heinrich Kokartis, damals nur »Heini« genannt«, hat mich massiert, so kam Werder immer irgendwie in mein Leben rein. Und ich finde, daß Bremen heutzutage einen Superfußball spielt, die haben eine gute Vereinsstruktur, die haben einen sympathischen und hervorragenden Trainer, sie haben Spieler, mit denen man sich identifizieren kann, die aber auch eigenwillig sind.

Ich bin in Bremen-Finndorf aufgewachsen, in der Tölzer Straße 24 – ein kleiner Vorort, mit kleinen Einfamilienhäuschen. Da fuhren nur selten Autos durch, und wenn, dann ganz langsam. Ich war oft bei meinen Großeltern, die auch dort lebten. Man kam aus der Schule, Schuhe aus, und meine Großmutter sagte immer dieses berühmte: »Paß aber auf, daß du dich nicht so schmutzig machst!« Dann ging es raus auf die Straße oder später auf den Sportplatz, einen Sandplatz, wo man sich natürlich schön die Knie aufscheuerte. Abends war man dann beseelt und kaputt. Wir haben kleine Fußballbilder gesammelt, einer meiner Helden war natürlich der Vater von Wolfgang Merz, ich weiß seinen Vornamen nicht mehr, aber klar, das war einer unserer ersten Helden. Doch so richtige Helden hatte ich eigentlich erst später, sie kamen mit der Weltmeisterschaft 1954. Wir hatten damals keinen Fernseher, aber wir hatten Nachbarn, die hatten einen, das war eine kleine Sensation, und deshalb haben wir um Erlaubnis gebeten, ob wir da mal mitgucken dürften. Sonst haben wir Fußball im Radio gehört mit Herbert Zimmermann. Ich machte 1954 auch schon Fernsehen. Unsere Nachbarn waren aus dem Erzgebirge und sehr gesellig. Wenn ich mal im Fernsehen zu sehen war, dann waren meine Eltern immer drüben und haben meine Kurzauftritte aus dem Bunker verfolgt. Ich konnte nie bei ihnen sein, denn es waren noch Live-Fernsehspiele aus dem Luftschutz-Bunker auf dem Heiligengeistfeld in Hamburg.

Die Jungs von 1954, die Mannschaft von Bern, die weiß ich heute alle noch, natürlich wurde das jetzt durch den Film *Das Wunder von Bern* aufgefrischt, aber ich hätte sie auch vorher noch alle gewußt. Ich kannte auch die Ungarn noch ziemlich gut. Ich weiß, daß ich Kocsis ziemlich gut fand und daß ich den Namen Hidegkuti ziemlich komisch fand, Puskas sowieso, ein wunderbarer Spieler. Diese Namen haben mich angezogen und interessiert. Irgendwann gab es die großartige HSV-Mannschaft, die Studentenmannschaft, da war Jürgen Werner dabei, Gerd Krug, da waren vier oder fünf Studenten, die man klasse fand. Danach kamen die Fohlen aus Mönchengladbach, die waren auch klasse, das waren einfach Namen, die man mochte, die man kannte und sich merkte. In einen Verein wollte ich nie eintreten, ich war einfach kein Vereinsmensch. Mein Vater wollte gerne, daß ich in einen Hockeyklub gehe, denn das war so hamburgisch für ihn. Ich war nie glücklich mit Hockey. Mein Vater war kaufmännischer Angestellter bei der deutschen Shell, und er war einer der leidenschaftlichsten Fußballgucker, die ich jemals erlebt habe. Er lebte richtig mit, der hat sich erregt, aufgeregt.

Dem HSV habe ich mich ebenfalls immer verbunden gefühlt, auch jetzt wieder. Ich kannte früher eine Reihe von Spielern, war mit ihnen befreundet. Aber Werder war meine erste Liebe, und die wurde auch nie enttäuscht, denn der Verein hat sich nie so verhalten, daß ich mich von ihm abgewandt hätte. Da gab es immer tolle Typen, etwa Uwe Reinders, Max Lorenz, Höttges, Assauer. Es kamen in diesen Verein immer Leute, die ich mochte, und Werder war immer ein Verein, der gekämpft hat, der Erfolge hatte und Treue praktiziert hat. Es gab nie einen Grund, diesen Verein nicht mehr zu lieben.

Das Weserstadion kam mir immer schon groß vor, auch im Gegensatz zu den Plätzen, die am Ende unserer Straße lagen, diese Acker, wo dann TUS Eintracht Bremen spielte in lila Trikots, das werde ich nie vergessen, was für eine scheußliche Farbe. Eintracht war für uns der Vorortverein, zu dem ging man, und das Weserstadion war die große Welt, da war der Eintritt auch teurer. Zur Eintracht ging man immer am Sonntag, vormittags vor dem Mittagessen. Sie spielten morgens, und dann aß man zu Mittag. Das Weserstadion war die große Welt mit Würstchen und allem Drum und Dran. Und dann erinnere ich mich noch an die Seifenkistenrennen dort. Manchmal haben sie auch vor dem Spiel ein Seifenkistenrennen veranstaltet, das war der Vorläufer des heutigen Entertainments, aber meistens blieben das eigene Veranstaltungen. Mein Vater hat nicht so viel Bier beim Fußball getrunken, aber Wurst hatten wir immer. Wurst war im Weserstadion Pflicht, da freute man sich schon drauf, kein Fußball ohne Wurst. Die Wurst beim Fußball hat was Heimatliches.

Es war gang und gäbe, daß die Kinder im Weserstadion ihre Väter verloren, und man hörte durch die Lautsprecher immer »Der kleine Max sucht seinen Vater« oder »der kleine Moritz wurde gerade abgegeben und weint bitterlich«. Zwei- oder dreimal hat mein Vater mich auch verloren. Ich war immer neugierig, bin überall rumgebutschert, plötzlich war er weg, aber man wußte, man findet sich wieder. Ich bin auch einmal durch den Stadionsprecher ausgerufen worden und fand das klasse. Ich will es nicht beschreien, aber ich könnte mir vorstellen, ich habe das damals mit Absicht gemacht, weil ich es klasse fand, wie das ganze Stadion mitfieberte: »Oh, hoffentlich findet ihn der Vater wieder.« Bei meinem Hang zur Theatralik kann ich mir das gut vorstellen. Ich habe dann lange Zeit in Prominentenmannschaften gespielt, und für einen Schauspieler war ich ganz gut dabei. Ich war konditionell recht fit und technisch nicht schlecht, ich war so einer, den man nicht nur wegen seiner Prominenz aufstellte. Einmal habe ich am Rothenbaum, als es den noch gab, bei einem Prominentenkick mitgespielt. Der unvergeßliche Branko Zebec war Trainer dieser Prominentenmannschaft, und Uwe Seeler war dabei, ebenfalls George Volkert, Uli Stein und Manni Kaltz. Da wurde ich mit einem Steilpaß geschickt, über 40 Meter, und mir fehlte letztlich die Puste. Ich bekam den Ball gerade noch, verlor ihn aber gleich wieder. Da hörte ich, wie Branco Zebec von der Bank schrie: »Volkää, den mussu kriegen, da mussu was draus machän!« Da hab' ich zurückgeschrien: »Branko, ich bin Schauspieler und kein Fußballer!« Da schrie er: »Wann du auf dem Platz biss, bissu Fußballär und kein Schauspielär!«

Nein, den Torjubel finde ich heute nicht zu theatralisch. Jeder soll sich, wenn er ein Erfolgserlebnis hat, auf seine Art und Weise freuen. Manche übertreiben es vielleicht ein bißchen, die tanzen ein wenig zuviel Tango an der Eckstange, aber auch das find' ich okay, denn ich weiß ja, wie es ist, in einem unbedeutenden Spiel ein Tor zu schießen, wie muß es erst in einem bedeutenden Spiel sein – ein Glücksgefühl ohnegleichen. Ich glaube nicht, daß die Spieler in diesem Moment dran denken, daß sie eine gelbe Karte kriegen. Man will sich befreien, da fällt eine Last von einem ab. Vielleicht ist man die Woche zuvor in den Medien fertiggemacht worden: Kann er denn? Ja, wo ist er denn? Und dann zeigt man es ihnen. Es ist toll, wenn dir diese Menschenmassen zujubeln, aber es ist auch schrecklich, wenn sie dich verdammen, wenn sie dich in die Mangel nehmen.

Früher habe ich immer Konferenzschaltung im Radio gehört mit Kurt Brumme oder Rudi Michel. Ich guck' auch gerne allein Fußball, am Samstag sehe die Konferenzschaltung auf *Premiere*. Ich kann es auf den Tod nicht leiden, mit vielen Leuten Fußball im Fernsehen zu gucken, das macht mich krank, diese Kommentare, dieses Zerreden, furchtbar. Bratwurst muß nach wie vor sein. Bei jedem Stadionbesuch. Ich könnte nie ein Spiel aus der VIP-Loge verfolgen, ich muß runter auf meinen Platz. In der Loge ist keine Atmosphäre. Wenn schon Distanz, dann nur vor dem Fernseher. Wenn ich jedoch im Stadion bin, dann muß ich mittendrin sein, sonst ist das verlorene Zeit.

(Aufgezeichnet von Torsten Körner)

Jürgen Leinemann, Autor

JÜRGEN LEINEMANN, geb. 1937 in Celle, studierte Geschichte, Germanistik und Philosophie und begann seine journalistische Karriere bei der *dpa* in Berlin, Hamburg und Washington. Seit 1972 arbeitet er für den *Spiegel*; er war Reporter und Büroleiter in Washington und Bonn, zog 1990 nach dem Fall der Mauer nach Berlin und leitete dort bis 2001 das Ressort »Deutsche Politik«; seit 2002 ist er *Spiegel*-Autor im Berliner Büro. Leinemann hat zahllose Artikel und eine Reihe von Büchern veröffentlicht, in denen er sich im wesentlichen mit deutscher Politik, aber auch mit Fußball befaßt. Er ist Träger des Egon-Erwin-Kisch-Preises.

Für unser Interview treffen wir uns im Berliner Hauptstadtbüro in der Friedrichstraße. Obwohl das Telephon unentwegt klingelt, knurrt Leinemann kaum. Im Gegenteil – er erzählt lebhaft, und in manchen Momenten reißt ihn die Erinnerung an Orte fort, die nur er ganz allein betreten kann. Seine Wangen röten sich während des Gesprächs, er blickt selbstbelustigungsfreundlich zurück.

Ackermann seiner

Es war Maikäferzeit. Als wir uns umzogen, fielen die Maikäfer von den Bäumen und uns Jungen auf den Kopf. Sievershausen ist ein kleines Nest zwischen Hannover und Braunschweig. Dort durfte ich das erste Mal für den Verein spielen. Mein Verein hieß TSV Burgdorf, das war ein Bezirksklassenverein. Ob wir gewonnen oder verloren haben, weiß ich nicht mehr, war auch nicht wichtig. Hauptsache, ich war dabei. Ich spielte in der D-Jugend und war unglaublich stolz darauf, daß ich ein richtiges Trikot trug. Unser Trikot war weiß, grün abgesetzt, grüne Hosen.

Ich bin Jahrgang 1937, und als der Krieg zu Ende ging, war ich acht. Während des Krieges hab' ich auch schon Fußball gespielt. Ich weiß es deshalb ganz genau, weil sich da eine komische Geschichte zutrug: Wir spielten immer auf unserer Straße Fußball. Diese Straße war noch kaum eine Straße, sondern ein völlig verstaubter Sandweg. In unserem ganzen Viertel gab es nur ein Auto, einen P 4, den besaß ein Kaufmann namens Schwarz. Und nun kam der mit seinem Wagen ausgerechnet in dem Moment vorbei, als ich eine Ecke schießen wollte. Ich war total aufgedreht und hab' gerufen: »Wart mal!« Da muß ich so sechs gewesen sein. Das Auto hielt an, und ich schoß meine Ecke mit aller Kraft. Am nächsten Morgen trat mein Vater an mein Bett und sagte: »Was hast du denn mit Herrn Schwarz gemacht? Wieso hast du dich denn vor sein Auto gestellt?« Mein Vater war Sparkassenbeamter, und die Beamten mußten einmal in der Woche im Zuge des Luftschutzes Dienst schieben. Er war deshalb gerade auf der Polizeiwache gewesen, als der Kaufmann sich bei den Beamten über mich beschwert und sogar eine Anzeige erstattet hatte. Der fand es unerhört, daß ein Kind sein Auto abbremste.

Nach dem Krieg haben wir unentwegt Fußball gespielt. Sobald die Schule aus war, trafen wir uns und bolzten auf der Straße. Wir hatten natürlich keinen Ball, wir spielten mit Flickenbällen. Ich hatte einen Vetter in Chicago, und der hieß Jimmy. Ab und zu schickte der mal Pakete, und eines Tages bekam ich einen festen und sehr harten Baseball. Mit dem haben wir wie die Wilden rumgeklotzt. Und irgendwann bekam ich von meinem Vater einen richtigen Fußball geschenkt. Ich war überhaupt erst der zweite in unserem Viertel, der einen Lederball hatte. Als Ballbesitzer war man King, denn man konnte bestimmen, wer mitspielte und wer nicht. Mein Vater hat mir auch seine alten Fußballschuhe geschenkt. Das muß 1947 gewesen sein.

Die waren natürlich zehn Nummern zu groß. Deshalb bin ich da mit meinen Straßenschuhen hineingestiegen und hab' dann in seinen Schuhen gespielt.

Das war kein unpassendes Bild, denn mein Vater war als Fußballer ein Lokalheld, eine richtige Größe. Er war ein Reißer, von der Statur ein Uwe-Seeler-Typ, sehr schnell, schlug gute Flanken. Im Verein erzählten alle immer, daß die Latte regelrecht donnerte, wenn er den Ball dagegen drosch. Das waren ja noch Holz-Latten, das wackelte ganz schön. Mein Vater hat sogar in der Norddeutschen Auswahl gespielt, da war er zwei- oder dreimal nominiert. Dort haben sie ihn aber auf dem Flügel verhungern lassen, wie er es ausdrückte, weil die Herren Profis von Arminia oder Hannover 96 den »Bauern« aus der Kleinstadt rechts liegenließen. Sein Spitzname war »Ackermann«, weil er wohl wie ein Pflug alles aus dem Weg räumte. Er war nicht sehr groß, etwa 165 cm, aber er wog schon mit zwanzig zwei Zentner. Er kam vom Bauernhof und war ein unheimlicher Brocken. Diese zwei Zentner bestanden aber mindestens zu 80 Prozent aus Muskeln. Und er war unglaublich schnell. Der ist mir noch weggelaufen, als ich vierzehn war. Insofern hatte ich nie eine echte Chance, denn für die Leute im Verein war ich immer »Ackermann seiner«. Einen eigenen Namen machte ich mir nicht. Nur bei den Schulkameraden hieß ich »Jimmy«, nach meinem Vetter in Amerika.

In den 50er Jahren war Fußball im Verhältnis zu meinem Vater ganz wichtig, weil wir uns natürlich stets und ständig über die Nazi-Zeit gestritten haben. Ich hab' ihm immer Vorwürfe gemacht, daß er in der Partei war. Ich hab' damals noch wenig verstanden und wenig gewußt. Ich wollte auch nicht fragen, sondern, das ist das Vorrecht der Jugend, anklagen. So blieb als neutrales Gesprächsthema zwischen uns nur der Fußball. Als ich dann selber spielte, ist er morgens immer mitgefahren, er war kein

Trainer, aber er war ein Vater, der teilnahm. Und dann hat er bei Ecken dem Rechtsaußen immer den Ball hingelegt, denn Rechtsaußen war früher seine Position. Er hat mich auch jedesmal angefeuert, wovor ich Angst hatte, denn er war ein strenger Kritiker. In Wahrheit war ich kein großer Fußballer. Als ich das selber merkte und den Fußball aufgegeben hatte, hab' ich immer scherzhaft gesagt: »Ich war der Erfinder der Raumdeckung.« Tatsächlich hatte ich Angst vor harten Zweikämpfen.

Der TSV Burgdorf war ein Bezirksklassenverein, und wir hatten nachher eine sehr gute A-Jugend, mit der wir weit kamen und beinahe Niedersachsenmeister geworden wären, da waren Teutonia Uelzen und Arminia Hannover unsere Gegner, Hannover 96. Einige aus unserer A-Jugend sind dann Vertragsspieler bei Hannover 96 geworden. Ich spielte damals rechter Verteidiger. Und das spannende ist, daß wir uns, die ehemalige A-Jugend des TSV Burgdorf, auch heute noch manchmal treffen. Wir sind inzwischen alle Mitte Sechzig. Das war auch früher schon eine interessante Truppe. Sie bestand zur Hälfte aus ganz bodenständigen Leuten wie Handwerkern und Arbeitern, zur anderen Hälfte waren es Oberschüler. Und so ist es noch heute: Der eine ist Briefträger, Bäcker, Schlachter oder Maler, und der andere ist Arzt, Leiter des Katasteramts oder eben Journalist. Obwohl die soziale Diskrepanz also nachher sehr groß wurde, hat es trotzdem zwischen uns gehalten. Wir sind zwar keine engen Buddies, aber irgendwann ruft dann mal wieder einer an, wir treffen uns und sprechen über die alten Zeiten.

Fußballgötter gab es damals auch schon. Otto »Gummi« Schmid war der Torwart des VfB Stuttgart, und jeder wollte sein wie »Gummi« Schmid, »Gummi« rief man ihn, weil der so gelenkig und beweglich war. Auch der einarmige Robert Schlienz vom VfB Stuttgart war eine Figur, die man kannte. Stuttgart hatte Anfang der 50er Jahre eine große Zeit. Man kannte diese Spieler von Fotos, aus Erzählungen und auch aus Wochenschauen, die ja damals noch im Kino vor dem Hauptfilm liefen.

Wie wenig bekannt Fußballstars damals eigentlich waren, habe ich 1952 gemerkt. Da fuhren wir von der Schule aus in ein Sommerlager nach Borkum. Auf der Fähre nach Borkum alberte eine ungeheuer fidele Männertruppe herum, zum Teil trugen sie Lederhosen. Die fielen uns nur auf, weil sie so lustig und ausgelassen waren. Plötzlich sagte ausgerechnet ein Mädchen unserer Klasse: »Das ist doch der 1. FC Kaiserslautern! Da ist der Fritz Walter, und da sind Ottmar Walter und Liebrich, Kohlmeyer und Wenger.« Wir Fußballjungs hatten die alle nicht erkannt. Aber dann ging natürlich der große Run los. Wir ließen uns mit denen fotografieren, und mein größter Stolz ist ein Foto, wo Fritz Walter mir fast den Arm um die Schulter legt. Borkum lud in jenen Jahren immer den amtierenden deutschen Meister ein. Wir blieben eine Woche auf Borkum und konnten deshalb dort die Fotos entwickeln lassen. Sobald die fertig waren, sind wir in das Hotel gelaufen, wo der 1. FC Kaiserslautern logierte. Es war vormittags, Fritz Walter lag noch im Bett. Da hab' ich so lange mit dem Kohlmeyer und einem Kameraden Skat gespielt, bis der Fritz aufgestanden war, und dann habe ich ein Autogramm auf das Foto bekommen. Das war das Größte.

Zwei Jahre später war ich während der Weltmeisterschaft 1954 wieder auf Borkum. Ich stand auf der Kurpromenade mit Hunderten von Menschen, die Promenade war ganz schwarz vor Leuten. Aus den Lautsprechern, aus denen sonst immer das Kurkonzert kam, schepperte jetzt Herbert Zimmermann mit: »Tor, Tor, Tor« und »Toni, du bist ein Fußballgott!« Und das werde ich nie vergessen: Ich stand auf einer Treppe, und um mich herum stand die Meister-Mannschaft von Hannover 96, die ja in diesem Jahr ausgerechnet den 1. FC Kaiserslautern im Endspiel mit 5:1 abgezogen hatte. Unmittelbar vor mir hatte ich Fiffi Kronsbein, damals der Trainer von Hannover 96, dann sah ich noch Heinz »Erdkunde« Wewetzer und noch so ein paar Helden. Mein Vater pflegte, wie viele andere auch, eine große Erbitterung gegen Herberger, weil er vor allem Spieler vom 1. FC Kaiserslautern aufstellte. »Der läßt ja nur Katholiken spielen«, war ein Ressentiment der Norddeutschen. Und als jetzt das Spiel in Bern zu Ende war, habe ich ganz laut gesagt: »Das ist genauso eine große Überraschung wie die Deutsche Meisterschaft von Hannover 96.« Da drehten sich alle empört zu mir um, und ich fühlte mich sehr unbehaglich. Aber das Entscheidende war, daß sie alle die erste Strophe des Deutschlandliedes sangen: »Deutschland, Deutschland über alles!« Mir lief es in diesem Moment kalt über den Rücken, denn ich war hin und her gerissen. Ich war emotional sehr bewegt, ich fand aber auch, ich dürfte das nicht sein, weil die erste Strophe ja eine Erinnerung an die Nazi-Zeit war. Ja, ich hatte das Gefühl, gleich kommt das Horst-Wessel-Lied hinterher. Das kannte ich noch, weil wir es damals gesungen hatten. Und soviel hatte ich mit 17 schon gelernt: Nationalismus wollte ich nicht mehr haben und Nationalsozialismus schon gar nicht. Auf einmal merkte ich, daß ich genauso angefaßt und ergriffen war wie die Alten, wie mein Vater, über den ich mich ja immer aufregte. Dieses Erlebnis war auch einer der Gründe, warum ich später ein Buch über Sepp Herberger geschrieben habe. Diese Szene habe ich nie vergessen. Viele, viele Jahre später habe ich einmal mit Ignatz Bubis darüber gesprochen, der ein fußballbegeisterter Mann war. Er erzählte mir, daß er 1954 in der Schweiz beim Endspiel im Stadion gewesen sei. Und neben ihm stand Helmut Schön. Als die Deutschen nun gesiegt hatten, sangen die deutschen Zuschauer alle die erste Strophe, und auch Helmut Schön sang die erste Strophe mit. Bubis fühlte sich damals überhaupt nicht bedroht.

In der A-Jugend habe ich mit dem Vereinsfußball aufgehört. Ich hatte mir beim Training das linke Ellenbogengelenk gebrochen und mußte operiert werden. Unsere A-Jugend war so gut, daß sie fast geschlossen in die erste Herrenmannschaft wechselte. Und da machte ich freiwillig Zusatztraining, um auch den Sprung zu schaffen. Ich war ja erst 17. Ausgerechnet bei diesem Training war es passiert. Als Trostpflaster bekam ich von meinem Verein eine Karte für mein erstes Länderspiel, das war am 19. Oktober 1954 in Hannover, Deutschland gegen Frankreich. An diesem Tag machte der 17jährige Uwe Seeler sein erstes Länderspiel. Er war so alt wie ich. Viele Jahre danach, als wir einmal ins Gespräch kamen, hab' ich ihm gesagt: »Dieses Spiel war für mich ebenso wichtig wie für Sie. Es gab einen Wachtwechsel im deutschen Fußball, ich habe aufgehört, und Sie haben angefangen.« Als ich da auf der Tribüne stand, war mir klar, daß ich nicht mehr spielen würde. Aber es hat mir immer gefehlt.

Als ich nach Amerika ging, bekam ich Abstand zum Fußball. Während des Studiums habe ich noch manchmal in einer Studentenmannschaft gespielt. Aber ich war aus der Traditionslinie der Kleinstadt ausgebrochen, und ich war nicht gut genug, um in einem neuen Verein nochmals zu beginnen. Ich lebte in Marburg, Göttingen und Berlin, und wenn ich am Wochenende mal nach Hause fuhr, gingen mein Vater und ich zusammen auf den Platz, wo er sich immer lautstark aufregte. Das war mir furchtbar peinlich, er ging auch gerne den Schiedsrichter verbal an und rief: »Schiedsrichter, Telephon!«

Schon als Junge wollte ich immer Sportreporter werden, Herbert Zimmermann hatte mich mit seinen Hörfunk-Reportagen schon sehr beeindruckt und beeinflußt. Ich konnte bald auch fast alle Namen der Fußballer hersagen, kannte Tabellenstände und Ergebnisse. Wir sammelten auch diese Margarine-Bildchen, die man dann in ein Album einkleben konnte. Ich seh' immer noch Heinz Spundflasche von Altona 93 vor mir, ein großartiger Halbstürmer, den alle immer nur »Spund« nannten. Doch als ich als Journalist anfing, hatte ich diesen frühen Wunsch verdrängt. In Berlin fing ich dann bei der Nachrichtenagentur *dpa* an, ging 1968 für die nach Washington, wo ich 1971 vom *Spiegel* angeheuert wurde. Mitte der 70er Jahre ging ich zurück nach Bonn und machte mir als Reporter einen Namen. Es gab so eine Tradition beim *Spiegel*, daß die sogenannten »Edelfedern« auch immer das Bedürfnis hatten, über Fußball zu schreiben. Hermann Schreiber hat das getan, Karasek und auch Gerd Mautz. Das wollte ich auch. Deshalb habe ich die vom Sport immer gelöchert, aber die wollten das nicht. Erst bei der Mini-WM »Copa de oro« in Uruguay durfte ich zum Jahreswechsel 1980/81 ran, weil unsere Sportredakteure lieber ihre Füße unter den Weihnachtsbaum strecken wollten. Dann hab' ich ein paar Geschichten gemacht, die alle gut fanden, und von da an war ich bei vier Weltmeisterschaften mit dabei. Als ich bei dieser Mini-WM in Montevideo auf der Tribüne saß, spielte Argentinien gegen Brasilien. Neben mir saßen Rummenigge, Magath und Kaltz. Die lachten sich kaputt über einen langen Brasilianer namens Sokrates. Ich saß neben meinem Kollegen Kurt Röttgen und sagte: »Sag mal, sehen die gar nicht, daß das ganze Spiel über den läuft?« Kurt guckte nur kurz rüber, er sagte nicht viel beim Fußball. Nach fünf Minuten drehte er sich wieder zu mir und sagte: »Du verstehst wohl was vom Fußball.« Das war eine Art Ritterschlag. Und diese ganze Situation war für mich wie die Erfüllung all meiner Kinderträume. Dort zwischen den Stars zu sitzen, anerkannt zu sein, mitreden zu können. Ich hatte kurz vorher den angesehenen Egon-Erwin-Kisch-Preis bekommen. Ein Traum für jeden Journalisten, aber mir war dieser Augenblick viel wichtiger. Ich war in der großen Welt des Fußballs angekommen, mein Kindheitswunsch hatte sich erfüllt.

Eines meiner größten Fußballerlebnisse trug sich während der WM 1990 zu. Ich besuchte eine Pressekonferenz des DFB in Bozen. Ich stand vorne an der Wand, und als Franz Beckenbauer hereinkam, sah er mich und sagte, so daß alle es hören konnten: »Oh, es wird ernst, der ›Spiegel‹ schickt seinen ersten Sturm aufs Eis!« Da bin ich, glaube ich, einen Meter gewachsen. Dieses Lob war das Größte was mir passieren konnte.

Als Berti Vogts 1990 Teamchef wurde und das Amt von Beckenbauer übernahm, habe ich ein Porträt über ihn geschrieben. Ich redete mit vielen Leuten und schrieb dann ungefähr so: »Wenn man Franz Beckenbauer lachen sieht, denkt man an Champagner, und wenn man Berti lachen sieht, denkt man an die Allgemeine Ortskrankenkasse.« Bald bekam ich ein dickes Paket von der Allgemeinen Ortskrankenkasse mit Aufklärungsschriften über deren wunderbare Leistungen. Und in dem beiliegenden Brief hieß es: »Sie glauben bestimmt, Sie haben einen tollen Witz gemacht, dabei haben Sie in Wahrheit bloß keine Ahnung.« Da mußte ich lachen, die haben gut reagiert.

Bis zum heutigen Tag kehrt ein Fußballtraum immer wieder. Ich träume manchmal, daß ein Ball sich langsam in unser Tor zu senken droht. Er fliegt in Zeitlupe. Ich stürze heran, der Torwart ist schon geschlagen, da schlage ich den Ball mit einem Fallrückzieher zurück ins Feld. Mir gelingt ein so schöner Fallrückzieher, wie sie einst nur Klaus Fischer beherrschte. Und dann prasselt der Beifall von den Rängen. Ich stehe auf, winke lässig ab. Und irgendwo tönt Herbert Zimmermann: »Junge, du bist auch ein Fußballgott!«

(Aufgezeichnet von Torsten Körner)

Peter Lohmeyer, Schauspieler

PETER LOHMEYER, geb. 1962 in Niedermarsberg im Sauerland, erhielt seine Ausbildung an der Westfälischen Schauspielschule in Bochum. Er arbeitete am Bochumer Schauspielhaus, am Staatstheater in Stuttgart, es folgten Engagements am Wiener Theater »Der Kreis«, am Schauspielhaus Düsseldorf und am Schillertheater in Berlin. Seinen ersten größeren Fernsehauftritt hatte Lohmeyer 1983 in dem Fernsehspiel *Der Kampfschwimmer* von Alexander von Eschwege. Im Kino hatte er in den Dominik-Graf-Filmen *Tiger, Löwe, Panther* (1988) und *Der Spieler* (1989) erste Erfolge. 1997 kam die deutsch-finnische Produktion *Zugvögel ... einmal nach Inari* in die Kinos. Für seine Nebenrolle als Kommissar erhielt er den Bundesfilmpreis. Gemeinsam mit Sohn Louis Klamroth spielte er in *Das Wunder von Bern* (2003). Er ist bekennender Schalke-Fan und ein leidenschaftlicher Freizeitfußballer.

Das Gespräch findet in der Kaffeeküche des Ernst-Deutsch-Theaters in Hamburg statt. Lohmeyer scheint mit dem Leder verwachsen. Eindeutig fußballverrückt. Danke, Peter, hat Spaß gemacht! Übrigens: Er spielt gar nicht am Ernst-Deutsch-Theater – es war nur grade ein Parkplatz frei.

Libuda auf die Wiese

Seit ich denken kann, ist Fußball mein Sport. Ich war Wiesenfußballer und Spielplatzfußballer. In Hagen, wo mein Vater als Pfarrer arbeitete, bin ich mit dem Fußball in Berührung gekommen. Ich erinnere mich, wie ich dort das erste Mal gegen den Ball trat. Wir spielten immer auf der großen Wiese vor dem Pfarrhaus. Wenn mich die Leute fragen, seit wann ich Schalker bin, sage ich immer, seit

1968, da war ich sechs Jahre alt. Ich und mein Freund Uli Richter, der mit mir zur Grundschule ging, wir spielten zusammen bei Fichte Hagen Handball. In der Kneipe von Ulis Vater bin ich damals zum Schalker geworden. Ja, das war 1968, als alle Leute auf die Straße gingen, war ich noch ein Köttel, der auf dem Arm seines Vaters hing. Als wir nach Stuttgart umzogen, spielte ich das erste und einzige Mal in meinem Leben in einem Verein, und zwar beim VfB Stuttgart. Ich kam dort in die C-Jugend, aber, ehrlich gesagt, es war nicht so doll. Meine Mutter mußte mich nämlich immer von Gerlingen nach Cannstatt zum Training fahren, das dauert eine halbe Ewigkeit. Außerdem hatte ich den Eindruck, daß die Söhnchen von alteingesessenen Vereinsfunktionären vorgezogen wurden und eher eine Chance bekamen, in der Leistungsklasse zu spielen, als jemand wie ich, der ein Zugezogener blieb. Den Sprung in die Leistungsklasse habe ich nicht geschafft, dazu dauerte mein Gastspiel auch nicht lange genug, nach einem Dreivierteljahr war ich wieder weg.

Ich trug aber das berühmte Trikot mit den roten Bruststreifen. Das VfB-Emblem mußte man damals noch selbst auf das Baumwolltrikot aufnähen. Meine Mutter, die davon nicht begeistert war, mußte das Emblem genau über den Brustring setzen, damit es am richtigen Platz war. Natürlich war ich nicht zufrieden, wie sie es aufgenäht hat. Ich erinnere mich, daß wir einmal gegen Concordia Hamburg gespielt haben, da wollten die unbedingt einen Trikotwechsel machen. Bei denen war aber trikotmäßig nicht viel zu holen, und ich dachte, eh Alter, meine Mutter macht mich fertig, wenn die noch mal dieses Ding da draufnähen soll. Deshalb haben wir das alle nicht gemacht. Dann war es wieder mal Zeit umzuziehen, und mein Vater landete wie schon früher im Ruhrgebiet, in Dortmund an der Reinholdi-Kirche. Da war ich sechzehn. Obwohl ich zu diesem Zeitpunkt schon Schalker war, habe ich in

Dortmund überlebt. Ich bin jedoch nicht mehr in einen Fußballverein eingetreten, weil Mädels und Mopeds in diesen Jahren einfach wichtiger wurden.

Meine Mutter hatte mit Fußball nichts am Hut, mein Vater war so ein normaler Nationalmannschaftsgucker, die Sportschau hat er sich jedoch nicht angesehen. Von der WM 1970 habe ich ein oder zwei Spiele gesehen. Wegen des Zeitunterschiedes wurden die erst unglaublich spät in der Nacht übertragen. Mein Vater hat es mir nie erlaubt, die zu dieser nachtschlafenden Zeit zu sehen. Deshalb versteckte ich mich hinter unserer braunen Couchgarnitur. Als ich kürzlich einmal gefragt wurde, welche Weltmeisterschaft meine wichtigste war, mußte ich sagen: »Das war 1970.« Es war die erste WM, die ich bewußt erlebt habe, und die deutschen Spieler gehen mir nicht aus dem Kopf: Stan Libuda, Beckenbauer mit der geschienten Schulter und der rackernde Uwe Seeler. Und auch diese typischen Gerd-Müller-Bewegungen sehe ich immer noch vor mir. Mein erster Spieler und Held war auf jeden Fall der Schalker Libuda. Er war auch auf der Wiese mein Held.

Ich bin kein Fußballfanatiker, obwohl es mit dem Alter immer schlimmer wird. Ich kannte mich in Fußballdingen noch nie so gut aus wie jetzt. Mir geht es auch erst jetzt immer schlechter, wenn es Schalke schlechter geht, und ich muß immer mehr Fußball haben, ich meine damit, erleben im Stadion und auch selber spielen. Im Verein habe ich quasi als Mittelläufer angefangen. Das spiele ich, genau betrachtet, auch immer noch. Obwohl ich rauche, staunen die Jungs, der Teer fliegt dann aus den Lungen, und los geht's. Ich bin Rechtsfuß. Neulich sah ich beim Effenberg-Abschiedsspiel ganz alt aus, da haben sie mich auf links gestellt. Aua! Aber ich habe mir das Glück, mit den Helden meiner Kindheit spielen zu können, auch hart erarbeitet. Natürlich hat der Erfolg von *Das Wunder von*

Bern einiges dazu beigetragen. Erst durch diese Rolle hat sich mir die Tür zum Effenberg-Abschiedsspiel oder zum Häßler-Abschiedsspiel geöffnet, und plötzlich stand ich da mit ausgebufften Profis auf dem Platz. Das ist ein großes Glück. Der Abramczik hat mal schwer über 'ne Flanke von mir gestaunt, und nicht nur der Fränkie Mill hat mich danach gefragt, ob ich »früher mal richtig gespielt hätte«. Und da hab' ich mir gesagt, Peter, wer weiß, was geworden wäre, wenn du mal durchtrainiert und weitergespielt hättest? Ob ich dann als Schauspieler hier sitzen würde? Und als Fußballer? Ob es wohl das reine Glück wäre? Ich weiß ja, was die ehemaligen Spieler heute machen, da ist es vielen nicht gutgegangen. Jedenfalls war meine Vereinskarriere zu kurz, um mich richtig durchzusetzen. Fünf Punktspiele habe ich vielleicht gemacht, mehr waren es vermutlich nicht, und ich will das im Rückblick gar nicht hochhängen.

In der Freizeit habe ich immer Fußball gespielt, auch auf der Schauspielschule. Meine Pötte hab' ich immer dabei, ob in München, Köln oder Berlin, selbst bei Auslandsdrehs wie in Kuba oder Albanien hab' ich immer meine Knochen hingehalten. Wenn es geht, spiele ich heute zweimal in der Woche. Für mich ist das Meditation, da fliegt alles weg, ob das nun private oder berufliche Probleme sind. Es ist aber auch wichtig, mit wem man spielt, denn ein falsches Team kann alles kaputtmachen. Am schönsten sind Spiele, bei denen man eigentlich gar nichts sagen muß, weil das Spielverständnis da ist. Das gibt es auch am Theater oder beim Film, du verstehst dich schnell und direkt, du mußt nichts diskutieren. Manchmal brauche ich aber auch den Typen, den ich sauber abgrätsche, dem ich mal richtig dazwischenhauen kann. Ich verliere lieber, als daß ich ein mageres 2:0 über die Zeit krebse. Wenn es ganz danebengeht, kein Tor geschossen, Niederlage kassiert, und man hat sich zu allem Überfluß auch gestritten, dann ist das etwas, was mir richtig auf der Seele liegt, das muß runter und raus. Das Gegenteil ist dann auch das Wunderbare: Man schießt ein besonderes Tor, schöne Spielzüge gelingen, man genießt nach dem Spiel das Ausgelaugtsein. Fußball ist schon scheiße wichtig!

Früher dachte ich immer, auf dem Platz liegt die Wahrheit. Jetzt hab' ich viele Stars kennengelernt, und ich weiß, wie Rudi Assauer tickt, ich ahne, wie Rudi Völler tickt. Ich fürchtete, daß sich deshalb ein bestimmtes Bild, eine naive Vorstellung vom Fußball auflöst. Es ist ja manchmal erschütternd, wenn man die Stars privat kennenlernt, und manchmal ist es unglaublich interessant. Was du da erfährst! Was fangen die Stars mit so einer Leere an, die sich nach einer großen Karriere plötzlich auftut? Doch meine Angst, die Unschuld beim Zugucken zu verlieren, hat sich nicht erfüllt. Das Spiel regt mich genauso auf wie früher, es berührt mich noch genauso. Ich bin übrigens Mitglied bei der Schalker Fan-Initiative, weil die tolle Sachen machen. Im Kampf gegen den Rechtsextremismus in den Stadien sind sie führend. Die haben zum Beispiel durchgedrückt, daß du nicht gleichzeitig Republikaner oder NPD-Mitglied und Schalke-Mitglied sein kannst. Das ist ein guter Weg. Ich war nie bei einer Partie in der alten Glück-auf-Kampfbahn, wo Schalke früher spielte, aber ich war häufig im Parkstadion, das es ja nun auch nicht mehr gibt. Das Spiel, das ich nie vergesse, war das 6:6 von Schalke gegen Bayern München im DFB-Pokal. Ich hab' zeitweilig mit Gladbach, Bochum und Freiburg sympathisiert, auch mit Stuttgart, aber Schalke blieb immer bei mir. Durch *Das Wunder von Bern* bin ich quasi einer der bekanntesten Fußball-Fans geworden. Wenn ich nach Dortmund komme, pissen die mich jetzt nicht an, weil ich Schalker bin, und die Schalker betrachten mich so ein bißchen als lebendes Maskottchen. Die Fußballbegeisterung geht im Ruhrgebiet durch alle Schichten. Fußball verbindet alle, da redet auf der Tribüne nicht nur Schlips mit Schlips. Das gibt es beim Theater oder Kino nicht, daß du dich umdrehst während der Vorstellung und darüber redest, streitest oder zusammen meckerst. Und dieses Reden zwischen den verschiedenen Schichten ist ungeheuer wertvoll, da ist mir das Theater manchmal zu heilig. Heilig ist es beim Fußball nicht. Heilig ist vielleicht der Glaube an den Fußball, aber nicht das Handeln und Reden.

Zweimal hab' ich beim Fußball auch den Kanzler getroffen. Das erste Mal bei der Premiere von *Das Wunder von Bern* in Essen. Und die zweite Begegnung war bei einem Spiel in Worpswede. Da haben wir mal gegen Lok Lüpertz gespielt, das ist so eine Kunststudenten-Auswahl mit dem Maler Lüpertz als Kapitän. Mann, das war heftig, denn Lok Lüpertz hatte einen argentinischen Steinmetz in der Abwehr, der kannte gar keine Gnade. Bei uns – deshalb haben wir die auch 6:0 weggeputzt - haben die Schalker Yves Eigenrauch und Frank Rost mitgespielt. Der Torhüter Rost hat aber im Feld gespielt, weil Dieter Burdenski bei uns im Tor stand. Bei diesen Promispielen muß Kampf dasein, ich mag es nicht, wenn das nur Spaß und Show ist. Und bei diesem Spiel hat Schröder den Anstoß gemacht und zugeschaut. Erstaunlich genug, daß der Kanzler sich die ganzen neunzig Minuten angeschaut hat, obwohl gerade Wahlkampf war. Vermutlich hat er sich beim Zusehen entspannt und deshalb damals auch die Wahl gewonnen.

Das Promidasein hat auch seine anstrengenden Seiten, so haut mich jeder fünfte auf den Fallrückzieher an, den ich in einer Szene im Film gemacht habe. Kein Thema. Wir haben das nur einmal gedreht, weil der Boden naß war, und das hätte den Anzug ruiniert, wenn wir es wiederholt hätten. Ich hatte den Ball leider nicht mit Vollspann, sondern nur unten mit dem Schienbein erwischt, und deshalb hätte ich es gerne noch mal gemacht. Sönke aber wollte das nicht. Wir haben das wirklich nur einmal gedreht.

Aber der Hammer war, als ich es noch mal im ZDF bei *Wetten, daß ...?* vor 14 Millionen Zuschauern machen sollte. Da war mein Sohn Louis dabei, der ja auch im Film eine Hauptrolle spielt. Louis sollte den Ball hochschmeißen. Ich hatte blöderweise Cowboystiefel an. Zu allem Überfluß hatten die da eine weiche Sportmatte ausgelegt. Louis hat den Ball ein bißchen zu sehr nach links geworfen. Hätte ich den Ball nun gefangen und ihm noch mal gegeben, wär' das doch doof für ihn gewesen. Vielleicht wäre er nervös geworden. Deshalb hab' ich einfach durchgezogen, zupp, zupp. Da stand ein Riesentor, das ich zwar nicht erwischte, aber Hauptsache, ich habe den Ball getroffen. Was ich aber nicht wußte, war, daß die das den Zuschauern natürlich noch mal in Zeitlupe gezeigt haben. Manometer! Da kam ich ins Schwitzen. Der Bewegungsablauf war aber erste Sahne. Ufff!!

(Aufgezeichnet von Torsten Körner)

Markus Lüpertz, Maler und Bildhauer

MARKUS LÜPERTZ, geb. 1941 in Liberec/Böhmen, ist freischaffender Maler, Zeichner, Grafiker, Bildhauer und Bühnenbildner. Er begann 1956 ein Kunststudium an der Werkkunstschule Krefeld und setzte seine Ausbildung an der Kunstakademie Düsseldorf fort. Seit 1961 arbeitet er freischaffend. Er gilt als einer der herausragenden Vertreter der neuen deutschen Malerei und wird zu den wichtigsten deutschen Gegenwartskünstlern gezählt. Das große Thema seiner Bilder in der Zeit ab 1968 ist die Auseinandersetzung mit Deutschland und seiner Geschichte im 20. Jahrhundert, für die er seine eigene Ikonographie in Schneckenhäusern und Eicheln, Stahlhelmen und Uniformen, Ähren und karierten Mänteln fand. 1985 wurde Lüpertz Professor an der Kunstakademie Düsseldorf, deren Rektor er seit 1987 ist. Markus Lüpertz ist verheiratet und hat einen Sohn.

Das Interview hat Jochen Hieber geführt. Über die Fitneß von Herrn Lüpertz kann ich nicht verläßlich Auskunft geben. Aber mein Gewährsmann Hieber meint, der Mann sei blendend in Form. Danke, Jochen Hieber!

Das große Spiel

Ja, so wie andere Briefmarken sammeln, spiele ich bis heute Fußball. Ich finanziere überdies eine eigene Mannschaft, Lokomotive Lüpertz, die auf Turnieren gegen Kneipen- oder Universitätsteams spielt. Es ist ein großes Vergnügen und ein Riesenspaß. Es fing schon in meiner Kindheit an. Ich stamme aus einer armen Welt, also kamen nur Massensportarten in Frage, die kein oder wenig Geld kosteten. Tennis zum Beispiel war außerhalb jeder Diskussion. In

Betracht kamen Sportarten, bei denen man durch schlichte Leistung rasch Erfolge haben konnte – Fußball und Ringen in meinem Fall. Während meiner Zeit in Westberlin – ich war ab 1961 in der Stadt – habe ich beim VfL Schöneberg gespielt. Wir waren Halbprofis und haben zeitweise in der Oberliga mitgemischt. Ich liebe Mannschaftsspiele und mag die Kumpanei des Miteinanders. Und ich liebe das Stadion – Fußball im Fernsehen langweilt mich eher. Bei Spielen von Hertha BSC im Berliner Olympiastadion vor neunzig- bis hunderttausend Zuschauern sind damals bisweilen Tore gefallen, weil auf den Rängen alle in dieselbe Richtung gepustet haben.

Kunst dagegen ist einsam – und das Atelier die Hölle. In dieser Hölle ist man bar jeder Kumpanei und Gemeinschaftlichkeit. Aber jenseits der Hölle ziehe ich mir ein hübsches Hemd und einen anständigen Anzug an, jenseits der Hölle, also nach der Kunst, bin ich ein sehr kommunikatives Wesen mit einem großen Freundeskreis. Ich halte mich an und in der Gemeinschaft schadlos für die Stunden der Härte im Atelier. Aber auch diese Gemeinschaft hat eine Struktur. Es gibt in einem Freundeskreis ja immer Leute, die das Gespräch bestimmen, und andere, die eher zuhören. Im Atelier habe ich den Schülern gegenüber die Herrscherrolle. Auf Grund einer natürlichen Autorität nehme ich ein bißchen davon in die Gesellschaft mit. Wenn ich allein bin, langweile ich mich nie, ich kann mich nur in Gesellschaft langweilen. Damit das nicht geschieht, bin ich zum Beispiel auch auf dem Fußballplatz gerne der Boß und dirigiere die Kommunikation.

1971 wurde ich Professor an der Karlsruher Kunstakademie und stellte bald fest, daß es unter den Schülern viele gab, die Fußball spielen wollten, sich aber nicht so recht trauten, weil es nicht zum Beruf des Künstlers paßte und mit etwas Ordinärem verbunden war. Diese Blockade habe ich gelöst, indem ich Plätze und Hallen mietete und

Trikots entwarf. Lokomotive Lüpertz existiert zu meinem großen Vergnügen nun seit 34 Jahren, die Mannschaft hat Mitte der 80er Jahre auch problemlos den Umzug von Karlsruhe nach Düsseldorf geschafft. Wir trainieren einmal pro Woche, im Sommer im Park, im Winter in der Halle. Es gibt einen Stamm von 20 Spielern, keineswegs nur Schüler von mir oder Leute von der Düsseldorfer Akademie. Zum Team gehören auch Menschen aus ganz anderen Berufen. Und wir sind, darauf bin ich sehr stolz, eine multikulturelle Truppe: Polen, Türken und Afrikaner spielen bei uns mit. Wir absolvieren zehn bis zwölf Freundschaftsspiele im Jahr, in Kürze fahren wir zum Beispiel zu einem Match nach Polen. Ich finanziere das Ganze, es ist ein wunderbares, aber auch teures Hobby. Selbstverständlich verfolge ich auch das aktuelle Fußballgeschehen. Schon mein Vater war ein begeisterter Fußballer. Bei einem Amateurspiel hat er übrigens auch meine Mutter kennengelernt. Er hat meinen Bruder und mich von Kindesbeinen an ins Stadion mitgenommen. In der Bundesliga bin ich trotz meiner Anfänge in Gelsenkirchen, also auf Schalke, vor allem Borussia Mönchengladbach verpflichtet. Die große Zeit des Klubs in den 60er und 70er Jahren hat mich fasziniert. Mit Günter Netzer bin ich seither befreundet, aber auch mit Wolfgang Overath, seinem Kölner Antipoden. Nach all den Jahrzehnten auf den Plätzen, in den Stadien und auf den Tribünen bilde ich mir inzwischen ein, Ahnung vom Fußball zu haben. Es gibt nichts Schöneres als hinreißende und heftige Diskussionen über den Fußball. Warum? Weil diese Debatten so herrlich sinnlos und doch so wichtig sind.

Das Endspiel bei der letzten WM 2002 in Tokio hätten die Deutschen gegen Brasilien gewinnen können. Aber sie waren bereit zu verlieren, weil sie mitzaubern und nicht nur zerstören wollten. Sie waren bereit, Zweiter zu werden, das hat ihnen gereicht. Das verstehe ich überhaupt nicht. Ich will immer der Erste sein. Den Erfolg in der Kunst zu suchen, mit seiner Kunst erfolgreich zu sein, ist ein Spiel – man spielt es mit und gegen die Kollegen, man spielt es um der eigenen Eitelkeit willen, keineswegs zuletzt, man spielt es, um zu spielen. So gerne ich Fußball spiele, so gerne spiele ich für Erfolg. Der Zweite zu sein ist schlimmer, als Dritter oder Fünfter zu werden. Lassen Sie mich das an einem Beispiel erklären: Viele halten das Spiel um den dritten Platz bei Fußballweltmeisterschaften für überflüssig. Ich keineswegs. Denn dieses Spiel kann man gewinnen – und man ist im Spiel zwischen dem Dritten und dem Vierten also der Erste. Wenn man Zweiter wird, hat man aber in jedem Fall verloren. Zu verlieren finde ich in jeder Hinsicht unerträglich, gerade auch in der Kunst. Ich habe ein unermüdliches Bedürfnis nach Sieg, ich brenne vor Ehrgeiz, ich bin grün vor Ehrgeiz. Ich beschummle selbst meine Kinder beim Mensch ärgere dich nicht, nur um zu gewinnen, ich bin da völlig hemmungslos. Und zugleich unverkrampft – ich sehe alles als ein großes Spiel.

(Aufgezeichnet von Jochen Hieber)

WOLFGANG NIEDECKEN, geb. 1951 in Köln, studierte Malerei an der Fachhochschule Köln und war früh von Bob Dylan fasziniert, dessen Musik und Texte ihn im Verlauf seiner Karriere immer wieder inspirierten. 1976 gründete er BAP. In den folgenden Jahren wurde BAP zur erfolgreichsten deutschen Rockband. Ihr gelang sogar das Kunststück, den eigenen Erfolg von *Für usszeschnigge* mit dem Album *Vun drinne noh drusse* von Platz zwei der Hitliste zu verdrängen. Der größte BAP-Hit in diesen Jahren hieß *Verdamp lang her* (1981). Zu den späteren Erfolgen der Band zählen auch die LPs *Pik Sibbe* (1994), *Amerika* (1996) und *Comics & Pin-Ups* (1999).

Treffpunkt ist ein Hotel in der Oranienburger Straße. Niedecken sitzt im Frühstücksraum und ißt Müsli mit viel Obst. Rockstars haben es auch nicht leicht, denke ich mir, immer nur Wein, Weib und Gesang. Der Tisch, an dem wir sitzen, hat die Größe einer Serviette. Wir hocken Nase an Nase. Ich höre gerne zu, denn Niedecken erzählt zuvorkommend und mit Witz. Wie schafft der das bloß, frage ich mich, sich um diese Uhrzeit von einem wildfremden Menschen verhören zu lassen und dabei so menschenfreundlich zu bleiben? Herzliche Grüße nach Köln!

Einer von der Kaffeedose

Um es gleich vorweg zu sagen: Ich spielte zwar gern Fußball, aber nicht wirklich gut. Ich kam 1962 in das katholische Internat Konvikt St. Albert in der Eifel. Die Pallottiner-Padres dort waren fußballbegeistert. Das merkte man daran, daß bei wichtigen Fußballspielen eigens ein Fernseher aufgestellt wurde, damit wir sie sehen konnten.

Der Fernseher wurde in dem großen Studiersaal aufgebaut, wo sonst die Hausaufgaben gemacht wurden und absolute Ruhe zu herrschen hatte. Im Internat war Fußball auch das hauptsächliche Freizeitangebot. Nach dem Mittagessen hatten wir im Sommer erst mal bis vier Uhr frei, aber dann mußten wir was tun, rumhängen durften wir nicht. Und da spielten wir entweder Fußball oder Völkerball. Zum Völkerball hatten wir aber meist keine Lust, das spielten eigentlich auch nur die, die beim Fußball nicht gewählt wurden. Ich wurde aber gewählt. Ich spielte Rechtsaußen und konnte ganz gut flanken. Unsere Spiele wurden immer von einem Pater beaufsichtigt. Ich spielte aber auch in der Schulmannschaft, denn wir lebten zwar im Internat, gingen aber aufs städtische Gymnasium. Dort gab es natürlich Klassenmannschaften und eine Schulmannschaft. Ich wurde sogar einmal in die Schulmannschaft berufen und war anschließend wochenlang sehr stolz auf diese Auszeichnung. Das Spiel fand allerdings auf einem Aschenplatz statt, man legte sich einmal hin und hatte drei Wochen was davon.

Meine Fußballbegeisterung fing zu Hause an. Ich hatte einen 20 Jahre älteren Halbbruder, und der war fußballbegeistert. In den 50er Jahren saßen mein Vater und mein Bruder am Radio und hörten die Übertragungen, da begann auch meine Fußballbegeisterung. In dieser Zeit wuchs auch meine Verehrung für Hans Schäfer, denn natürlich fielen immer wieder diese Namen. Ich weiß noch genau, wie wichtig es war, wenn die Namen Hans Schäfer oder Helmut Rahn genannt wurden, dann hatte alles andere erst mal Zeit. Wenn diese Namen in der Radioreportage auftauchten, durfte man mit nichts anderem kommen, dann herrschte einfach der Fußball. Für mich war das wunderbar, denn Hans Schäfer spielte sowohl beim 1. FC Köln als auch in der Nationalmannschaft. Als Kind hast du das noch gar nicht unterscheiden können, für mich spielte einfach Hans Schäfer. Und ohne den bis zu diesem Zeitpunkt im Stadion gesehen zu haben, sah ich ihn förmlich vor mir. Später erlebte ich ihn dann noch leibhaftig im Stadion. Das war die zweite Bundesligasaison 1964/65, und das erste Spiel, das ich wirklich sah und erlebte, war die Partie 1. FC Köln gegen 1. FC Nürnberg. Die Kölner gewannen gegen Nürnberg und stiegen nur deshalb nicht ab. Das war mein erstes Spiel. Aber die Spiele, mit denen ich aufgewachsen bin, waren Radiospiele. Mein nächstes Idol wurde Wolfgang Weber, auch ein Kölner. Jeder, der Fußball gespielt hat, besitzt sein Idol. So will man sein, so will man spielen, und dann murmelt man auch öfter den Namen, wenn man auf dem Platz steht und versucht, dem Idol nachzueifern. Und ich murmelte eben die Namen von Hans Schäfer oder Wolfgang Weber vor mich hin.

Es gibt ein Lied von BAP, das heißt *Nix wie bisher*, und die erste Strophe erzählt von dieser Zeit und meinen Helden: »Die Toreinfahrt vom Schuster war unser Fußballtor, wo im Winter wie im Sommer der Papst am Boxen war. Schalke eine Packung vom FC bekam. Kleine Stan Matthews, kleine Pelés, kleine Hans Schäfers spielten hier.« Erste Strophe. Das war so. Wenn der FC spielte und wir im Radio hörten, daß die verloren, dann haben wir so lange vor dieser Toreinfahrt gespielt ... Es war gar keine Toreinfahrt, fällt mir ein ... Es war die Garage der Schnapsbrennerei Altengarten, die direkt neben meinem Elternhaus lag ... Da haben wir dann die Spiele in unserer Phantasie so lange nachgespielt, bis der FC doch noch gewonnen hatte. Meine Mutter hat mir auch einen rot-weißen Schal gestrickt, auf den ein Geißbock-Sticker genäht war. Eine rot-weiße Fahne gehörte mir auch, die war an einer Bambusstange befestigt, die wir im Zoogeschäft gekauft hatten.

Ich bin am Clodwigplatz aufgewachsen, das ist in der Süd-Stadt. Meine Eltern führten ein Lebensmittelgeschäft direkt am Severinstor. Fußball war für mich einfach der 1. FC Köln. Dein Verein wird dir in die Wiege gelegt, den suchst du dir nicht aus. Deswegen gibt es ja auch diese irrationale Affenliebe zu einem Verein. Ganz egal, was da passiert. Menschen, die politisch ganz anders ticken, können vollkommen spießige oder neoliberale Fußballvereine verehren. Diese Affenliebe, so nenne ich das, wird auch dann nicht geringer, wenn man an der Nase herumgeführt wird, die Affenliebe kann nicht leiden. Sicher, die Fans, die leiden höllisch, aber die sagen dann nicht, dann liebe ich eben Schalke. Ohne diese irrationale Affenliebe wäre der Fußball auch keinesfalls so beliebt.

Mein Bruder hielt selbstverständlich zum 1. FC Köln. Er war ein guter Fußballer und hatte im Verein gespielt. Ich hingegen war Straßenfußballer. In der Zeit, wo ich im Verein hätte spielen können, ging ich aufs Internat. Und dann fing es auch sehr mit meiner Begeisterung für die Stones, Beatles und Kinks an, alles andere wurde zweitrangig. Bevor jedoch die Musik meine Freizeit bestimmte, sammelte ich Kaugummibildchen von den Stars der Ära Overath, Thielen, Weber. Diese Bildchen sind mir heute noch heilig, genauso heilig wie die Kaffeedose, von der ich erzählen muß. Zu unserem Haushalt gehört eine besondere Kaffeedose. Meine Frau kommt aus Bayern und war deshalb nicht so informiert, was beim FC abgeht. Im Double-Jahr 1978, als der FC Deutscher Meister und DFB- Pokalsieger wurde, habe ich mir diese Kaffeedose gekauft – heute nennt man das wohl eine Edition. Auf dieser Dose war die komplette Mannschaft des 1. FC Köln abgebildet. Und die ist seit 1978 im Rennen bei uns, die sieht zwar schon ein bißchen mitgenommen aus, wie man sich leicht vorstellen kann, aber das Ding ist heilig. Als meine Frau nach Köln zog und wir zum FC ins Stadion gingen, mußte ich, wenn ich wieder einmal jemanden begrüßt hatte, nur sagen: »Einer von der Kaffeedose.«

Mittlerweile kennt auch meine Frau fast alle »Kaffeedosen« persönlich.

Ich erinnere mich noch sehr gut an die Jahre, als das alte Müngersdorfer Stadion umgebaut wurde. Da spielte der FC Köln, aber auch Fortuna Köln in der Radrennbahn. Das war eine wunderschöne Zeit. Es war deshalb so schön, weil die Radrennbahn so klein war und dadurch das Spiel einen britischen Charakter bekam. Klein, eng, intensiv. Ich bin, wenn ich genug Geld zusammengekratzt hatte, vor allem in der Zeit meines Kunststudiums von 1970 bis 1976, sehr oft im Stadion gewesen. Eigentlich jeden Samstag. Wenn der FC auswärts spielte, hatte Fortuna Köln ein Heimspiel, und das sah ich mir auch an. Den Hans Löhring kannte ich privat, weil er einen Laden neben meinen Eltern besaß. Er war damals schon Chef von Fortuna Köln und ein bekannter Mann im Viertel. Wenn er den Laden betrat, wurde gemurmelt: »Der Herr Löhring ist da.« Dem habe ich von Kindesbeinen an die Einkaufstüten nach Hause getragen. Er hat es nie verwunden, daß ich kein Fortuna-Fan war. Natürlich hielt ich zur Fortuna, klar, aber wenn die Kölner Mannschaften gegeneinander spielten, war ich im Zweifelsfall Fan des FC. Das hat mir natürlich leid getan, denn der Löhring war ein Fußballwahnsinniger erstens Grades. Wenn es wieder einmal ein Derby gab und ich zur Geschäftsstelle ging, um mir Karten abzuholen, sagten die Frauen: »Der Chef wartet oben auf Sie!« Ich ging hoch, und er empfing mich: »Jung, setz dich!« Er hat auf mich eingeredet wie auf ein krankes Pferd: »Du und der FC?« Es hat ihn furchtbar gewurmt.

Hans Schäfer habe ich 1998 kennengelernt. Nach dem Abstieg gab es viele, die sich für den Verein einsetzen wollten. Wir müssen jetzt dafür sorgen, daß dem FC nicht die Fans von der Stange oder besser von der Fahne gehen. Für diesen Zweck schrieb ich ein Stück um und stellte es dem FC zur Verfügung, damit sie damit machen können, was sie wollen. Und zu diesem Stück wurde ein Video gedreht, und die Aufnahmen fanden während eines Spiels in der zweiten Liga statt, der FC trat gegen Hansa Rostock an. In einer Szene des Videos sitze ich neben Hans Schäfer auf der Tribüne und verfolge gebannt das Spiel. Dieses Erlebnis war völlig irreal für mich. Ich vergaß total, daß uns da Kameras beobachteten. Ich saß neben Hans Schäfer, und der hat mir erklärt, was da unten auf dem Rasen passierte. Das war, als ob ich mit Chuck Berry in einem Stones-Konzert sitzen würde. So war das! Definitiv!

Genaugenommen hängt auch die Gründung von BAP mit Fußball zusammen. Die BAP-Geschichte begann am Morgen nach dem Länderspiel Jugoslawien gegen Deutschland bei der EM 1976. Am Morgen danach war ich ziemlich angeschlagen, weil der Kölner Heinz Flohe das erste Tor geschossen hatte. Und dann wurde der Debütant Dieter Müller eingewechselt, und der schoß die nächsten drei Tore. Auch ein Spieler vom FC. Dementsprechend sahen meine Clique und ich am nächsten Morgen aus. Und ausgerechnet an diesem Morgen rief der Saxophonist meiner ehemaligen Schülerband an und erzählte, er hätte einen Bauernhof gekauft. Wenn wir diesen Schweinestall gemeinsam renovieren würden, meinte er, könnten wir da auch proben. Und ich, mit meinem dicken Schädel und meiner FC-Euphorie, sagte fröhlich: »Ja, ja, machen wir!« Das war der Anstoß für BAP.

Der »Major«, unser Gitarrist, war leider Fan von Bayer Leverkusen. Das ist für einen Kölner die Höchststrafe, aber weil er aus Leverkusen kam, gehörte sich das auch so. Fußball bedeutete immer Spaß zwischen uns. Das war auch deshalb wunderbar, weil mich mit dem »Major« ansonsten nicht so viel verband. Wir arbeiteten zwar sehr viel zusammen, aber wir waren sehr verschiedene Persönlichkeiten, es gab da kaum Berührungen. Aber Fußball funktionierte zwischen uns, und ich war froh, daß wir dieses Thema hatten. Das hat BAP stabilisiert, wenn Sie so wollen. Immer wenn wir mit BAP auf Tour waren, hatte gerade der FC eine gute Phase und Leverkusen eine schlechte, das war für mich natürlich wunderbar. Da konnte ich den »Major« auch immer auf der Bühne hochnehmen, das war schönes Gefrotzel. Als wir einmal in Köln spielten, hatte ich arrangiert, daß der frühere Kölner Profi Hans-Peter Lehnhoff ihm ein Trikot von Leverkusen überreichte. Dazu paßt die Geschichte von Toni Polster. Der Toni hat nämlich auch mal bei BAP mitgespielt. Bei der ersten Nummer der *Amerika*-Tour war er dabei. Ich hab' ihn gefragt, ob er es sich das zutraut. Ich wußte, daß er früher Gitarrenunterricht gehabt hatte. Und es klappte. Beim ersten Stück unserer Tour. Wir standen vor dem Vorhang, und plötzlich standen da nicht wie gewohnt zwei, der »Major« und ich, sondern der Toni stand im Trikot des FC zwischen uns, und wir sangen *Nix wie bisher*. Die Sporthalle ist vor Begeisterung auseinandergeflogen. Von Toni erfuhr ich auch, daß der FC absteigt. Wir absolvierten gerade auf Elba die Proben für unser neues Album *Comics & Pin-ups*. Da klingelte das Handy, es war Toni. Er sagte nur: »Es hat nicht mehr funktioniert.« Das war bitter. Hart, der erste Abstieg meines Vereins. Ein Schicksalsschlag. Unfaßbar! Aber das Leben geht weiter, und mein Verein, der 1. FC Köln, ist wieder heimgekehrt: In die erste Bundesliga. So oder so, dieser Klub gehört einfach zu mir.

(Aufgezeichnet von Torsten Körner)

Christian Petzold, Filmemacher

CHRISTIAN PETZOLD, geb. 1960 in Hilden, ist Filmregisseur und Autor. Er studierte in Berlin Germanistik und Theaterwissenschaft, ehe er an der Deutschen Film- und Fernsehakademie ein Studium aufnahm und auch als Assistent von Harun Farocki und Hartmut Bitomski arbeitete. Nach einer Reihe von Kurz- und Dokumentarfilmen realisierte er mit *Pilotinnen* (1995) seinen ersten Spielfilm. Mit *Die innere Sicherheit* (2000; ausgezeichnet u. a. mit dem Deutschen Filmpreis), *Toter Mann* (2001; ausgezeichnet u. a. mit Deutschem Fernsehpreis 2002, Adolf-Grimme-Preis 2003), *Wolfsburg* (2002; ausgezeichnet u. a. mit dem Preis der internationalen Filmkritik – Berlinale 2003) und *Gespenster* (2005) gehört Petzold zu den wichtigsten deutschen Regisseuren.

Christian Petzold ist mein einziger Gesprächspartner, gegen den ich schon mehrfach Fußball gespielt habe. Leider immer verloren. Ein eleganter Fußballer, Rechtsaußen mit Tordrang. Aus dem hätte was werden können. Wirklich! Aber dann mußte er ja Filme machen! Unser Gespräch findet in Kreuzberg statt. Währenddessen ruiniert Petzold seine Kondition, drei Zigaretten. Bis zur nächsten Packung!

Generation Reihenhaus

Im Verein habe ich mit dem Fußballspielen beim SSV Haan 06 angefangen. Haan liegt zwischen Solingen, Düsseldorf und Wuppertal. Eine typische Schlafstadt, ihr Name kommt von Hain, das heißt Wäldchen, aber viele Wälder gab es da nicht mehr. Meine Eltern zogen irgendwann in einen Vorort dieser Kleinstadt. Ich war gerade sechs oder sieben, und da kommt man automatisch mit

Kindern zusammen, die auch mit ihren Eltern in diese Vororte gezogen waren. Es gab noch gar keine Spielplätze oder Fußballplätze, es gab den Garagenhof, und hinter diesem Garagenhof gab es einen Acker, und da fingen wir an, Fußball zu spielen. Ich hatte das vorher noch nie getan, meine Eltern interessierten sich überhaupt nicht dafür. Ich traf dort einen, der hieß Michael Richter, der war in einem Verein und ein extrem guter Fußballer. Er war quasi unser Nachbar, und er brachte mir einen Sommer lang das Fußballspielen bei. Nur fing er nicht mit den Dingen an, die das Fußballspielen eigentlich ausmachen, vielmehr hatte es mit Körpererotik zu tun, er fing mit Ballbehandlung an. Das erste, was ich lernte, war, einen Freistoß mit Effet um die Mauer zu ziehen. Das zweite war, daß Puma besser ist als Adidas – er war Gladbach-Fan. Natürlich wurde ich ebenfalls Gladbach-Fan. Ich lernte also erst einmal Freistoßschießen, und dann nahm er mich mit in den Verein. Das erste, was ich beim Training in der D-Jugend machen durfte, war, eine Ecke von links zu schießen, weil ich ein Rechtsfuß bin. Diese Ecke habe ich direkt ins Tor gehauen. Das Training bestand vor allem aus Laufen: Sprints, dann um Hütchen laufen, schließlich Langlauf. Das wichtigste für die kriegsversehrten Trainer war Kondition bolzen, und die Jungs von der Straße holen, das hatte nicht viel mit Fußballehre zu tun. Mein erster Trainer hatte so eine tiefe Bronchialstimmme, zumindest Stalingrad-Zigaretten waren da im Spiel. Und dann kam immer noch das Trainingsspiel, deshalb geht man ja als Achtjähriger in einen Verein. Und nachdem ich meine Ecke direkt verwandelt hatte, dachte mein Trainer, ich sei gut, und so durfte ich am nächsten Samstag auflaufen, ein Auswärtsspiel in Lützenkirchen. Er hat natürlich schnell gemerkt, daß ich nur schnell rennen und mit Effet schießen konnte. Noch heute kriege ich keinen klaren, strammen Spannschuß hin. Ich versuche es immer wieder, aber es gelingt nicht. Dann lernten wir den Doppelpaß und was Fußball als Kollektiv heißt, daß man sich im Raum verschieben muß, daß man die Position hält. All das habe ich erst in der C-Jugend gelernt, aber da war alles schon zu spät, weil meine schulischen Leistungen absackten. Ich vermute, das Absacken meiner Leistungen hatte auch etwas mit der sozialen Schichtung unserer Stadt zu tun.

In künstlichen Städten wie Haan, da spielen die Leute wie in einer Operette noch einmal die Klassengegensätze durch. Es gab die Musikschule, den Tennisverein und eben Fußball. Musikschule stand für die Grüne Liste oder Akademiker, der Tennisverein war die Heimat für die klassischen Düsseldorfer Parvenüs. Tennis war dann auch der Wunschtraum meiner Eltern, aber auf keinen Fall Fußball. Und der Fußballverein war einfach Arbeiterklasse. Mein Weg ins Gymnasium war einfach vorbestimmt, und der Fußballverein war das Gegenteil der Vorortträume meiner Eltern. Sie gehörten zum Kleinbürgertum, waren 1957 aus der DDR geflohen. Ich bin in einer Siedlung aufgewachsen, die hieß Klein-Zwickau, weil dort so viele Flüchtlinge wohnten, eine Container-Siedlung mit so einer Art Schnell-Bungalows. Und dann gelang der soziale Aufstieg, und man besaß ein Reihenhaus, das man hundert Jahre abzuzahlen hatte. Man versucht irgendwie, eine Kultur aus seinem Aufstieg zu machen, und bedient sich der Dinge, die andere vorgelebt haben, Tennis spielen etwa oder ein Instrument lernen. Diese Städte wie Haan sind ja nicht gewachsen, die sind entworfen, diese Eigenheimstädte, die Siedlungen, in denen ich aufwuchs, die Straßen trugen dann beispielsweise Namen von Vogelarten: Adlerstraße, Drosselweg. Bei uns waren die verlorenen Ostgebiete die Namensgeber, Danziger Straße, Breslauer Straße, Stettiner Straße. Und diese Vororte sind ja folgendermaßen entworfen: Da standen Mehrfamilienhäuser, und da verlief eine Straße. Auf der andere Straßenseite standen die

Reihenhäuser, und hinter dieser langen Kette aus Reihenhäusern lag ein Hang, eine Art Schonung, an der einzelne Villen angeordnet waren; zwischen jedem zehnten Reihenhaus mündete dann eine Abfahrt zu den Villen. Also wohnten unten die Dentisten und Prokuristen, dann kamen die Angestellten, wie mein Vater, und zuletzt kamen die Arbeiter. Und natürlich wurde bei den Mietshäusern mehr Fußball gespielt als bei den Villen, die Dentisten spielten überhaupt nicht Fußball. Ich mochte die Welt der Mietshäuser. Deshalb bin ich in einen Verein gegangen. Die C-Jugend habe ich noch zur Hälfte durchgespielt, und dann war ich im Gymnasium so schlecht, der Haß auf dieses Gymnasium mit seinen Neureichen war dann vermutlich so stark, daß ich absackte, überhaupt nicht mehr lernte. Deshalb haben mich meine Eltern beim Fußballverein abgemeldet.

Es war für mich so wie in einem Boxerfilm, ich hatte mir ausgerechnet, wenn ich jeden Tag zehn Stunden Fußball trainiere, könnte ich irgendwann davon leben, alles andere spielte überhaupt keine Rolle mehr. Ich bin morgens mit Fußball aufgewacht und abends damit ins Bett gegangen. Ich habe jedes Spiel mit Tennisbällen in meinem Zimmer nachgespielt. Man merkt es noch heute, daß meine Generation in diesen kleinen Reihenhausgärten gekickt hat. Man durfte es eigentlich nicht, denn die Vorgärten waren nicht zum Spielen, sondern für das Repräsentieren bestimmt, für den Blick des Nachbarn oder des Spaziergängers, was für wunderbare Tulpenzwiebeln man hatte. Auf diesem Rasenstück Fußball zu spielen, war extrem schwer, weil man keine Blumen zerschießen durfte. Noch heute beobachte ich bei vielen Leuten, daß die eine Art Schußtechnik haben, die gebremst ist. Die Bewegung bricht im Schuß ab, weil man früher in diesen beengten Verhältnissen nicht richtig durchziehen konnte. Dabei geht es bei allen Ballsportarten darum, die Bewegung zu

Ende zu führen, die Bewegung dem Ball hinterherzuschicken. Wir haben immer diese kleine Schwäche dabei, und ich vermute, das rührt daher, daß wir immer zwischen Vasen, Porzellan und Ziergärten unsere Schußübungen machen mußten. Meine Eltern haben mir das Fußballspielen dann verboten. Das war ein Drama, ein Trauma für mich. Ich habe mit totalem Rückzug nach innen reagiert, ich erinnere mich, daß ich nur einen Abend wirklich gegen meine Eltern angekämpft habe, dann war irgendwas einfach zerbrochen. Ich habe nur noch Musik gehört und Bücher gelesen. Allerdings habe ich weiterhin sehr viel Fußball geguckt.

Ich bin Borussia Mönchengladbach verfallen. Das mag damit zu tun haben, daß Gladbach so aussieht wie der Ort, aus dem ich stamme. Früher habe ich mir nie vorstellen können, daß aus Reihenhäusern irgend etwas Schönes entstehen könnte. Wenn man aber gesehen hat, welch unglaublich tollen Fußball Gladbach einmal spielte, wie sozialdemokratisch losgelöst der war, hat man gedacht, vielleicht ist es ja doch möglich, etwas aus den Reihenhäusern zu entwickeln. Meine Eltern als Flüchtlinge hatten keinen wie auch immer gearteten Provinznationalismus weiterzugeben, es war wohl einfach die Schönheit des Spiels, die mich für Gladbach einnahm. Das entscheidende Spiel, das ich live sah, von Ernst Huberty kommentiert, war das Pokalfinale 1973 Gladbach gegen Köln. Mein erstes richtiges Live-Spiel, das ich durchgehend gesehen und wo ich Fußball begriffen habe. Das ist das Spiel, in dem Netzer, nachdem er sich selbst eingewechselt hat, den berühmten 2:1-Siegtreffer schießt. Wie eine Taktik aufgestellt wird, wie diese Taktik zerfällt und aus ihr eine ganz eigene Bewegung entsteht, das war toll zu sehen. Huberty sagte fast nichts, blieb ganz lakonisch, das war phantastisch, ehe mit Dieter Kürten die Scheiße bei uns anfing. Der Kürten fing an zu erzählen, der hielt sich nicht mehr zurück, und aus dieser Plauder-Schule stammen heute all die Kerners und Beckmanns. Nachdem mir meine Eltern das Fußballspielen verboten hatten, habe ich zehn Jahre lang keinen Ball mehr angefaßt. Ich habe zehn Jahre gelesen und dann, als ich 21 war, angefangen, 1981 in Berlin Germanistik zu studieren. Damals habe ich an der Schaubühne als Beleuchter und Techniker gearbeitet, um das Studium zu finanzieren, und bin dann mit den Leuten von der Schaubühne in den Tiergarten zum Kicken gegangen. Aber es ist unglaublich, was für ein Körpergedächtnis man hat. Ich nahm sofort die Position ein, auf der ich in der C-Jugend gespielt hatte, und ich habe sofort meine Flanken wieder mit Effet geschlagen. Fußball spielt ja auch im Theater eine große Rolle. Wenn es ein wichtiges Spiel gab, versammelten sich alle, auch Otto Sander, noch in Maske und Kostüm beim Pförtner und schauten Fußball.

Es gibt einen tollen Film von Costard, *Fußball wie noch nie*, da wird nur George Best gefilmt, 90 Minuten lang, der hat sieben oder acht Ballkontakte in den 90 Minuten, schießt zwei Tore, und dann sieht man, daß er ungeheuer einsam ist und daß man diese Momente, wenn er in das Spiel vernetzt, verknotet und Station wird, in diesem Film nicht begreifen kann. Das ist kein Film über Fußball, sondern über was ganz anderes. Einen richtigen Fußballfilm kann man nicht machen, nein, deshalb kann ich mir auch nicht vorstellen, einen zu drehen. Man kann über einen kleinen Verein, die kleinen Intrigen und schmutzigen Geschäfte erzählen – die Fahrten früh morgens um sechs, wenn die Spieler an irgend einer Tankstelle stehen, und dann kommt ein Kleinbus und nimmt sie mit, und man kommt in irgendwelche Umkleidekabinen, sieht die Menschen, die am Spielfeldrand stehen – über all das kann man einen Film machen, aber über das Spiel selbst funktioniert das nicht.

Mein Vater kam ab und zu zum Zuschauen, wenn ich Fußball spielte, und ich hatte dann immer das Gefühl, nicht gut zu sein. Es gab in diesen Arbeitervereinen immer Fußballer, die sind begnadet, die gibt es heute immer weniger. Die Leute, die heute oben beim Fußball ankommen, die davon leben können, sind gebildeter als früher, die können vor einer Kamera agieren, die können über sich selbst sprechen, die Häßlers und Libudas aber werden immer weniger. Diese Typen gibt es vielleicht noch in der A-Jugend, aber dann schaffen sie es in dieser Bildungs- und Ausstellungsgesellschaft nicht, sich durchzutanken. Schau dir doch die Spieler bei Klinsmann an, Mertesacker, Janßen, die haben mentale Kraft. Das Fußballmilieu war damals immer ein bißchen rechts, primitiv, Lumpenproletariat, da kamen Sprüche wie »Politiker sind alle Schweine«. Dieses Milieu hat mir aber auch ein bißchen gefallen, weil ich diese Leute nicht kannte. Meine Eltern jedoch wollten von diesen Leuten weg, weil sie möglicherweise etwas zu dicht dran waren. Als mein Vater einmal zuschaute, hat der Torwart an den Pfosten gepinkelt und »Fotze« geschrien, da war für ihn alles vorbei. Ich fand das aber interessant, habe das beobachtet, ich habe mich richtig darauf gefreut. Wenn man heute die Janßens und Mertesackers sieht, ihre Bildung, ihre Gesichtszüge, weiß man doch, daß von deutschem Boden wohl nie wieder ein Angriffskrieg geführt werden wird.

Mein schönstes Fußballbild? Als ich vor Jahren einen Sprunggelenkbruch hatte. Da lag ich in meinem Trikot auf der Trage im Kreuzberger Urban-Krankenhaus, und da lagen junge Spieler von acht verschiedenen Vereinen herum. Sie hatten alle das Kreuzband gerissen, Sprunggelenke oder Schienbeine gebrochen, alle lagen da, alle in ihren Trikots. Alle waren richtig fertig, weil sie wußten, jetzt ist es erst mal für lange, lange Zeit mit dem Fußball vorbei. Die Ärzte kamen dann immer mit den Röntgenbildern angerannt und verkündeten ihre Diagnose: »Halbes Jahr Pause, ein Jahr Pause«, richtig hart. Dann wurden wir zum Eingipsen geschoben. Vor dem Eingipsen haben wir selbstverständlich über Fußball gesprochen, und jeder erzählte die Geschichte, wie es zu der Verletzung gekommen war. Nach einer halben Stunde erzählten alle die Geschichte so, daß den Gegner auf keinen Fall Schuld treffe. Alle nahmen die Schuld auf sich. »Da war was in der Bewegung nicht in Ordnung, das hab' ich gleich gespürt.« Das hat Spaß gemacht mit den Leidensgenossen. Ohne ihre Trikots hat man sie dann später nicht wiedererkannt. Aber die acht Verletzten in ihren verschiedenen Trikots, das war ein wirklich schönes Bild.

(Aufgezeichnet von Torsten Körner)

Fritz Pleitgen, Journalist

FRITZ FERDINAND PLEITGEN, geb. 1938 in Duisburg, begann seine Laufbahn als Redakteur und kam 1963 zum *WDR*-Fernsehen. 1970 wechselte er als *ARD*-Korrespondent nach Moskau. 1977 erhielt er die Akkreditierung als Korrespondent in Ost-Berlin, bevor er 1982 in dieser Funktion nach Washington wechselte. 1987 übernahm er das *ARD*-Studio in New York und wurde zum Chefredakteur in die Fernsehdirektion berufen. Seit 1995 Intendant des *WDR*, übernahm er 2001 den alle zwei Jahre rotierenden *ARD*-Vorsitz. In dieser Eigenschaft erzielte er für die öffentlich-rechtlichen Sender eine Einigung im Streit um die Übertragungsrechte für die Fußball-WM 2002 und 2006. 2002 wurde der Vertrag mit dem DFB über die Heimspiele der Herren- und Frauennationalelf, den DFB-Pokal, die Bundesliga der Frauen und die Spiele der Regional- und Oberliga bis 2009 verlängert.

Das Gespräch findet in einer Loge des Olympiastadions in Berlin statt. Pleitgen faltet bedächtig die Hände und erzählt. Sein Erzählstrom fließt ebenso breit wie detailfreudig dahin, so daß dem Interviewer eigentlich nichts weiter übrigbleibt, als überflüssige Fragen hinunterzuschlucken. Was hat der Mann bloß für ein Gedächtnis! Und was für ein Turm, ein Trumm von einem Mann! Er muß in zahllosen Fußballschlachten der Turm im Getümmel gewesen sein.

Grünweißgrün, wie lieb' ich dich

Mit dem Fußballspielen habe ich in Bünde-Ennigloh begonnen. Das war nach dem Krieg. Ich bin 1938 in Duisburg-Meiderich geboren. Kurz nach meiner Geburt zogen meine Eltern nach Essen. Als wir ausgebombt wurden, evakuierte man meine Mutter, meinen Bruder und mich nach Schlesien. Von dort mußten wir jedoch flüchten. Zu diesem Zeitpunkt hatte ich mit dem Fußball noch keine Bekanntschaft gemacht. Als wir dann in Bünde-Ennigloh, in Ostwestfalen, eintrafen, ging es mit Nazi-Deutschland zu Ende. Ich kann mich erinnern, daß ich noch einmal eingeschult wurde, kurze Zeit später kamen die Amerikaner. Überall sah man weiße Fahnen; unsere Familie zog in ein Behelfsheim. Erst jetzt geriet ich mit dem Fußball in Bekanntschaft.

Für uns Kinder gab es nur zwei Sportarten: im Sommer Fußball, und im Winter spielten wir mit selbstgebauten Schlägern auf der Straße Eishockey – allerdings ohne Schlittschuhe. Fußball wurde mit Blechbüchsen und Lumpenbällen gespielt. Irgendwer bekam einen Fußball, der dann immer wieder genäht werden mußte. Die Bälle hatten damals Nähte. Da kam immer wieder die Blase raus, die schon mehrfach geflickt worden war. Der Ball war bald nicht mehr rund, war ein richtiges Ei geworden.

Dieser Fußball besaß für uns einen unglaublichen Wert. Er wurde gehegt und gepflegt, eingefettet und ordentlich behandelt. In unserer Umgebung bildeten sich viele Straßenmannschaften, die regelrechte Meisterschaften austrugen. Unser Verein hieß Union Niemeier-Holz. Das war der Name des Bauern, dem das Wäldchen gehörte, in dem unsere Spiele stattfanden. Ich zählte damals noch zu den Kleinen, zu den »Lüttgen«, deren Anführer ich war. Die Älteren waren zwischen zwölf und vierzehn Jahre alt.

Wir hatten mehrere Mannschaften, spielten aber nur zu siebt, weil die Plätze klein waren. Die Größeren hatten es tatsächlich fertiggebracht, in diesen Wald einen Platz hineinzuschlagen. Der Besitzer ist wie eine Furie zwischen uns gefahren, als er sah, daß da plötzlich ein Fußballfeld im Wald war. Holz war nach dem Krieg außerordentlich begehrt und von den Eltern der kleinen Holzfäller bereitwillig abtransportiert worden.

In diesem Wald trugen wir dann unsere Matches aus – bis der Bauer kam. Er wohnte etwas entfernt und mußte deshalb eigens mit dem Fahrrad anreisen. Immer wieder versuchte er, einen von uns zu packen, um mit dieser Geisel an den Rest von uns zu kommen. Wichtige Meisterschaftsspiele mußten unterbrochen werden, wenn Bauer Niemeier dazwischenging. Aber wenn der zornige Kerl wieder verschwunden war, wurden Späher aufgestellt und das Spiel sogar noch Stunden später zu Ende geführt.

In einer Ecke des Platzes war leider noch ein Baumstumpf stehengeblieben. Es hat ziemlich schlimme Unfälle gegeben, wenn einer im Eifer des Gefechts dagegen rannte oder trat oder der Ball vom Baumstumpf abprallte und dann mit verdoppelter Geschwindigkeit ins Gesicht des Schützen flog. Es war wirklich Fußball mit aller Leidenschaft. Das war der Anfang meiner Karriere.

Die größte Ehre war, für einen der Größeren einspringen zu dürfen. Ich war sieben oder acht, als ich erstmals als linker Verteidiger aushelfen durfte. Mein erster Einsatz in der Mannschaft von Niemeier-Holz gehört zu den größten Erlebnissen überhaupt in meinem Leben, wenn ich das rückblickend betrachte. An Bedeutung war das später kaum noch zu übertreffen. Diese Ehre, die mir da zuteil wurde!

Wir waren sehr, sehr arm, viel ärmer als die Bevölkerung in Bünde, die zwar mit Gütern auch nicht reich gesegnet war, aber nicht ausgebombt und evakuiert worden war und auch nicht hatte fliehen müssen. Sie hatten den Krieg nicht in der Härte erfahren, wie das bei meiner Familie der Fall war. Wir hatten nichts. Ich, das Flüchtlingskind, gewann etwas an Bedeutung, weil ich ganz gut Fußball spielte und weil ich eines Tages unverhofft mit einem echten Fußball aufwarten konnte.

Es muß etwa 1948 gewesen sein. Ich hatte eine Tante, die vor dem Krieg einen Engländer kennengelernt und sich mit ihm verlobt hatte. Der Krieg trennte sie, doch sie kamen wieder zusammen, und meine Tante zog nach England. Eines Tages kam sie zu Besuch. Sie hatte schon von meiner großen Fußballeidenschaft gehört.

Es war ein großes Ereignis, als Tante Grete aus England mit einem großen Sack bei uns auftauchte. Zuerst zog sie aus diesem wunderbaren Sack ein Paar Schuhe. Bis dahin war ich in Holzschuhen oder im Sommer barfuß herumgelaufen, so gingen wir auch zur Schule. Im Winter wurden die Holzschuhe mit Stroh ausgelegt. Die Schuhe von Tante Grete waren hoch, genagelt und gebraucht. Ich habe mit ihnen sogar im Bett geschlafen, weil ich so glücklich war, daß ich endlich Schuhe besaß.

Ich schlief aber nicht nur mit den Schuhen im Bett, sondern auch mit einem Fußball. Nachdem sie zuerst die Schuhe hervorgezogen hatte, griff Tante Grete noch tiefer in diesen Sack und fischte einen Ball heraus. Das werde ich nie vergessen. Ich stürmte aus unserem Behelfsheim und haute den Ball in die Luft. Es war, als ob alle drauf gewartet hätten. Alle Kinder stürmten herbei. Dieser Fußball, dieses Glück, das war so ähnlich, wie man das heute nur noch in den Filmen sieht. Ich habe den Ball immer wieder hoch in die Luft geschossen – wie einen Feuerwerkskörper. Ich war der King, ja ich war der King.

Es war für jeden eine große Ehre, den Ball einmal tragen zu dürfen, und es war ein großer Vertrauensbeweis meinerseits, jemanden den Ball tragen zu lassen. Weil wir mit einem richtigen, runden, englischen und völlig intakten Fußball antraten, wurden wir erst recht eine außergewöhnliche Erscheinung bei den Straßenmeisterschaften. Meine Tante erzählte mir, daß ihr Mann, Onkel Jack, Anhänger von Tottenham Hotspurs war. Sie hatte mir auch noch einen gelben Pullover mitgebracht, gebraucht selbstverständlich. In einem solchen Dreß, so meine Tante, spielte auch der Torwart der Hotspurs. Ich hatte bis dahin noch nie von den Tottenham Hotspurs gehört, ja, ich wußte nicht mal, wie man das schreibt. Dennoch erklärte ich zur Verwunderung aller von einem Tag auf den anderen, ich sei jetzt nicht mehr Verteidiger, sondern Torwart, und da ich der Ballbesitzer war, wurde mir jeder Wunsch gewährt. Ich war auch gar kein schlechter Torhüter, bloß auf die Dauer wurde es langweilig, weil unsere Mannschaft recht gut spielte und sich vor meiner Bude deshalb sehr wenig tat. Also drängte es mich wieder aus dem Kasten.

Dann bin ich natürlich zu den Fußballplätzen der Umgebung gezogen. Mein Verein war SV Ennigloh 09. Ennigloh war ein kleiner Vorort von Bünde, und unser Erzrivale war die SG Bünde 08. Das waren heiße Derbys. Wir pilgerten zum Fußballplatz, und obwohl es damals keine Tribünen gab, sondern bloß Erdwälle, standen dort immer fünf- oder sechstausend Menschen, die sich so ein Bezirksklassenspiel anschauten. Leider verlor zu dieser Zeit meist Ennigloh, erst später kehrte sich das um.

Ennigloh trug Grünweiß und Bünde Schwarzgelb. Bei Ennigloh spielte ein Fußballer namens Werner Möckel. Der war an Eleganz nicht zu übertreffen. Er war ein ehemaliger Soldat, der Brot und Unterkunft in Ennigloh fand und dafür dort Fußball spielte. Meiner Erinnerung nach kam er aus dem Osten Deutschlands. Später wechselte er dann zur Spielvereinigung Erkenschwick, die in der Oberliga West ein Spitzenverein waren. Das war ein herber Verlust für uns.

Möckel hatte eine Eleganz, die allen anderen Spielern abging. Fast alle, die in der ersten Mannschaft spielten, waren Kriegsteilnehmer und brachten damit auch eine entsprechende Härte ins Spiel. Sie alle waren für uns Heroen. Ich kann mich daran erinnern, daß wir gelegentlich hohen Besuch bekamen, wenn Mannschaften wie Schalke 04 über die Dörfer tingelten, um etwas Eßbares zu erspielen. Für mich war Fußball der ganz große Lebensinhalt. Zunächst einmal identifizierte ich mich natürlich mit den Spielern der eigenen Mannschaft. Es gab da einen Verteidiger, der mir sehr imponierte. Er hatte gewaltige O-Beine. Um mir mehr Bedeutung zu geben, trat ich dann auch mit O-Beinen auf, weil ich das für einen Beweis besonderer fußballerischer Klasse hielt. Wie ich mich gab, hing auch von meiner Position ab. Ich war vielseitig verwendbar, obwohl die Positionen damals strikt festgelegt waren. Ein Verteidiger kam selten nach vorne und ein Stürmer selten zurück, während die Läufer das gesamte Mittelfeld zu beackern hatten. Ich war offenbar eine Allround-Begabung und habe deshalb alle Posten durchgespielt. Ich war relativ schnell. Sogar Linksaußen habe ich gespielt, weil ich mit Rechts und Links schießen konnte.

Mit vierzehn hat mich dann der SV Ennigloh für die Schülermannschaft angeworben. Meine Eltern waren zunächst strikt dagegen, weil sie glaubten, daß ich dann für die Schule überhaupt keine Zeit mehr hätte. Mit der Schülermannschaft wurden wir prompt Kreismeister. Viel weiter ging es dann jedoch nicht, weil man kein Geld hatte, um die nötigen Reisen für die Westfalenmeisterschaft zu absolvieren.

Dann bin ich in die Jugendmannschaft gekommen. Dort habe ich im ersten Jahr den Schmerz des Verlierens voll auskosten dürfen. Unsere Gegner waren auf Grund ihres Alters wesentlich stabiler. Wir verloren in der ersten Halbserie jedes Spiel in beträchtlicher Höhe. Aber wir hatten Potential, und das spielten wir in der zweiten Halbserie aus, in der wir alle Spiele gewannen und unser Punktekonto ausgleichen konnten. Als wir ein Jahr älter waren, wurden wir mit der B-Jugend, die damals die Zweite Jugend hieß, Kreismeister.

In der Ersten Jugend sind wir nicht Meister geworden, weil unsere Mannschaft kurzfristig aufgelöst wurde. Ich ging in Bünde auf das Gymnasium. Meine Klassenkameraden spielten alle bei SG Bünde 08. So bin ich schweren Herzens zu SG Bünde 08 gegangen, kehrte aber als »Senior« wieder zum SV Ennigloh 09 zurück. Unsere Mannschaft wurde Bezirksklassenmeister und stieg in die Landesliga auf. »Grünweißgrün, wie lieb' ich dich« wurde natürlich immer wieder bis in den Schlaf hinein gesungen.

Ich war dem Fußball auch beruflich verbunden. Irgendwann sprach mich ein Schulkamerad an, ob ich nicht seinen Job als freier Mitarbeiter bei der Lokalausgabe der *Freien Presse* übernehmen wollte. Die *Freie Presse* wurde in Bielefeld herausgebracht und hatte mehrere Lokalausgaben. Mein Schulkamerad fragte mich, ob ich für die Lokalausgabe Bünde nicht den Sport betreuen wollte. Es gäbe immerhin 6 Pfennig pro Zeile, und wenn ich es auch noch schaffte, Bilder dazu zu bringen, gäbe es für ein zweispaltiges Bild 5 Mark und für ein dreispaltiges 7,50. Das war für mich natürlich außerordentlich verlockend, weil wir zu Hause nach wie vor in kümmerlichen finanziellen Verhältnissen lebten.

Also stellte ich mich bei der Zeitung vor. Ich sollte eigentlich mindestens 16 sein, war jedoch erst 14. Aber da ich ziemlich groß war und der Redakteur ziemlich klein, fragte er nicht weiter und nahm mich. Der Auftakt war ein Desaster. Ich hatte über ein Bezirksklassenspiel zu berichten. Jeden Spielzug habe ich getreulich geschildert. Den Bericht habe ich telephonisch durchgegeben. Die Stenotypistin auf der anderen Seite fragte mich immer wieder, wann denn nun endlich Schluß sei. Am nächsten Morgen stürzte ich erwartungsfroh zum Kiosk und fand meinen Artikel überhaupt nicht. Erst nach langer Suche entdeckte ich wenige Zeilen, und keine einzige stammte von mir. Das war eine grausame Lehre.

Der Redakteur hat mich getröstet. Mein Stil sei eben Schuldeutsch und viel zu gut. Ich müßte in der Ausdrucksweise sehr viel journalistischer werden. So strebte ich den nächsten Lektionen zu. Ich kaufte mir einen Sportbeobachter, das war damals das Zentralorgan des Sports. Durch die Lektüre versuchte ich, mir Sportdeutsch anzueignen. Für das nächste Spiel, das ich beschreiben durfte, hatte ich als Muster einen Spielbericht herausgesucht, der über ein Spiel mit dem gleichen Ergebnis berichtete. Daraus entlehnte ich verschiedene Begriffe und gab den Text in gebotener Kürze durch. Am nächsten Tag wurde ich vom Redakteur gelobt, nur eines verstünde er nicht, woher auf einmal der FC St. Pauli in meinen Spielbericht hineinkomme. Nun hatte ich in meinem Schreibrausch wohl Ennigloh mit St. Pauli verwechselt. So merkte ich früh, daß Plagiate nichts taugen – eine gute Lehre für meine spätere Laufbahn.

Ich entwickelte schon bald eine kleine Ich-AG. Immer mehr wurde ich davon gepackt, aus diesem Job etwas zu machen. Ich gab die Spielberichte nicht nur telefonisch durch, sondern fuhr dann nachts auch noch mit dem letzten Bus von Bünde nach Bielefeld, wo ich selbst den Umbruch vornahm. Dadurch wurde ich Herr über das Blatt. Der Bünder Sportteil war wiederum der Lokalausgabe Herford untergeordnet, also so ein Sub-Lokalteil. In meinen nächtlichen Sitzungen habe ich das geändert. Ich habe den Herforder Sport vollkommen rausgeschmissen und dafür den Sport aus Bünde untergebracht. Unerschrocken schrieb ich eine ganze Seite voll, selbst kleinste Vereine fanden bei mir große Würdigung. Ich hatte bei allen Vereinen meine Beobachter, die ich nach den Spielen anrief. Das war jedoch eine ziemlich anstrengende Sache, denn meistens waren meine Vertrauensleute gleich nach dem Spiel in die Vereinskneipe geeilt und bei meinem Anruf bereits ordentlich angeheitert. Ehe ich das korrekte Ergebnis und den ungefähren Spielverlauf herausbekommen hatte, war viel Zeit vergangen, aber Zeit und Geduld hatte ich reichlich. Der letzte Bus fuhr um 22 Uhr nach Bielefeld, und der Sport aus Bünde gehörte zu den letzten Seiten, die umbrochen wurden, so daß ich stets rechtzeitig in Bielefeld eintraf.

Um die Metteure freundlich zu stimmen, die für mich viel wichtiger waren als die Redakteure, war ich stets mit ein paar Flaschen Bier bewaffnet. Die Honorare wuchsen und sprengten schließlich den Etat der Lokalausgabe Bünde. Man riet mir, mich ein wenig zurückzuhalten. Doch ich ging erst recht in die Offensive. Ich brachte mir das Fotografieren bei. Wir hatten eine Kamera im Büro. Außerdem schrieb ich nicht nur Berichte über Sport, sondern ich begann auch andere Vorgänge in unserem Ort zu schildern. Dazu wertete ich den Polizeibericht aus und besuchte die Gerichtsverhandlungen, die praktischerweise direkt vor unserer Schule stattfanden.

Je mehr es mit mir finanziell bergauf ging, desto mehr ging es in der Schule bergab. Mein Verhältnis zu den Lehrern war ziemlich zerrüttet. Ich bin dann auch zweimal von der Schule geflogen, was meiner Faszination für den Beruf des Journalisten keinen Abbruch tat. Für mich stand fest, daß ich Journalist werden wollte. Das Pikante an der Sache war, daß ich nun Gegenstand meiner eigenen Berichterstattung wurde, denn ich spielte inzwischen in der ersten Mannschaft. Ich versuchte das Dilemma zu lösen, indem ich mich selbst betont zurückhaltend behandelte. Daß ich mitspielte, war ja an der Mannschaftsaufstellung abzulesen. Daß ich hin und wieder ein Tor schoß oder vorbereitete, vermerkte ich lakonisch. Attribute oder Adjektive zu meinen Leistungen habe ich kaum eingebracht, nur wenn ich durch Unaufmerksamkeit oder sonstige Fehlleistungen dazu beigetragen hatte, daß wir ein Tor kassierten, teilte ich das schonungslos mit.

Wir schrieben unsere Artikel damals anonym. Dennoch wußten natürlich alle, daß ich hin und wieder über mich selbst schrieb. Übel nahm mir das niemand. Nur bei Derbys wurde es eng. Da gingen bei unserem Redakteur dann schon Klagen ein, die mir einseitige Berichterstattung vorwarfen. Diesem Dilemma ging ich aus dem Weg. Nach meinem letzten Abflug von der Schule wechselte ich nun vollständig in den Journalismus. Ich trat ein Volontariat in Osnabrück an. Von dort ging ich nach Bielefeld. Dort spielte ich beim Tus 04 Sudbrack, womit ich wieder ins Kreuzfeuer der Kritik geriet, und zwar von seiten der Konkurrenzzeitungen. Zwar war ich auch in der Sportredaktion tätig, aber die Berichte über den TUS 04 Sudbrack schrieb ich nicht mehr. Dennoch wurde unserer Zeitung Parteilichkeit zugunsten meines Vereins vorgeworfen. Deshalb nahm mich mein Chefredakteur beiseite und sagte: »Laß es gut sein mit dem Fußball, konzentrier dich auf den Journalismus.« So endete mit 21 Jahren meine Karriere als Fußballspieler, Niveau Landesliga.

Ich bin dann am 1. Januar 1963 zum Fernsehen gegangen. Damit hörte mein direkter Kontakt zum Fußball auf. Ich wurde beim WDR Redakteur der *Tagesschau* in Köln. Nach einiger Zeit aber kam mein Faible für den Sport wieder durch. Ich sorgte dafür, daß an den Wochenenden Sportberichte in den Nachrichten gesendet wurden.

Einmal gab es großen Ärger, weil ein Bürger durch uns in beträchtliche Schwierigkeiten geriet. Sein Arbeitgeber hatte ihn in der *Tagesschau* putzmunter und jubelnd auf dem Bildschirm gesehen, obwohl sich der Mann eigentlich krank gemeldet hatte. Der Mann war völlig verzweifelt. Er schwor, er sei nicht bei diesem Spiel im Stadion gewesen. Was war passiert? Ein alter Filmschnipsel, der jubelnde Zuschauer zeigte, war in den aktuellen Spielbericht gerutscht. Damals wurde noch nach den Regeln der Filmkunst geschnitten. Die Cutterin brauchte ein Bild von jubelnden Zuschauern. Diese Einstellung lag vom aktuellen Spiel nicht vor. Also suchte sie ein Bild von einem früheren Spiel heraus. Dieser Fehler wurde von uns aufgeklärt, die Firma informiert, und der war Mann entlastet.

Der Fußball ist für mich bis heute interessant geblieben. Mich fasziniert das Unberechenbare des Spiels. Andererseits kann einem auch schon mal der Spaß an diesem Spiel verlorengehen, wenn man als Intendant um Sportrechte feilschen muß. Das Schöne an meinem beruflichen Leben ist, daß ich die Helden meiner Jugend später kennenlernen durfte. Als ich Fritz Walter traf, offenbarte ich ihm meine große Verehrung. Auch sein Bruder Otmar ebenso wie Helmut Rahn, Hans Schäfer, Toni Turek und natürlich Pelé, den ich jetzt auf dem Weltjugendtag in Köln getroffen habe, waren für mich Idole. All diese Kanonen aus meiner Vergangenheit zu treffen und mit ihnen zu sprechen, ist ein Vorzug meines Lebens. So schließt sich der Kreis auf höchst erfreuliche Weise.

(Aufgezeichnet von Torsten Körner)

Marcel Reif, Journalist

Marcel Reif, geb. 1949 in Waldenburg/Schlesien, wuchs in Polen, Israel und in Kaiserslautern auf, wo er in der Jugend beim 1. FCK spielte und Mitglied der südwestdeutschen Jugendauswahl war. Er studierte in Mainz Publizistik, Amerikanistik und Politik und begann 1972 als freier Mitarbeiter des *ZDF*, später war er für die *heute*-Redaktion und das ZDF-Auslandsbüro in London tätig. Auf Drängen Dieter Kürtens wechselte er 1984 in die Sportredaktion und gab 1986 sein Debüt als Kommentator des Europapokalfinales. 1994 kommentierte er das WM-Finale zwischen Italien und Brasilien in den USA. 1994 wechselte er nach 20 Jahren beim öffentlich-rechtlichen Fernsehen zu RTL, wo er mit Günter Jauch und Franz Beckenbauer über die Champions League berichtete. 1999 ging er zu *Premiere*, wo er seither Bundesligaspiele, aber auch die WM 2002 kommentiert. 2004 erschien seine Autobiographie *Aus spitzem Winkel – Fußballreporter aus Leidenschaft.*

Im Frühstücksraum des Dorint-Hotels am Gendarmenmarkt gibt es leckere Brötchen. Das findet Marcel Reif auch, deshalb sitzt er immer hier, wenn er in Berlin arbeitet. Er hat Kopf und Herz, er beherrscht die Schnauze und den hohen Ton, und er liebt den Fußball. Das macht ihn zum besten deutschen Fußballreporter. Und – er war ein wirklich guter Fußballer!

Mein kleiner schwarzer Fleck

Edward Szymkowiak war der polnische Nationaltorhüter. Er war mein Held, mein Traum, mein Ritter, mein Ach-was-weiß-ich. Für mich war er größer als alle Stars, die nach ihm kamen, und als er damals an mir vorüberging, war ich klein wie ein Grashalm. Mein Vater war ein ziemlicher Fußballfreak und ging am Wochenende oft ins Warschauer Armija-Stadion. Da spielte der Verein Centralny Wojskowy Klub Sportowy Warszawa, das war eine der besten polnischen Mannschaften jener Jahre. Ich fieberte vor Aufregung, als er mich das erste Mal mit ins Stadion nahm. Ich suchte Szymkowiak. Damals trugen Torhüter nicht diesen kanariengelben Krempel mit gelbgrünroten Applikationen, sondern er stand da in Schwarz, schwarze Stutzen, schwarze Hose, schwarzes Trikot. Mein Held. Als wir im Stadion eintrafen, machte sich die Mannschaft gerade auf einem Nebenplatz warm. Und genau in diesem Moment kamen die Spieler zurück und liefen über einen Holzbohlensteg zurück ins Stadion. Wir standen an diesem Steg, und Szymkowiak ging direkt an mir vorbei. Ich wußte, er ist die Legende, und jetzt wußte ich auch, die Legende lebte, sie existierte wirklich. In dem Spiel bekam er einen Tritt. Ich weiß nur noch, daß die gegnerische Mannschaft grün gekleidet war. Er fiel um und blieb benommen liegen. Als er da am Boden lag, brach für mich eine Welt zusammen. Alles brach zusammen. Dann aber, mir kam es wie eine Ewigkeit vor, stand er wieder auf, und in mir machte sich eine existentielle Erleichterung breit. Diese Eindrücke haben sich bei mir festgesetzt.

Niemals werde ich vergessen, wie die Stollen über diese Holzbohlen klapperten, oder sagt man besser klackerten? Ich kann die Faszination für dieses Geräusch einfach nicht loswerden, das packt mich jedesmal wieder, bis heute. Als ich noch bei *RTL* arbeitete, habe ich immer darauf bestanden, daß wir mit dem ganzen Vorberichtsgetöse eher fertig werden, damit wir, wenn wir dann runterschalteten, auch noch das Stollenklappern draufbekamen. Wenn die Spieler unten aus den Katakomben kommen, da, wo der normale Mensch nicht hindarf, wenn sie dann die Stufen hochgeklappert kommen, dann ist das das Aufregendste überhaupt. Ich kann die Stadien inzwischen an diesem Sound unterscheiden, weil das für mich einer der schönsten Momente ist. Ich bin in einer Welt, die ist privat, Intimsphäre. Die Kabine interessiert mich gar nicht so sehr. Wenn sie ins Stadion einlaufen, gehören sie der ganzen Welt, aber da unten gehören sie mir. Da ist nur noch Rausch. Diese aufgestaute Energie, die sich gleich entlädt, die Anspannung in den Gesichtern, das Klappern, gleich geht es los, da ist alle Nüchternheit vergessen. Ich will auch gar nicht mehr dazu sagen, mir ist das zu intim, zu heilig, ich will das nicht wegquatschen.

Als wir 1957 nach Kaiserslautern kamen, hat meine Mutter schnell kapiert, daß dieses deutsch radebrechende Kind, das ich war, in dieser tiefen, tiefen Provinz nur dann an Land kommt, wenn es sich irgendwo sozialisieren kann. Und am leichtesten geht das in Kaiserslautern nun mal über Fußball. Deshalb hat sie mich schon sehr früh zum Fußball gebracht. Es gab da so eine Turnhalle, da spielten die Bambinis, die ganz Kleinen. Die durften dort rumtoben, denn der offizielle Spielbetrieb fing erst in der D-Jugend an. Meine ersten Fußballschuhe bekam ich von meinen Eltern geschenkt, dafür haben sie sich wahrscheinlich finanziell ganz schön ins Zeug legen müssen. Sie waren von Adidas, mit Noppenstollen – sehr ernstzunehmende Schuhe, wenn auch noch nicht mit diesem Klappern. Aber da wir in Kaiserslautern in der C- und B-Jugend meistens auf schwarzen Aschenplätzen spielten, waren die schon ganz richtig. Ich gab den Libero und sollte eigentlich hinten beschäftigt sein. Weil wir unseren Gegnern aber fast immer hoffnungslos überlegen waren, bin ich entgegen jeder Absprache nach vorne spaziert und hab' so meine Trainer zur Weißglut getrieben. Einmal war ich wieder nach vorne abgehauen, ein Fehlpaß, und die Reise ging zurück. Weil der gegnerische Mittelstürmer ein sehr begabtes Kind und sehr schnell war, mußte ich nun hinterher. Wir verhakten uns irgendwie, dann gingen wir koppheister, und dabei hat es mir so richtig schön die Tapete weggerieben, und die schwarze Asche hat sich unter die Haut geschoben. Das siffte wochenlang, und noch heute, nach vierzig Jahren, hab' ich da so einen kleinen schwarzen Fleck, der nicht mehr weggeht.

Mein erster Trainer war ein Lehrer, und der ließ mich zuerst in der zweiten D-Jugend auflaufen. Es war, wie gesagt, kein Problem, die Spiele am Wochenende zu gewinnen, schwieriger war es, in die D 1 zu kommen, denn es gab mindestens drei D-Jugend-Mannschaften, die leistungsmäßig gestaffelt waren. Das war ein Kunststück, da reinzukommen. Weil ich mich zurückgesetzt fühlte, habe ich einmal ein Spiel geschwänzt und eine kleine Lügengeschichte aufgetischt. Da hat es eine richtige Verhandlung im Betreuerstab gegeben, da man mir das nicht abkaufte, und mein Trainer wollte mich zwei Wochen sperren. Aber weil einer seiner Vorgesetzten fand, ich sei förderungswürdig, durfte ich weitermachen. Bald schaffte ich es in die D 1, und mein zweiter Trainer wurde Rudi Merk, das ist der heutige Trainerbetreuer und der Vater des Bundesligaschiedsrichters Markus Merk. Rudi Merk strickt heute noch an der Legende und erzählt allen, was ich für ein guter Fußballer gewesen sei. Ich lass' das, holde errötend, stehen. Damals erreichten wir das Endspiel der C-Jugend um die Westpfalz-Meisterschaft, und im Finale spielten wir gegen den VfB Pirmasens. Das war eine sehr dramatische Derbygeschichte, und wir haben dieses Spiel mit 1:3 verloren. Unser Trainer hat geweint. Wir waren enttäuscht, aber er hat geweint, weil wir ihm in seiner Vita einen ganz wichtigen Meilenstein verweigert hatten, wir haben ihm seinen Traum kaputtgespielt.

Die 58er WM habe ich im Radio verfolgt. Nachdem ich das Abschiedsspiel von Fritz Walter im Stadion erlebt hatte, begann ich allmählich, allein ins Stadion zu gehen.

Wie andere zum Spielplatz, so gingen wir zum Betze. Auch zum Kicken, denn da konntest du auch auf Nebenplätzen spielen. Wir mußten uns das nicht vornehmen, wir gingen einfach, das war unser tägliches Leben, das war wie Essen, Trinken, Schlafen. In der D-Jugend habe ich in einem Heft meine Tore nachgezeichnet, so mit Strichmännchen und Pfeilen. Und dann, ab der C-Jugend, merkte man, wie uns die Jungs der D-Jugend anguckten, und wir, die C-Jugend-Jungs, guckten an den B-Jugend-Jungs hoch und wollten sein wie die. Ich spielte in dieser Zeit in der Südwest-Auswahl und galt als begabt. Und wenn man endlich hoch genug spielte, in der B- und A-Jugend, schauten einem auch noch die Mädels hinterher. Herz, was willst du mehr? In dieser fußballverrückten Stadt konntest du dich schon als Jugendspieler wie ein kleiner Star fühlen. Als wir Vorspiele machen durften, wenn der 1. FC Kaiserslautern auf dem Betzenberg spielte, gab es erst recht keinen Grund mehr, sich nicht wie ein Star zu fühlen. Wir traten, als die Bundesliga 1963 begonnen hatte, manchmal vor über 20000 Zuschauern auf. Eines Tages durften wir wieder einmal ein Vorspiel im großen Stadion machen. Die C 1 spielte gegen die C 2, und ich marschierte unaufhaltbar nach vorn und erzielte kurz vor Spielende ein Tor auf dem heiligen Rasen. Stellen Sie sich mal vor, die Ränge waren schon ziemlich gefüllt, und ich machte das Tor! Dafür lasse ich – Pardon – manchen Grimme-Preis Grimme-Preis sein.

Oh, wie habe ich den Ernst Liebrich gequält. Er war der Bruder des 54er Weltmeisters Werner Liebrich und trainierte uns in der B-Jugend. Der hatte mit mir ständig Probleme. Er hat getobt und geschrien, weil ich anfing, auf dem Rasen Quatsch zu machen. Einer unserer Erzrivalen war der VfR Kaiserslautern, Trikots blau-schwarz. Das war das Auffangbecken für all jene, die noch ganz anständig Fußball spielten, es aber bei uns nicht geschafft hatten. Die durften es uns dann zweimal in der Saison heimzahlen, das war ihr Lebenselixier. Bei einem dieser Duelle, ich spielte wieder Libero, fing ich an, mich tödlich zu langweilen. Wir führten 3:0 oder 4:0, und ich meinte, es sei mal wieder Zeit für eine kleine Zirkusnummer. Es lag Schnee, der Boden war also matschig, rutschig. Ich nutzte die Gelegenheit. Ich nahm einen Befreiungsschlag des Gegners lässig auf und wartete, bis sich der Mittelstürmer der anderen näherte. Dann lud ich ihn zu einem kleinen Tanz ein, schlenkerte mal hierhin und mal dorthin, und er verfolgte mich in einem Wutanfall und in der Hoffnung, wenigstens einmal in seinem Leben einen Roten vorzuführen. Ich weiß nicht mehr, wie lange diese Achterbahnfahrt gedauert hat, vielleicht waren es zwanzig Sekunden, obwohl es mir im Rückblick wie zwei Stunden vorkommt, aber ich sehe noch sehr genau, wie Ernst Liebrich am Spielfeldrand stand und sein Kopf vor Zorn beinahe platzte. »Wenn das schiefgeht, spielst du bei mir nie wieder«, das und andere Sprüche schrie er wütend aufs Feld. Doch diesmal ging es noch gut.

Aber dann ging es schief. Wir spielten auf einem großen internationalen Turnier in Ludwigshafen. Bei diesen 16:0-Spielen Sonntag für Sonntag wirst du übermütig, und so spielte ich auch gegen einen wirklich ernsthaften Gegner. Leichtsinnig. Wir verloren, und ich wurde vom Libero zum Außenverteidiger degradiert. Was für eine Schmach! Aus! Vorbei! Aua! In meiner Welt gab es den 10er und den Libero, der Mittelstürmer machte Tore und war dämlich. Alles andere war ohne Reiz. Außenverteidiger, das war die verkörperte Trostlosigkeit. Und jetzt mußte ich plötzlich mit der Nummer 2 spielen. Ich machte es, aber ich zickte. Dann gab es wieder einmal so ein Vorspiel auf dem Betzenberg, und ich spielte immer noch Verteidiger. Wochenlang hatte ich kein Wort mit dem Trainer gesprochen, bis er eines schönen Tages auf mich zukam. Da brachen alle Dämme, und ich habe ihm meinen ganzen Schmerz vor die Füße geschüttet. Da sagte er: «Junge, das sollte ich dir eigentlich gar nicht sagen, aber oben auf der Tribüne sagen sie, du bist heute schon besser als der Kiefaber.« Man muß wissen: Roland Kiefaber war damals die amtierende Nummer 2 der ersten Mannschaft, und durch dieses Lob kehrte mein innerer Seelenfrieden zurück.

Mein Held in diesen Jahren hieß Jacobus Thäodorus Prins, den alle nur Co Prins nannten. Er hatte alles, was mir im Leben Spaß macht, bis heute. Und wenn auch die Hälfte Legende ist, was man sich über ihn erzählt – egal. Das war für mich ein Profifußballer mit all den schillernden Insignien, die dazugehören. Er soll einmal die Primaballerina des Pfalztheaters durch ein Fenster entführt haben. Er war als Ausländer wirklich ein Exot in Kaiserslautern. Sie müssen sich vorstellen, damals war es ja schon schlimm genug, wenn einer aus Pirmasens in Kaiserslautern spielte, das ging vielleicht gerade noch so, aber ein Holländer, der bei Ajax gespielt hatte? Er war wirklich ein genialer Fußballer, ganz und gar ein Stimmungsfußballer. Seine Stutzen hingen runter, und dann war er da, oder er war eben gar nicht da. Wenn man so gut ist wie er und einen solchen Charakter besitzt, muß man nahe an der Borderline spielen, entweder ganz groß oder ganz schlecht, entweder die Leute standen auf den Stühlen, oder sie jagten ihn aus dem Stadion, Himmel oder Hölle. Mein Vater hielt nicht sehr viel von ihm. Der sei kein lauterer Bub und auch ein Clown. Auf den war kein Verlaß, das war kein 80-Prozent-Fußballer, keiner, der mindestens 80 Prozent verläßlich ablieferte, sondern entweder 150 Prozent oder eben nichts.

Einmal hat er bei einem unserer Jugendspiele zugesehen. Und ausgerechnet an diesem hellichten Tag konnte ich nicht spielen, weil ich verletzt war. Was für ein Rückschlag in meiner Karriere! Ich weiß nicht, was ich mir vorgestellt hatte, vielleicht, daß er mich auf die Schultern nimmt und in den Olymp trägt. Man hatte so viele Legenden und Gerüchte über ihn gehört, öffentlich sichtbar war das aber nicht. Diese Spielergeneration stellte noch nicht ihre Ferraris auf Behindertenparkplätzen ab. Es hieß immer, man hätte ihn aus irgendwelchen Bars gezogen, wahrscheinlich alles Unsinn, aber doch glamourös, denn solche Geschichten verliehen ihm ein englisches Image. Für den englischen Fan ist der Fußballer keine nüchterne Leistungsmaschine, sondern ein Kerl, der flucht und säuft, ein paar Möbel zerlegt, ein paar Mädels erlegt – aber eben auch pünktlich wieder um 8 Uhr auf dem Trainingsplatz steht. Einer von uns eben. In Deutschland aber heißt es gleich, was ist das für ein Lebenswandel, da bricht sofort die Welt zusammen, wenn Marcelinho in Berlin mal eine Disco besucht.

Eines Morgens, irgendwann um 1987, ich lebte damals in Köln, saß ich beim Frühstück und las Zeitung. Mein Blick fiel auf eine kleine Meldung unter »Vermischtes«. Und da stand: »Der frühere Kaiserslauterner Profi Co Prins ist gestorben. Er erlag den Folgen eines Herzschlages, während eines Altherrenkicks.« Diese Nachricht hat mich getroffen wie der Tod eines engen Familienmitglieds. Für mich ging in diesem Augenblick eine Epoche zu Ende, meine Fußball-Kindheit war unwiderruflich begraben. Ein paar Jahre später macht es bei mir Klingelingeling. Der *Südwestfunk* meldete sich und wollte wissen, wann ich mal wieder in Kaiserslautern sei. »Warum?« fragte ich. »Ja, wir machen einen Film über Jacobus Prins, und wir haben gehört, daß ...« Da hatten sie ganz richtig gehört, und so kam es, daß ich mich mit der Witwe von Co Prins und dem damaligen Torhüter Strich in einem Café in Kaiserslautern traf. Ich hatte Tränen in den Augen und sagte zu Strich: «Wissen Sie, wie schön Sie mir meine Kindheit gemacht haben?« Die Frau von Co Prins erzählte von ihrem Mann, und am liebsten hätte ich sie in den Arm genommen und gesagt: »Wir beide haben etwas ganz Wichtiges verloren.« Die Zeit blieb stehen, und wir erzählten und erzählten. Hinterher war ich voll herzblutender Emotion und ging beseelt davon.

Ich wundere mich über meine Klarsicht, die ich offenbar in früher Jugend besaß. Meine Eltern zogen nach Elberg, und ich blieb noch ein halbes Jahr in Kaiserslautern, weil ich da noch das Schuljahr beenden sollte. Ich konnte also noch länger in Kaiserslautern Fußball spielen. Als ich später zu meinen Eltern zog, meinte der Trainer: »Trainiere dort bei einem kleinen Klub, und komm immer nur zum Spiel.« Ich muß also Talent gehabt haben, denn die hatten genug gute Spieler. Das war also nicht so dahingesagt. Aber mir fehlte das entscheidende Quentchen. Dafür besaß ich wohl zu sehr dieses Co-Prins-Gen, ohne jedoch so talentiert zu sein wie er. Ich liebte diese Prinshaftigkeit und war in ihr gefangen. Mir wurde klar, daß ich zu oft eher nichts ablieferte, und das reichte nicht für den Beruf eines Fußballers. Eine ganze Reihe von Jungs, mit denen ich spielte, haben später den Sprung in die Bundesliga geschafft. Ich war vom Talent nicht schlechter als sie. Aber im Unterschied zu mir haben sie das kindliche Stadium, den infantilen Fußball überwunden. Vielleicht wollte ich einfach das kindliche Stadium des Fußballs nicht verlassen, ich wollte den Co Prins in mir einfach nicht beerdigen. Ja, ehrlich gesagt, das will ich bis heute nicht.

Das Fußballkind, das ich war, bin ich heute noch, in meinen guten Momenten. Ich möchte – auch als Reporter – traurig sein bei einer Niederlage und mich freuen bei einem Sieg. Ich kann ein Spiel analysieren, zerlegen und das Puzzle der Mannschaftsteile beschreiben, aber eigentlich will ich im Moment untergehen und das Glück genießen. Dann quieke ich wie ein Ferkel. Beim Champions-League-Spiel Chelsea gegen Barcelona gab es so einen magischen Moment. Ronaldinho nimmt im Strafraum den

Ball an, die anderen greifen ihn nicht richtig an, er wackel zweimal mit dem Hintern und wackelt sie dabei zur Seite, und dann setzt er den Ball mit der Pieke links ins Eck. Ich würde gerne noch mal den Kommentar hören, den ich zu dieser Szene gesprochen habe. Ob der wohl angemessen war? Ich sagte so ungefähr: »Leute, nehmt die Wäsche von der Leine, der Zirkus ist in der Stadt.« Ganz gut ... aber ... aber doch ... ich weiß nicht ... auch irgendwie unprofessionell, weil ich mich zu sehr auf diese Aktion einlasse ... aber egal, ich war ganz glücklich damit. Ich weiß noch, wie ich nach dem Spiel aus dem Stadion rausging, nein, ich bin rausgeschwebt und habe nur so vor mich hin gesummt. Und da wußte ich wieder einmal: Wegen dieser Momente laufe ich seit fünfzig Jahren diesem Quatsch hinterher. Diedeldum, diedeldum, diedeldum!

(Aufgezeichnet von Torsten Körner)

HANSJÖRG SCHERTENLEIB, geb. 1957 in Zürich, entschied sich nach Schulabschluß und einer Ausbildung zum Schriftsetzer und Typographen sowie dem Besuch der Zürcher Kunstgewerbeschule 1981 für eine Karriere als freier Schriftsteller. Er arbeitete zuerst in der Redaktion einer Literaturzeitschrift und schrieb Film- und Rockkritiken für Zeitschriften und den Rundfunk. Seit mehr als zwanzig Jahren veröffentlicht er Romane, Theaterstücke, Lyrik, Hörspiele und Jugendromane und wurde für seine Werke vielfach ausgezeichnet. Für seinen 1996 erschienenen Bestseller *Das Zimmer der Signora* wurde er mit dem Kranichsteiner Literaturpreis geehrt, und für den Roman *Der Papierkönig* wurde er mit dem ndl-Literaturpreis ausgezeichnet. 2005 erschien seine allseits begeistert besprochene Novelle *Der Glückliche*, mit der er einen weiteren großen Erfolg feiern konnte. Er lebt in Irland und in Zürich.

Wir führen unser Interview am Telephon. Zum Zeitpunkt unseres Gesprächs hatte sich die Schweiz noch nicht für die WM 2006 qualifiziert, und Schertenleib bangte und fieberte den Relegationsspielen gegen die Türkei entgegen. Als es geschafft war, hörte ich einen tiefen, tiefen Seufzer. Ich dachte, Schertenleib steht vor der Tür.

Mein Freund, die Wand

Ich habe mit zwölf beim FC Blue Stars angefangen, weil der Klub in meinem Quartier zu Hause war. Albisrieden liegt am Rand der Stadt. Weltabgeschieden, spießig, Mietskasernen, aber mit viel Grün drum herum. Da war die Endstation der Straßenbahn. Der FC Blue Stars war sehr bekannt für seine Jugendarbeit. Ich habe zuerst ja jahrelang für mich selbst Fußball gespielt. Ich bin in einem Wohnblock aufgewachsen und habe stundenlang mit einem Tennisball trainiert. Es gab hinter dem Haus so einen Fußweg, betoniert, und auf dem bin ich auf und ab gewetzt und habe die Wand als Anspielpartner benutzt. Immer hin und her. An beiden Enden gab es einen Maschendrahtzaun, das waren dann meine Tore. Ich habe die ganze Länge des Hauses mit Pässen bespielt, die Wand hat zurückgespielt, und am Ende des Hauses habe ich dann volles Rohr auf den Maschendrahtzaun geschossen. Ich wurde so ein ganz guter Techniker, weil ich ausschließlich mit einem Tennisball spielte. Nicht, weil ich keinen Fußball gehabt hätte, aber ich wollte an meiner Technik arbeiten. Die Wand war mein idealer Mitspieler, ehe ich dann meinen besten Freund gefunden habe. Ich war seine Wand, und er war meine Wand. Dann bin ich aus eigener Initiative in den Verein gegangen. Die Wahl fiel auf den FC Blue Stars, weil es bei der Herkunft meines Vaters ein Arbeiterverein sein mußte. Mein Vater hat als Vertreter gearbeitet, mal als Portier oder Eierchauffeur, er hat Bäckereien und Restaurants mit Eiern beliefert. Er selbst hat nicht Fußball gespielt. Er sah mich eigentlich als Radrennfahrer, denn das war sein eigener Traum als Junge. Ich habe damit auch angefangen und bin einige Radrennen gefahren, aber Fußball hat mich einfach sehr viel mehr interessiert.

Meine Helden fand ich erst, als ich anfing, ins Stadion zu gehen. Unser Training fand auf dem Letzigrund statt, unsere Heimspiele auf einem Nebenplatz. Wir haben oft die Heimspiele des FC Zürich besucht, und da gab es die ersten wirklichen Helden für mich. Mein erster großer Held war Köbi Kuhn, der ja heute auch Schweizer Nationaltrainer ist. Jakob Kuhn war die Schweizer Mittelfeldsensation in den 60er und 70er Jahren. Er trug die Nummer zehn, und er war eine wirkliche Nummer zehn. Und das Schöne war, daß er nie den Verein gewechselt hat und immer beim FC Zürich geblieben ist. Der war Kapitän im Verein, Kapitän der Schweizer Nationalelf, und natürlich hatte der wahnsinnig viele Angebote. Das war mein Held. Das Allerschlimmste, was ich in Sachen Fußball erlebt habe, war, als es eines Tages bei uns zu Hause an der Tür klingelte, und plötzlich stand dieser Köbi Kuhn vor der Tür und wollte meinem Vater eine Versicherung andrehen. Das war die Zeit, nachdem er aus Altersgründen zurückgetreten war. Er hat dann, wie viele Fußballer dieser Generation, die nicht so viel verdient hatten, um sich das Leben zu sichern, so einen lausigen Job gemacht. Und so war er dann eine Weile Versicherungsvertreter. Für mich brach in diesem Moment eine Welt zusammen. Ich bin vor Schreck fast in Ohnmacht gefallen und weggelaufen, weil es so ein Schock war, diesen Star so zu sehen. Mein Idol steht in einem schlecht sitzenden Anzug vor der Tür und will meinem Vater so eine Scheißversicherung andrehen. Deshalb war ich überglücklich, als er einige Jahre später die U-21 übernahm und dann die Nationalelf.

Ich habe später eine Weile bei Grasshoppers Zürich gespielt, und das war natürlich ein anderes Milieu als beim FC Blue Stars. Das Umfeld war anders, die Mitgliederbeiträge waren höher, die Vereinsmitglieder waren sehr viel bürgerlicher. Nicht jeder konnte es sich leisten, seinen Sohn zu den Grasshoppers zu schicken. Ich war lang und schlaksig als Junge. Ich war immer eher filigran, ich war nie ein Bolzer und Knochenbrecher. Meine Schultern waren schmal, ich war lang und wußte den Angriffen aus dem Weg zu gehen. Meine Position war im Mittelfeld. Ich spielte mit der Nummer acht, und mein bester Freund spielte mit der zehn, wobei wir eigentlich gar keine Rückennummern hatten, aber wir gaben sie uns eben selbst. Wir wußten ganz genau, welche Rückennummer wir getragen hätten, wenn wir denn welche gehabt hätten. Das war eben auch der Arbeiterverein. Wir mußten die Stulpen, die Hosen und die Trikots selber kaufen, die Schuhe sowieso, deshalb gab es da weder Namen noch Nummern auf den Trikots. Die Trikots waren weiß, mit einem blauen Kragen und einem blauen Stern auf der Brust. Die Hose blau, die Stulpen blau-weiß. Meine ersten Fußballschuhe waren von Puma, und ich habe auch nie etwas anderes getragen. Man müßte mich schon schlagen und foltern, damit ich Adidas trage. Die ersten Schuhe habe ich mir selbst gekauft, und das Geld dafür habe ich mit Papiersammeln verdient. Die Schuhe kosteten damals siebzig Schweizer Franken, das weiß ich noch ganz genau. Das Wahnsinnige war, es gab immer solche Weihnachtstreffen vom Verein für die Junioren, und dann fand immer ein Quiz mit Fußballfragen statt. Bei diesem Quiz habe ich mal den dritten Preis gewonnen, und als dritten Preis gab es ausgerechnet ein Paar Adidas-Trainingsschuhe. Die habe ich noch am selben Abend weiterverschenkt. Ich weiß bis heute nicht, woher meine Aversion gegen Adidas kommt.

Ich habe mich in der Mannschaft damals nur als Spieler etabliert, wohl gefühlt habe ich mich nicht, ich bin kein Gruppenmensch. Ich verstand mich nur auf dem Platz gut mit den anderen, in der Garderobe, im Bus und im Zug fand ich es immer scheiße, mit Ausnahme natürlich meines besten Freundes, der auch so wie ich tickte. Der war noch dünner und noch länger, aber wir konnten beide tagelang laufen, wir waren die Lungen des Vereins. Wir holten die Bälle und schleppten sie nach vorne. Weil ich mich nicht wohl fühlte, habe ich dann auch irgendwann aufgehört mit Fußball. Ich hab' mich damals viel mit Rockmusik beschäftigt, überhaupt noch nicht mit Literatur und war schon damals grüblerisch veranlagt. Und das war mein bester Freund auch. Wir fuhren beide Motorräder, die waren selbstverständlich frisiert und verchromt, wie in Easy Rider. Wir beide galten als Exoten und trugen schulterlange Haare. Wir waren die Außenseiter, aber wir waren gut.

In der A-Jugend habe ich aufgehört. Wir sind beide zu den Grasshoppers gewechselt, weil man uns ein Angebot gemacht hatte. Ich habe auch mal in der Kantonalauswahl gespielt, in der U-16 vom Kanton Zürich. Ich war technisch stark, dachte voraus, ein Spiel zu lesen, das hat mich interessiert. Manchmal reichte ein toller Spielzug über fünf oder sechs Stationen, der mußte noch gar nicht einmal mit einem Tor gekrönt werden, um sehr, sehr starke Glücksmomente zu erleben. Heute bin ich läuferisch eine Flasche, ich spiele auch nur noch eine Halbzeit, weil ich beide Hälften nicht mehr schaffe. Heute bekomme ich oft eins auf die Mütze, weil ich nicht mehr so schnell ausweichen kann. Damals war ich schnell und wendig, das ist vorbei. Manchmal träume ich auch heute noch vom Fußball, ja, er ist sehr wichtig für mich. Morgen ist zum Beispiel ein wichtiges Spiel, und ich habe eine Lesung. Das stinkt mir gewaltig. Mir geht es oft durch den Kopf, daß ich mit 16 aufgehört habe, denn einige Spieler, gegen die ich damals spielte, haben es geschafft. Heinz Herrmann ist so einer. Er hat es geschafft, und gegen den hab' ich damals bestimmt 15mal gespielt. Herrmann ist Schweizer Rekordnationalspieler geworden.

Mit Fußball war dann erst einmal Funkstille, ich fing an zu schreiben. Erst als ich anfing, Sport-Kolumnen für den *Tagesanzeiger* zu schreiben, fing es wieder richtig an. Dann habe ich sehr viel in Freizeitmannschaften gespielt. Das ist ziemlich rustikal, weil ziemlich viele wie blöd saufen, nicht fit sind, dann aber brachial zur Sache gehen. Als ich 1996 nach Irland ausgewandert bin, ging ich in die Seniorenmannschaft eines Dorfvereins, zu den Copany Rovers. Heute spiele ich nur noch selten. Und ich trage die Nummer 18. Weil Klinsi die 18 trug und ich ihn immer sehr mochte. Solange die Puste reicht, spiele ich weiter. In Irland geht es richtig zur Sache, sehr körperbetont, brutal fast. Nein, die Iren sind nicht unbedingt enthusiastischer als die Schweizer. Die Schweizer sind mittlerweile ganz schön enthusiastisch, das hat auch mit den Wurzeln zu tun. Wenn sie sich die Namen der Nationalelf anschauen, sind die meisten spanisch-, türkisch- oder italienischstämmig, die Begeisterung ist also längst südländisch.

Ich habe den irischen Paß und den Schweizer Paß. Und die Schweizer sind jetzt schon wieder in der Ausscheidungsgruppe mit den Iren, waren es aber auch für die Europameisterschaft, und ich war damals als writer in residence in Oxford und wollte mir unbedingt das Spiel, das in Dublin stattfand, ansehen. Aber alle Kneipen in Oxford haben England gegen Moldawien gezeigt, und ich mußte lange suchen, ehe ich einen Irish Pub fand. Ich war mir bombensicher, daß ich den Iren helfe. Ich war der einzige Schweizer im Pub, und dann fällt das 1:0 für die Schweizer. Wie von der Tarantel gestochen sprang ich vom Stuhl und stieß den lautesten Schrei meines Lebens aus. Ich habe sogar noch die Faust in die Höhe gereckt. Um mich herum war es plötzlich totenstill. Und da hab' ich begriffen, daß ich immer noch Schweizer bin, irischer Paß hin und her. Dann fiel das 1:1, schließlich aber doch auch noch das 2:1 für die Schweiz, das habe ich dann allerdings dezenter gefeiert, aber mit viel Herzblut.

Als René Botteron das erste Mal beim FC Zürich gespielt hat, war er ungefähr achtzehn. Er hatte schulterlange Haare, der Letzigrund war voll. Ich stand in einer Gruppe von Rentnern, und als er auf den Platz kam, ich glaube, er wurde eingewechselt, da haben sie ihn übel als »schwule langhaarige Sau« beschimpft. Aber Botteron hat göttlich gespielt. An den Streit, den ich dann mit diesen alten Männern vom Zaun brach, erinnere ich mich sehr gut. Das war schlimm. Ich erinnere mich auch wirklich sehr genau an das 4:1, das Alain Sutter 1994 bei der WM gegen Rumänien geschossen hat. Da hat er, obwohl er einen gebrochenen Zeh hatte, mitgespielt und ein unglaublich schönes Tor geschossen. Ich schätze mal, er hat aus etwa 19 Metern abgezogen, so einen harten scharfen Schuß. »Wosch!« machte das. »Wosch!« Bei diesem Tor habe ich geheult vor Freude. Wirklich geheult.

(Aufgezeichnet von Torsten Körner)

Bernd Schiphorst, Medienmanager

Bernd Schiphorst, geb. 1943 in Oldenburg, volontierte bei der *Nordwest-Zeitung* und studierte an der FU Berlin Volkswirtschaftslehre, Publizistik und Politologie. Er begann seine Laufbahn in der Geschäftsleitung des Hamburger Verlags *märkte und medien* und arbeitete als Chefredakteur des hauseigenen *Der Kontakter*. 1979 wechselte er zu *Gruner + Jahr*, wo er sich um den Bereich »Neue Medien« kümmerte. Von 1984 bis 1995 war er Gründer und Vorsitzender der Geschäftsführung der *Ufa Film- und Fernseh-GmbH*. Ab Juli 1996 fungierte er als President und Chief Executive Officer der *Bertelsmann New Media*. Die Aufgabe des Medienbeauftragten der Länder Berlin und Brandenburg übernahm er von 2000 bis 2003. Im September 2000 wurde er zum Vereinspräsidenten von Hertha BSC Berlin gewählt. Seit 2003 gehört der Manager zum Vorstand der *WMP EuroCom AG*, einer Kommunikationsberatungsgesellschaft.

Journalisten aufgepaßt! Bernd Schiphorst trifft man am besten im Aigner am Gendarmenmarkt. Da ißt er gerne und gut, und großzügig lädt er den Interviewer zum Essen ein. Schiphorst ist Hertha-Präsident, aber nur der VfB Oldenburg hat es geschafft, sein Herz in lebenslange Gefangenschaft zu nehmen. Wie alle Oldenburger ist er durch nichts aus der Ruhe zu bringen. Erst mal eine Tasse Tee!

Die Hölle des Nordens

Ich bin in Oldenburg aufgewachsen, ehemals Residenz eines veritablen Großherzogs, hatte eine sehr behütete Jugend. Erst später weiß man zu schätzen, wie schön diese Zeit war. Fußball-verrückt war ich von Kindesbeinen an.

Aber genauso fasziniert hat mich von Anfang an das Medienspektakel Fußball. Von diesen Parallelwelten ist zu erzählen.

Die Welt der 50er Jahre. Die Straßen in unserem Stadtteil hatten Kopfsteinpflaster und einen Klinkerstreifen in der Mitte für die Radfahrer. Unser Spielplatz war eine kleine Nebenstraße mit dem treffenden Namen »Kurze Straße«. So heißt sie übrigens heute noch. Technik, Ballführung bei diesem Pflaster – das ging gar nicht, nur auf dem Mittelstreifen und den angrenzenden Trottoirs. Die Kurze Straße lag unmittelbar an der Mauer des Hofes unserer Grundschule, Volksschule hieß das damals. Aber den Schulhof, einen Schlackeplatz, durften wir nach der Schule nicht betreten, unfaßbar, der stand den ganzen Nachmittag und in den Ferien leer. Stiegen wir verbotenerweise über die Mauer, kam sofort der Hausmeister und veranstaltete ein Riesentheater.

Autos fuhren kaum. Wir nahmen Kleidungsstücke als Pfosten, Ball her, und dann ging's los. Das Basiserlebnis Straßenfußball, ursprünglicher ging es nicht – auch im übertragenen Sinn, denn wir spielten Straße gegen Straße. Ich wohnte in der Gertrudenstraße, die nächste hieß Weskampstraße, das waren schon mal zwei Mannschaften.

Irgendwann ging meine Phantasie mit mir durch, und ich machte aus unserem Kopfstein-Kick eine Art Straßenliga. Wenn ich gegen Abend nach Hause kam, abgekämpft, aber selig, nahm ich ein altes Schulheft und schrieb richtige Spielberichte, wie ich sie montags mit heißem Herzen in der Lokalzeitung gelesen hatte. Ich führte eine Tabelle, eine Torjägerliste – nur mit der Realität hatte das nichts mehr zu tun. Die war leider viel zu banal. Niemand außer mir wußte von der Liga, und so war an einen Spielbetrieb jeder gegen jeden auch gar nicht zu denken. Ich dichtete mir meinen Teil dazu. Für mich ein zweifaches Vergnügen. Nachmittags auf Kopfsteinpflaster, am Abendbrottisch die mediale Umsetzung oder – sagen wir besser – Überhöhung.

Meine Fußballeidenschaft war entbrannt, ich spielte in der Klassen- und Schulmannschaft, erst auf der Grundschule und dann auf dem Alten Gymnasium. Ich war rechter Verteidiger, die Posipal-Position, und mein langjähriger Banknachbar in der Schule stand im Tor. Zusammen waren wir ein eingespieltes gutes Duo. Meine ersten Jahre mit dem Fußball.

Die WM 1954 hat die Begeisterung weiter geschürt. Ich habe das Turnier ausschließlich am Radio erlebt. Es gab zwar in der Oldenburger Innenstadt ein Fachgeschäft, das einen Fernsehapparat im Schaufenster ausstellte. Aber da hingen Menschentrauben, und ich hätte keine Chance gehabt. Ich hörte also zu Hause Herbert Zimmermann und seine Kollegen, Halbfinale gegen Österreich, da habe ich vor Begeisterung eine Glasschale unseres Leuchters im Wohnzimmer zerdeppert. Ich hatte ein Kissen in die Luft geschleudert. Mein Vater war stinksauer, der Kronleuchter war schon Vorkriegsware, die Glasschalen gab es nicht mehr. Meiner glühenden Begeisterung tat das keinen Abbruch. Und dann Zimmermanns berühmtes »Tor – Tor – Tor!« vom Finale in Bern. Von nun an fand ich den Beruf des Radioreporters unglaublich attraktiv. So wie andere in meinem Alter Lokomotivführer werden wollten, so bewunderte ich jetzt den großen Herbert Zimmermann.

Wir wohnten in einem Mehrparteienhaus, die Toiletten befanden sich auf halber Treppe. Wenn ich dort saß, war das nicht zu überhören: Ich sprach und schrie Radioreportagen zum Amüsement der Hausgemeinschaft. Ob ich das gerade im Radio Gehörte nachempfand, ob es erfundene Spiele waren – hier übte der vermeintliche künftige Sportreporter Bernd Schiphorst. Es blieb mein Berufsziel bis zum Abitur. In der zwölften Klasse habe ich Fritz Wirth, den Sportchef der *Welt* angeschrieben, ich fand damals toll, was der über Fußball schrieb. Er antwortete auf Büttenpapier der Zeitung, ich war stolz. Ich hatte Kontakt mit dem Sportreporter Dr. Paul Laven, der für einen Vortrag nach Oldenburg gekommen war. Von dem hatte ich nur Sagenumwobenes gehört, eine Legende der Sportreportage, er hatte in den 20ern die erste Direktübertragung im Rundfunk gesprochen. Er gab mir seine Visitenkarte, wir haben ein bißchen korrespondiert, er gab mir Tips für den Weg in den Journalismus. Gleich nach dem Abitur bin ich als Volontär bei der örtlichen Tageszeitung angenommen worden. Heute undenkbar, da geht nichts ohne abgeschlossenes Studium. Ich lernte Journalismus von der Pike auf, ich berichtete Sonntag für Sonntag von den Sportplätzen meiner Heimatstadt, aber dennoch war es Anfang und Ende meines Jugendtraums vom Sportreporter. Politik, Wirtschaft, Kultur, Lokales, ich arbeitete in allen Ressorts und beschloß, Volkswirtschaft in Berlin zu studieren.

Die Berliner Jahre haben dann später meine Leidenschaft für Hertha BSC geweckt. Meine erste Liebe im Fußball aber gehörte dem VfB Oldenburg, einem Traditionsverein von 1897, blaue Hosen und weiße Hemden, nach dem Krieg Gründungsmitglied der Oberliga Nord. Mein VfB hatte große Jahre, etwa als Fiffi Gerritzen auf Rechtsaußen spielte, bis ihn Preußen Münster bei Nacht und Nebel abwarb und er dort Nationalspieler wurde. Der VfB stieg ab, stieg auf, die Aufstiegsrunden wurden zu Dramen, da ging es gegen so »renommierte« Vereine wie Heider SV oder SV Blumenthal – mein Gott, Vereine, die heute fast in der Versenkung verschwunden sind, aber für mich immer noch einen guten Klang haben. Wenn etwa Altona 93 in den berühmten Regenbogentrikots und mit Heinz Spundflasche als Spielmacher nach Oldenburg kam, war Ausnahmezustand, mehr noch natürlich beim Besuch des HSV, der mit Uwe Seeler, Charly Dörfel und Klaus Stürmer antrat. Der VfB spielte im Ortsteil Donnerschwee. Dieser Platz war in der gesamten Oberliga Nord als die »Hölle des Nordens« gefürchtet, weil die Fans praktisch auf der Torlatte saßen. Es war so eng, daß die Zuschauer dich packen konnten, wenn du einen Einwurf machtest. Wenn es voll war, paßten etwas über 10000 Zuschauer in das Stadion. Der Platz lag in einem Wohngebiet, war tiefer gelegt, auf den Balkons ringsherum saßen die Menschen. Ich hatte damals einen Verwandten, der wiederum einen Freund hatte, dessen Haus und Garten direkt an den Platz des VfB grenzten. Der stellte uns eine Trittleiter in den Garten, und von der obersten Stufe konnte ich über alle Zuschauer hinweg auf den Platz am Donnerschwee blicken. Eintritt frei.

Was für eine Genugtuung war es dann, daß ich mit 19 Jahren als Volontär und angehender Reporter der *Nordwest-Zeitung* auf der kleinen überdachten Tribüne des VfB in Donnerschwee saß und nun in der Halbzeitpause und nach dem Spiel Interviews machte. Es war in der Saison 1963/64, Oldenburg war eine kleine Fußballhochburg geworden. Nicht nur der VfB, sondern auch der Lokalrivale VfL Oldenburg spielten in der Oberliga Nord, ein Jahr vor Einführung der Bundesliga. Zwei Oldenburger Mannschaften in der höchsten Spielklasse. Ich wurde von der Redaktion abkommandiert, jeden Sonntag ein kleines Feature zu schreiben, einmal vom VfB, einmal vom VfL. Lustiges, Trauriges, Ehrengäste, Aufgeschnapptes. Ein großes Jahr für den heimischen Fußball und für mich.

Es klingt wie Ironie, daß 40 Jahre später in der Saison 2005/06 VfB und VfL erstmals wieder in einer Liga spielen – jetzt leider fünftklassig.

(Aufgezeichnet von Torsten Körner)

Frank Schöbel, Musiker

FRANK SCHÖBEL, geb. 1942 in Leipzig, ist Sänger, Komponist, Texter, Produzent und Schauspieler. Sein Weg als Sänger begann schon als Siebenjähriger im Vorbereitungslehrgang zum Thomanerchor. Nach langjähriger Gitarren-, Klavier- und Gesangsausbildung produzierte er 1964 seine erste Single, er wurde schnell erfolgreich und startete in der DDR seine Karriere als Musiker, trat aber auch als Moderator und Entertainer in Fernsehshows auf und wirkte in verschiedenen Defa-Filmen mit. Bis heute komponierte er über 250 Lieder, sang mehr als 550 Titel ein. Schöbel trat bei der Eröffnungsfeier der WM 1974 in der Bundesrepublik als Repräsentant der DDR im Frankfurter Waldstadion auf.

Schöbel, das kann man gar nicht anders sagen, ist ein netter Typ. Bei klirrendem Frost holt er mich mit seinem Wagen am S-Bahnhof Köpenick ab und fährt zu seinem Haus, wo wir sprechen. Er hat gerade eine Blinddarm-OP hinter sich und freut sich auf das nächste Training. Man sieht, dem jucken wirklich die Beine.

Der mit der Pieke schießt

Ich habe einen kleinen Ball in der Hand und sehe aus wie ein zu kurz geratener Kugelstoßer. Nicht wie ein Fußballer. Das ist eine Foto, keine lebendige Erinnerung. Es war kurz nach dem Krieg, da gab es kaum richtige Fußbälle, jeder noch so winzige Ball und jede Büchse, die getreten werden konnten, wurden auch getreten. Ich war zwei Jahre alt, als mein Vater in Kriegsgefangenschaft geriet und nie zurückkehrte. Meine Mutter war Konzertsängerin und saß den ganzen Tag am Flügel, und mein

Bruder war und ist sechseinhalb Jahre älter als ich. Deshalb hatte ich eigentlich niemanden in der Familie, der mit mir Sport getrieben oder Fußball gespielt hätte, und so war ich auf meine Klassenkameraden angewiesen. Es gab in Leipzig, wo ich aufgewachsen bin, in der Nähe des Zoos eine große Auenlandschaft, das Rosenthal, und dort traf man sich zum Spielen und Kicken. Zwei große Bäume standen so günstig, daß sie ein tolles Tor abgaben, und das andere Tor wurde aus Jacken und Taschen gemacht. Es ging dann hin und her, ohne jedes System, wie die Bienen immer dem Ball hinterher, stundenlang.

In diesen Jahren war ich kein großer Fußballer, dafür war ich an vielen anderen Sportarten interessiert. In Leipzig gab es die deutsche Hochschule für Körperkultur und Sport DHFK, und in der sechsten und siebten Klasse kamen Studenten in unseren Unterricht und führten verschiedene Leistungstests durch. Ich kann mich nicht erinnern, daß ich dabei herausragende Leistungen gezeigt hätte. Ich war einfach nicht gut im Sport und hatte im Fach Körpererziehung eine Drei. Mein kleines Bäuchlein stand mir im Weg, das wollte ich ändern. Gustav Adolf Schur, der Radrennfahrer, den alle nur Täve nannten, wurde mein großes Vorbild. Für mich war er einfach der Friedens-Gustav. Wenn ich mit dem Rad in der Stadt unterwegs war und ihn sah – er fuhr so ganz locker –, hängte ich mich an sein Hinterrad und fuhr so weit mit, wie es eben ging und ich mithalten konnte. In dieser Zeit wollte ich Radrennfahrer werden. Ich bekam ein kleines Diamant-Rennrad und fuhr auch einige Amateurrennen mit, von denen ich sogar eins gewann. Ich versuchte viele Sportarten: Ich schwamm, hatte aber Angst vor dem Startsprung, ich machte Zehnkampf, hatte aber Angst vor dem Stabhochsprung, ich spielte Hockey und wurde von dem Ball an einer äußerst empfindlichen Stelle getroffen. Ich fuhr aber auch Ski und machte Geräteturnen. Sehr kühn träumte ich davon, in irgendeiner Sportart DDR-Meister zu werden. Von Musik träumte ich noch nicht.

Fußball war kein so großes Thema, es lief eigentlich immer so nebenbei, und ich spielte es nicht sehr gerne, weil ich fand, daß die anderen immer besser waren. Zwischen uns Jugendlichen wurde immer wieder von Walter Rose gesprochen, der damals bei Lok Leipzig spielte. Gesehen hab' ich den nie, aber man erzählte sich, daß der die Elfmeter immer mit der Pike verwandelte und diese halbhohen Bälle seien richtig gemeingefährlich für den Torwart, weil sie so hart und flatterig kämen. Der Pikeschuß ist ja verpönt, aber ich habe das Pikeschießen in der U-60 mittlerweile ziemlich kultiviert. Auf einem Kleinfeld kann man mit der Pike unglaublich schnell und überraschend zuschlagen, da hab' ich manchen Ball ins Tor versenkt. So richtig fand ich erst zum Fußball, als ich 26 Jahre alt war und in den Verein Dynamo Friedrichshain eintrat. Mir gegenüber wohnte damals ein Sheriff, ein Volkspolizist, und der fragte mich, ob ich nicht mal mitkommen wolle. In dieser Mannschaft spielten nur Polizisten. Wenn es meine Tourneen zuließen, spielte ich bei denen mit. Meistens stand ich vorne, wo ich wenig störte. Wir spielten in der letzten Kreisklasse, und ich sagte immer: »Ich spiele gerne, aber nicht gut.« Ich war schnell, das war wohl meine Stärke, und ab und zu sägte ich auch einen Ball ins Tor. Es war damals kein großes Thema in der Öffentlichkeit, daß ich bei Dynamo mitspielte, diese Dödelzeitschriften, die das Privatleben ausschlachten, gab es nicht, und Autogramme mußte ich für meine Gegenspieler auch nicht schreiben.

Ich durfte 1974 die DDR bei der Weltmeisterschaft vertreten, obwohl die Politideologen des ZK kurz zuvor noch entschieden hatten, daß ich nicht in der ZDF-Hitparade auftreten durfte. Die Eröffnungsveranstaltung fand nachmittags in Frankfurt statt. Die sechzehn Länder, die sich für die WM qualifiziert hatten, sollten sich jeweils durch einen fünfminütigen Folklore-Beitrag vorstellen. Nun herrschte aber bei den Kulturgenossen die Auffassung, die DDR als junger, moderner Staat habe keine Folklore, und so verfiel man auf mich. Zusammen mit Gerhard Siebholz hatte ich extra ein Fußballied geschrieben, das hieß *Ja, der Fußball ist rund wie die Welt,* und in der DDR ist das ein richtiger Hit geworden. Der Refrain geht so: »Ja, der Fußball ist rund wie die Welt, überall rollt der Ball, und wenn einer zum anderen hält, trifft der Ball, klarer Fall.« Aber das gefiel dem ZK offenbar nicht, und deshalb mußte ich die B-Seite dieser Single dort singen. Das Stück hieß *Freunde gibt es überall* und ging so: »Freunde gibt es überall auf der Welt, Menschen, die sich gut verstehn und mit dir Tag für Tag eine Straße gehn.« Ich hab' mich nicht wohl gefühlt mit dem Stück, das war hart an der Grenze, und die Straße sollte wohl eine sozialistische sein. Auf jeden Fall hockten wir da im Waldstadion in diesen Halbbällen, die dann aufklappten und eine große Blume ergaben. Es war eisig kalt, es regnete, und wir mußten lange ausharren, ehe wir an die Reihe kamen. Um 15 Uhr ging die Feier los, und um 16.30 Uhr präsentierten Uwe Seeler und Pelé die WM-Pokale. Ich sah Pelé nur aus der Ferne. Ich konnte es gar nicht fassen, daß ich bei dieser WM dabei war. Es war die größte Fernsehsendung, die ich je in meinem Leben mitgemacht habe. Man sprach von 600 Millionen Zuschauern in aller Welt. Das Eröffnungsspiel, das folgte, war trostlos. Brasilien und Jugoslawien trennten sich torlos. Und wir fuhren noch am selben Tag zurück.

Eines meiner Lieder ist mittlerweile ein richtiges Fußballied geworden, obwohl es für einen ganz anderen Anlaß geschrieben wurde. Zu meinem 25jährigen Bühnenjubiläum hat Jochen Petersdorf den Text »Die Fans sind eine Macht« geschrieben. »Die Fans sind eine Macht, wer keine hat, gut' Nacht, und sind es auch nur sieben oder acht, es sind Fans, und Fans sind eine Macht.« Das habe ich in

Leipzig vor über 8000 Fans gesungen, die mit mir mein Bühnenjubiläum gefeiert haben. Jetzt läuft das in vielen Fußballstadien, und kaum jemand weiß, daß ich das komponiert habe.

Bei der WM 1974 in der Bundesrepublik bin ich den Spielern unserer Mannschaft nicht begegnet, aber die meisten kannte ich schon. Man traf sich bei Sportlerbällen oder in Fernsehsendungen, und manch einer von ihnen kam, wenn ich irgendwo auftrat. Sehr gut bekannt war ich mit Bernd Bransch, der für den Halleschen FC spielte. Als ich einmal für drei Wochen in Halle gastierte, fragte ich ihn, ob ich denn mittrainieren könnte. Ich durfte – natürlich nicht in der ersten Mannschaft, aber in der zweiten, und das war wichtig für mich. Bei einigen Mannschaften wie Energie Cottbus oder 1. FC Union Berlin, für den ich auch die Vereinshymne komponiert habe, fühlte ich mich dann regelrecht zu Hause.

Mit Bernd Bransch verbindet mich eine lustige Geschichte, die gar nicht lustig war, als sie passierte. Hans Georg Ponesky war in der DDR ein kleiner Thomas Gottschalk, oder besser, ein Wim Thoelke. Er hatte eine tolle Sendung, die hieß *Mit dem Herzen dabei*, und das war ein richtiger Straßenfeger, das haben fast alle gesehen. Die überraschten mit ihrem Team immer ganz einfache Leute und arrangierten ganz witzige und ungewöhnliche Ideen. Bei einem Oberliga-Spiel des Halleschen FC gegen den BSG Sachsenring Zwickau sollte es nach dem Spiel ein Elfmeterschießen zwischen Bransch und mir geben, das fürs Fernsehen aufgezeichnet werden sollte. Ponesky ließ in der Halbzeitpause verlauten: »Meine Damen und Herren, bleiben Sie bitte anschließend noch da. Sie sehen ein großes Elfmeterschießen …« Er verriet aber noch keine Namen. Weil mein Wartburg kaputt war, mußte ich mit Opis Trabi nach Halle fahren. Ich hatte auf der Autobahn gerade die Elbe in Richtung Halle überquert, als plötzlich die rote Lampe blinkte. Als ich die Haube öffnete, sah ich, daß der Keilriemen gerissen war. Einen Damenstrumpf – ich weiß, wie Trabi-Fahrer so was machten – hatte ich nicht mit. Leute hielten an, doch keiner konnte mir helfen, und die Zeit verrann. Mit dem Handy wäre das heute kein Problem mehr, aber so blieb Halle ohne Nachricht von mir. Als ich endlich um 21 Uhr dort ankam, lief ich gerade noch den letzten drei Leuten in die Arme, die das Stadion abschlossen. »Herr Schöbel, hier war vielleicht was los!« – »Was denn?« – »Ach, hör'n se uff.« Die haben bestimmt gedacht, ich habe verpennt oder es nicht ernst genommen. Zum Glück hatte der HFC 2:0 gewonnen. Ponesky versuchte zu retten, was zu retten war, sagte nicht meinen Namen, und so glaubten die Leute, Bernd Bransch sollte gegen Zwickaus Tormann und Nationaltorhüter Jürgen Croy ein Elfmeterschießen machen und der Zwickauer Tormann drücke sich wegen der eben erlittenen Niederlage. An die 3000 Leute – so wurde mir gesagt – stürmten das Spielfeld. 150 Ordnungskräfte versuchten, die Sache einigermaßen ins Lot zu bringen.

Ich spielte in der DDR sehr häufig in Prominenten-Mannschaften, und es war zum Teil wirklich gruselig, wer da machte und wie die spielten. Die sahen ziemlich komisch aus, so richtige Anti-Fußballer, und eigentlich mußte man nur lachen, wenn man das sah. Einmal fand ein solches Spiel in Dessau statt, 5000 Zuschauer waren im Stadion. Es spielten Flaschen gegen Pfeifen. Ich lag auf der Erde und konnte mich vor Lachen kaum noch bewegen und hämmerte mit der Faust auf den Rasen. Auch der Schiedsrichter hatte resigniert. Da waren Herbert Köfer und Co. dabei, bekannte Radfahrer, Musiker, alle gestandene Katastrophenkicker. Die schlugen Luftlöcher oder unfreiwillig den Gegner, die hauten ins Gras oder stolperten über ihre eigenen Beine. Die Zuschauer haben sich gebogen, schade, daß man das nicht aufgezeichnet hat, das wäre beste Unterhaltung gewesen. Wir hatten manchmal fünf oder sechs Fußballspiele im Monat, da gab es Mannschaften von *Kessel Buntes* oder *Außenseiter, Spitzenreiter.* Das wildeste Fußballspiel erlebte ich mal in Bitterfeld, der Rasen war eigentlich schon dunkelbraun, weil alles voller Dreck war, und wenn du einen Flachschuß abgabst, zog hinter dem Ball eine richtige Dreckfahne hinterher, und wenn du ranntest, hast du Staubwolken aufgewirbelt.

Heute spiele ich beinahe mehr denn je, ohne Fußball geht es gar nicht. Ich brauche die Bewegung und auch die Geselligkeit. Wenn ich nicht spiele, bekomme ich einen Vogel, ehrlich. Früher dachte ich immer, die anderen sind viel besser, aber inzwischen habe ich auch ein bißchen was gelernt und fühle mich auf dem Platz wohl. Ich bin Mitglied in drei Vereinen. Am Dienstag spiele ich bei den Werner Brothers, die gehören zu Empor Köpenick, da läuft alles zwischen 20 und 60 Jahren in der Halle hin und her. Freitags kicke ich dann beim FC Union in der Turnhalle, wo sich die Trainer, Jugendtrainer und Union-Mitarbeiter ihren »Dienstfußball« absolvieren. Und natürlich spiele ich noch bei Eintracht Mahlsdorf in der U-60. Wir machen richtige Punktspiele und stehen zur Zeit wieder auf dem ersten Platz. Ich habe in meinem Leben Fußball gespielt, wo ich nur konnte. Trotzdem habe ich keine großen Fußballhelden gehabt. Für mich war immer das Spiel wichtig, das gemeinsame Spielerlebnis und die Freude mit den anderen. Außerdem waren mir stets die Vorbilder nahe, die ich auch greifen konnte. Idole – und mochten sie noch so populär sein –, die fern waren, sagen mir einfach nichts. Klar, Pelé ist ein großer Fußballer, aber mein Idol war er nie. Ich kenne mich ein bißchen mit dem Ruhm und der Verehrung aus, und mir war und ist das oft sehr suspekt. Deshalb sind mir die Dörner, Sammer, Kreische, Kirsten und Co. näher als Pelé.

(Aufgezeichnet von Torsten Körner)

Birgit Schönau, Journalistin

BIRGIT SCHÖNAU, geb. 1966 in Hamm/Westfalen, lebt nach ihrem Studium und der journalistischen Ausbildung im Ruhrgebiet seit 1992 in Rom. Sie ist Mitarbeiterin bei der italienischen Nachrichtenagentur *ANSA* und beim Staatsrundfunk *RAI* und arbeitet als Korrespondentin deutscher Tageszeitungen und Nachrichtenagenturen. Seit 1998 schreibt sie als Sportkorrespondentin für die *Süddeutsche Zeitung* hauptsächlich über Fußball. Ab 2006 ist sie Italien-Korrespondentin der *ZEIT*. Birgit Schönau hat mehrere Bücher über Italien veröffentlicht, zuletzt *Calcio – Die Italiener und ihr Fußball*. Sie ist mit einem Italiener verheiratet und hat zwei Kinder.

Wir führen unser Gespräch am Telefon. Birgit Schönau lacht gerne und erzählt gut. Sie hat sich in den Fußball verliebt, aber dabei nicht den Kopf verloren. Sie hält die Augen auf.

Emerson putzt Fische

Ich bin in einem kleinen Dorf in Westfalen aufgewachsen. Niederbauer, so hieß der Ort, besaß 400 Einwohner und eine Telefonzelle, von der nur nationale Ferngespräche geführt werden konnten. Zu meiner Kindheit auf dem Land gehörte der Fußball ganz selbstverständlich dazu, weil wir fast immer draußen spielten und Fußball eines der Spiele war, mit denen wir uns die Nachmittage vertrieben. Mit meinen beiden Brüdern und den übrigen Dorfkindern spielte ich auch andere Spiele wie Fangen und Völkerball, Fußball war eines unter vielen. Wir interessierten uns auch dafür, wie andere Fußball spielten, und sahen uns das in der *Sportschau* im Fernsehen an. Allerdings war uns

Daktari auf dem anderen Programm nicht selten lieber. Der Fußball im Fernsehen hatte nicht direkt mit unserem Spiel zu tun. Bei uns machte es zum Beispiel keinen Unterschied, ob man nun ein Junge war oder ein Mädchen. Wir spielten nicht im Verein, sondern trugen unsere Turniere unter uns aus. Manchmal Jungen gegen Mädchen, manchmal eine Straße gegen die andere, wobei wir da keine große Auswahl hatten, denn es gab gerade einmal vier Straßen im Dorf. Wir redeten nicht viel über Fußball, sondern wir praktizierten ihn. Über Fußball reden, das taten wohl eher die Städter. Der SV Beckum war der Fußballverein in unserer Umgebung, der es am weitesten gebracht hatte, in den fünfziger Jahren ist der SV Beckum immerhin Westfalenmeister der Amateure geworden. Das interessierte uns aber nicht, denn Beckum lag ca. 15 Kilometer jenseits des Flusses und gehörte damit zum Münsterland, was für uns gleichbedeutend mit Ausland war. Statt dessen erinnere ich mich noch gut daran, wie der damals siebzehnjährige Karl-Heinz Rummenigge aus Lippstadt, das nur wenige Kilometer von Niederbauer entfernt liegt, zu den Bayern nach München wechselte. Rummenigge wurde der Superstar unserer Gegend. Als der FC Bayern nach Lippstadt kam, um gegen Borussia Lippstadt zu spielen, brachte der Soester Anzeiger zwei Seiten.

Die Weltmeisterschaft 1974 ist das erste Fußballereignis, an das ich mich erinnern kann, weil es in unserer Familie ein großes Erlebnis war. Ich war acht Jahre alt. Ich glaube, wir sahen so ziemlich alle Spiele, die man sehen konnte, und immer wurde hitzig darüber diskutiert. Ich kann mich auch an Einzelheiten aus dem Endspiel gut erinnern. Als ich viele Jahre später nach Rom ging und dort meinen ersten italienischen Freund kennenlernte, hat er mich am zweiten Tag unserer Bekanntschaft nach der Formation von 1974 gefragt. Unser Fernseher war damals noch schwarzweiß und stand im Wohnzimmer. Meine

Eltern saßen in ihren Sesseln, und wir Kinder lagen auf dem Teppich zu ihren Füßen. Meine Eltern stritten sich vor dem Fernseher unentwegt, jedenfalls beim Fußball. Mein Vater verlangte nach religiöser Stille, meine Mutter wollte immer ihren Senf dazugeben und gab, das fand ich damals schon, gute Kommentare ab. Von meinem Vater wurde ihr aber jede Kompetenz abgesprochen: »Für Frauen ist das nichts!« Ich sehe noch, wie Franz Beckenbauer den Pokal hochhält. Wir jubelten auch, aber nicht sehr laut. Wir sprangen schon auf, wenn ein Tor fiel, aber »Deutschland, Deutschland« wäre mir nie über die Lippen gekommen. Als ich 1990 das Endspiel im Olympiastadion in Rom sah, blieb ich stumm wie ein Fisch, während neben mir ein Fanblock aus Dortmund »Sieg, Sieg!« grölte. Jede Form von Nationalismus war in unserer Familie tabu. Außerdem war ich beim WM-Finale 1974 sowieso für die Holländer, weil ich eindeutig in Johann Cruyff verknallt war. Er war für mich der Größte, er sah klasse aus, spielte klasse, er war einfach cool.

Mein Vater spielte in verschiedenen Werksmannschaften Fußball. Er war Libero und sah als junger Mann Beckenbauer sehr ähnlich, er hatte lockige Haare und lange Koteletten. Ihm haben wir schon manchmal bei Spielen zugeschaut, ansonsten gingen wir aber nicht zum Fußball. Später, als ich bereits in der Pubertät war, formierte sich im Ort ein Frauenfußballverein. Das muß etwa 1980 gewesen sein. Wir gründeten eine Frauenmannschaft und setzten durch, daß wir einen Sportplatz bekamen, der sehr idyllisch am Wald lag. Die Gemeinde richtete den Platz für uns her, und ich erinnere mich, daß bald darauf ein kleines Fußballturnier mit verschiedenen Frauenfußballmannschaften ausgetragen wurde. Es kam sogar zu einem legendären Auswärtsspiel im Nachbarort Wiltrop, dieses Spiel haben wir klar gewonnen. Unsere Mannschaft besaß keinen Namen, und die männlichen Zuschauer kamen natürlich nicht, um unsere Fußballkünste zu bewundern, das war uns aber ganz egal. Ich war übrigens immer schlecht im Sport und sehr schlecht im Fußball, weil ich Angst hatte, etwas abzukriegen und mir blaue Flecken zu holen. Mein Gymnasium war vorher eine reine Jungenschule gewesen. In meiner Klasse gab es 27 Jungen und neun Mädchen, und die Mädchen mußten beim Sport immer ganz hinten anstehen, wenn Mannschaften gebildet wurden. Also, ich war ganz eindeutig nicht Pelé. Von den Mädchen war ich immer die zweitletzte, die genommen wurde. Beim Frauenfußball gab es diese Probleme zum Glück nicht. Meine Mutter spielte linker Verteidiger, und ich agierte im Mittelfeld. Wir trugen sogar Trikots, weil wir einen Sponsor gefunden hatten, der sich opferte. Fußballschuhe hatten wir aber nicht, nur Turnschuhe. Das ganze Dorf hat bei diesem Spiel zugeschaut, sogar die Lokalpresse machte eine große Geschichte.

Während der Pubertät ging ich auf Distanz zum Fußball, denn in diesen Jahren, Anfang der achtziger Jahre, galt es als politisch nicht mehr so korrekt, sich ausgiebig mit Fußball zu beschäftigen. Ich betätigte mich politisch, ich wurde Schülersprecherin, es war die Zeit der Friedensbewegung und der Atomkraftgegner, da kümmerte man sich nicht um Fußball, denn Fußball war irgendwie rechts. Opium fürs Volk, die leicht fanatisierbaren Massen und so. Das hatte aber nichts mit meiner Sozialisation als Frau zu tun, sondern mit der Sozialisation unserer Generation, die sich mehr mit dem Nato-Doppelbeschluß und Wackersdorf beschäftigte als mit Fußball.

Mit Fußball ging es bei mir eigentlich erst weiter, als ich in Dortmund Journalistik studierte und anschließend ein Volontariat bei der *WAZ* absolvierte. Allerdings nicht beruflich, denn bei der *WAZ* machte ich um die Sportredaktion einen großen Bogen. Ich ging dafür häufig ins Westfalenstadion zu Borussia Dortmund. Damals trieb noch die rechtsradikale Borussen-Front ihr Unwesen in der Südkurve. Nach fast jedem Match zogen die in die Nordstadt und verhauten Türken. Ich machte bei der *WAZ* Gerichtsberichterstattung, und so begegnete ich am Montag im Gerichtssaal häufig den Jungs, die ich noch am Wochenende im Stadion gesehen hatte. Mit Anfang Zwanzig wurde ich Fan von Borussia. Mit meiner besten Freundin Irene zogen wir am Wochenende los. Nein, nein, wir gingen nicht der Männer wegen ins Stadion, sondern einfach, weil uns das Spaß machte. Es war auch nicht so ungewöhnlich, in dieser Zeit kamen auch sehr viele andere Frauen ins Westfalenstadion. Das hatte wohl etwas mit dem Milieu und der Herkunft der Leute im Ruhrgebiet zu tun, mit der – um ein vollkommen aus der Mode geratenes Wort zu gebrauchen – Klassenzugehörigkeit. Daß meine Mutter, jüngstes von elf Kindern eines Ziegelbrenners, aus einer Proletarierfamilie kommt, wurde bei uns immer sehr hochgehalten. Auch mein Vater stammt aus einfachen Verhältnissen. Ich glaube, daß es diese Herkunft ist, die mich, aber auch die anderen Frauen mit dem Fußball verband. Wir hatten vielleicht ein unverkrampfteres Verhältnis dazu als Mädchen aus bürgerlichen Familien, die schon in früher Kindheit gelernt hatten, ihre Gefühle zu kontrollieren und sich »wie Frauen« zu verhalten. Bei meiner beruflichen Beschäftigung mit dem Fußball habe ich festgestellt, daß vor allem Akademikerinnen sagen, daß sie in der Zeitung nichts über Fußball lesen und damit auch nicht behelligt werden möchten. Auch mit meinen italienischen Freundinnen spreche ich wenig über Fußball. Viele Frauen reagieren mit blanker Ablehnung, so als wenn man eine unsichtbare Grenze zur Männerwelt nicht überschreiten dürfte. Das war zwischen Irene und mir damals ganz anders. Ich wohnte eine Zeitlang fast unmittelbar neben dem Stadion, da hatte ich es nicht weit. Wir verabredeten uns, gingen zu Fuß über die Straße, stellten uns in die Schlange und kauften uns dann unsere Stehplatzkarte, ich glaube, für acht Mark. Als Fans ausstaffiert waren wir nie, Bier gab es keins, aber Bratwurst immer. Während des Spiels habe ich mich im Stadion ganz zu Hause gefühlt, das kann man schon so sagen. Um uns herum herrschte eine gute Atmosphäre, und wir waren wirklich an Fußball interessiert. Wir wollten ein gutes Spiel sehen. Mein Held war Manni Burgsmüller, obwohl er absolut nicht der Typ Mann war, auf den wir abfuhren, denn er war uns viel zu blond. Er war aber ein toller, raffinierter Fußballer und zumindest aus der Ferne sehr sympathisch.

Ich ging 1990 nach Rom, um dort mein Studium zu beenden. Mein damaliger Freund war ein sehr großer Roma-Fan, seine Leidenschaft war für mich ansteckend. Er war ein sehr guter Fußballer, der auch einmal bei der Roma vorgespielt hatte, allerdings nicht genommen worden war. Wir gingen häufig zum AS Rom. Ich erinnere mich an ein Match gegen Milan mit Ruud Gullit und Marco van Basten. Für die Roma spielte damals noch Rudi Völler.

Mein Freund wurde später sehr krank. Kurz vor seinem Tod haben wir einen Ausflug gemacht. Er wollte einmal zum Fußballplatz, nicht ins Stadion, sondern dahin, wo er als Junge gespielt hatte. Es war ein sonniger Wintertag, der Platz lag in der Nähe des Vatikans. Zwei Jugendmannschaften spielten dort. Die Szene werde ich nie vergessen. Er nahm vom Fußball, von seinem Leben Abschied.

Als ich mein Studium beendet hatte, ging ich noch mal nach Deutschland zurück, zu einem kurzen Zwischenspiel als Hörfunk-Redakteurin. Aber Rom hatte mich gepackt. Ich kam wieder und arbeitete als freie Journalistin für deutsche Tageszeitungen. Meine Themen waren Politik und der Vatikan. 1996 habe ich einen Italiener geheiratet. 1998, als gerade unser zweites Kind geboren war, suchte die *Süddeutsche Zeitung* einen Sportreporter in Italien, und das habe ich versucht. Es reizte mich, und zu diesem Zeitpunkt hatte ich schon verstanden, wie wichtig der Fußball für die Italiener ist. Bis heute betrachte ich meine Fußballberichte aus Rom wie eine Form der Auslandsberichterstattung, denn ich betreibe keine klassische Fußballreportage. Ich finde, es kann in der Zeitung nicht darum gehen, ein Spiel in seinen technischen und taktischen Einzelheiten noch einmal aufzubereiten, weil der passionierte Fußballfreund nicht selten mehr davon versteht als der Journalist. Es sollte jedoch immer darum gehen, die Dramaturgie des Spiels angemessen zu erfassen, und dazu gehört vor allem auch, die Atmosphäre im Stadion zu beschreiben, die Psychologie eines Spiels zu finden und die wirtschaftlichen Hintergründe einer Partie auszuleuchten. Dieser Aspekt ist vor allem in Italien ganz wichtig.

Früher bin ich in Rom wirklich oft in die Südkurve gegangen. Erst seitdem ich anfing, als Sportjournalistin zu arbeiten, sitze ich auf der Pressetribüne. Rom ist meine Stadt, die habe ich mir ausgesucht, um dort zu leben. Es ist diese Identifikation mit der Stadt, die sich dann auch in der Leidenschaft für den Fußballklub spiegelt. Früher trug ich einen Fanschal, und als Rom 2001 italienischer Meister wurde, habe ich mich sogar angemalt. Ich ging, das darf man eigentlich gar nicht erzählen, mit den Vereinsfarben Rot-Gelb im Gesicht auf die Pressetribüne. Ich denke, das ist verjährt. In diesem Jahr rivalisierten der AS Rom und Juventus Turin um die Meisterschaft, und mein Mann ist leider Fan von Juventus. Er ist ein richtiger, ein gelernter Tifoso. Wir stritten uns in dieser Zeit ständig über Fußball. An dem Tag, als der AS Rom Meister und Juventus nur Zweiter geworden war, bin ich aus dem Stadion nach Hause gefahren und habe die Kinder in den Wagen gepackt. Mein Mann hat nur gebrummt: »Ich bleibe zu Hause. Muß heute abend dringend meine Steuererklärung machen.« Mit Millionen anderen Menschen sind wir dann in unserem Panda zum Kolosseum gefahren. Mein jüngster Sohn war damals drei und durfte auf die Hupe drükken, während meine sechsjährige Tochter eine große Roma-Fahne aus dem Fenster schwenkte. Nach diesem Erlebnis waren die Kinder unwiderruflich für Juventus verloren, sie sind jetzt und für alle Zeiten Roma-Fans, da kann mein Mann nichts mehr ausrichten. Er war einmal mit mir im Stadion, als Rom gegen Juventus spielte, und ausgerechnet dieses Spiel haben wir mit 0:1 verloren. Seitdem habe ich ihn nie wieder mitgenommen. Wenn wir uns über Fußball streiten, machen wir das auf italienisch, ansonsten sprechen wir zu Hause beide Sprachen. Wir verbinden die wenigen Fehler des jeweils anderen mit seinem Lieblingsverein, und wenn wir über Fußball diskutieren, meinen wir natürlich auch uns selbst. Er als Juve-Fan ist um jeden Preis auf Sieg fixiert, finde ich. Ich als Roma-Fan bin furchtbar irrational, glaubt er. Der Fußball ist die Meta-Ebene, auf der wir unsere Beziehung diskutieren, die Kinder finden das meistens sehr lustig. Einen Lazio-Fan hätte ich übrigens nie geheiratet.

Es gibt in Italien wirklich wichtige Sportjournalistinnen, etwa bei der Tageszeitung *La Republica*, die in ihrer Sportberichterstattung mit der *Süddeutschen Zeitung* zu vergleichen ist. Auch beim italienischen Staatsfernsehen *RAI* wird eine wunderbare Dokumentationsreihe über Fußball von einer Frau verantwortet, die Reihe heißt »SFIDE«, zu deutsch die »Herausforderung«, die läuft einmal in der Woche im dritten Programm der *RAI*. Frauen sind auf den vorderen Plätzen des Sportjournalismus akzeptiert. Bei den Pressekonferenzen nach dem Spiel machen aber noch die Männer fast alles unter sich aus, was bestimmt auch daran liegt, daß diese Termine in Italien wahnsinnig akademisch verlaufen. Es geht immer nur um Detailfragen: Warum hast du Spieler X auf die Position Y geschoben? Warum hast du nicht 4:4:2 gespielt, sondern 4-3-2-1? Frauen stellen solche Fragen nicht. Es existiert leider noch ein dunkles Kapitel im italienischen Fernsehen. In allen Sportschauen tritt immer noch mindestens eine leichtbekleidete Frau auf, deren einzige Aufgabe darin besteht, die Tabelle zu verlesen. Das sind mehr oder weniger Pin-up-Girls. Dann gibt es noch die knallharten Fußballsendungen, da sitzen die Männer in verschiedenen Studios, werden einander zugeschaltet, nur um sich dann stundenlang anzubrüllen.

Im Moment bekomme ich ein maues Gefühl, wenn ich in Rom ins Stadion gehe, denn die zunehmende Gewaltbereitschaft und die extremistische Unterwanderung der Fankurven führen dazu, daß in Italien immer weniger Menschen das Stadion besuchen. Der AS Rom hat einen Dauerkarten-Rückgang um über 50 Prozent zu verzeichnen, verglichen mit dem Zustand von vor etwa drei Jahren. 2004 ist etwas ganz Schreckliches im Stadion passiert, das empfand ich als sehr furchtbar, und vielen Menschen erging es wie mir. Bei einem Derby zwischen dem AS Rom und Lazio Rom haben die Ultras beider Mannschaften den Abbruch des Spiels erzwungen. Sie trugen das Gerücht ins Stadion, die Polizei hätte draußen ein Kind überfahren. Das stimmte überhaupt nicht, aber die Ultras hatten sich vor dem Spiel abgesprochen, Panik zu machen. Sie wollten der Polizei- und der Vereinsführung einfach demonstrieren, wieviel Macht sie haben. Das Spiel mußte dann abgebrochen werden, weil einige Ultras aufs Spielfeld liefen und die Spieler bedrohten. Es würde etwas passieren, wenn sie weiterspielen. Bei der Straßenschlacht vor dem Stadion gab es 170 Verletzte, und wir sind gerannt, nur noch gerannt, ein schrecklicher Abend.

An ein kollektives Fußballerlebnis in unserer Familie kann ich mich noch gut erinnern. Es war anläßlich der WM in Frankreich 1998. Ich war zu diesem Zeitpunkt gerade mit meinem Mann und den beiden Kindern in Westfalen. Mein Sohn war erst wenige Monate alt, und da spielte Italien im

Viertelfinale gegen den Gastgeber Frankreich. Mein Vater hatte es nun organisiert, daß alle Männer in meiner Familie ein Italien-Trikot trugen, auch mein eher stiller Vater, der noch niemals in seinem Leben »Deutschland vor, noch ein Tor!« gerufen hatte, trug ein Trikot. Mein Mann war gerührt. Wir sind dann alle zusammen ins Eiscafé Venezia nach Soest gefahren und haben dort das Spiel gesehen.

Eine Geschichte kann ich noch erzählen. Ich habe mich einmal unheimlich aufgeregt, als die Roma Meister geworden war. Zwei Tage später ging ich auf den Fischmarkt. Und an dem Fischstand, wo ich immer einkaufte, stand ein Junge und putzte die Fische. Ich wußte, daß er Roma-Fan ist, denn in Rom wird immer über Fußball gesprochen, und man weiß, wer zu wem hält, ob es nun der Zeitungshändler ist, der Bäcker oder der Bürgermeister. Der stand also da und putzte Fische. Dabei trug er ein Emerson-Trikot. Stolz berichtete er mir: »Das ist nicht irgendein Trikot, das ist das echte Trikot von Emerson. Beim Spiel gegen Parma bin ich aufs Spielfeld gerannt und hab' es ihm ausgezogen.« Und da bin ich so wütend und sauer geworden, daß ich bei dem nie wieder auch nur einen Fisch gekauft habe. Man muß den Hintergrund kennen. Als die Romanisti in der letzten Viertelstunde auf das Spielfeld gelaufen sind, um die Roma-Spieler im Devotionalienrausch zu entkleiden und den Rasen stückweise auszugraben, wurde das Spiel unterbrochen. Die Leute wollten einfach nicht auf die Tribüne zurück. In diesem Moment riskierte der AS Rom einen Spielabbruch und den Verlust der Punkte am grünen Tisch, was uns die Meisterschaft gekostet hätte. Deshalb bekam ich am Fischstand einen wirklich phänomenalen Wutausbruch. Außerdem fand ich, daß es ein Sakrileg war, im Emerson-Trikot die Fische zu putzen.

Das muß man sich mal vorstellen.

(Aufgezeichnet von Torsten Körner)

Michael Steinbrecher, Fernsehjournalist

Michael Steinbrecher, geb. 1965 in Dortmund, studierte Journalistik in Dortmund und übernahm nach einem Volontariat beim ZDF als 21jähriger die Moderation der Talkshow *Doppelpunkt*, 1989 erhielt er für die Folge »Mein Sohn ist schwul« den Adolf-Grimme-Preis. Dieter Kuerten holte ihn 1992 zum *Aktuellen Sport-Studio*, das er seither moderiert. Parallel dazu drehte er u. a. für die ZDF-Redaktionen *Die Reportage* und *Frontal* teilweise preisgekrönte Dokumentationen. 1999 wurde er von Bundesliga-Spielern zum besten Fußballjournalisten gewählt. Er war Jugendspieler bei Borussia Dortmund und Borussia Mönchengladbach und nahm an Spielen der Westfalenauswahl gegen Irland und Bulgarien teil. Danach spielte er in der dritten Liga bei Westfalia Herne. 1994 trainierte er eine kurze Zeit mit der Bundesligamannschaft von Bayer Leverkusen.

Wir führen unser Gespräch im Künstlerheim Luise in Berlin-Mitte. Steinbrecher ist leger gekleidet, eine Sporthose, ein Sweatshirt, er sieht aus wie ein Fußballer zwischen zwei Trainingseinheiten. Er sprudelt und wird nicht müde, über Fußball zu sprechen Er kann die holländische Nationalmannschaft von 1974 auswendig hersagen. Während des Interviews trinkt er mehrere Liter Apfelschorle. Ein Fußballer durch und durch.

Ich geb' auf die Socken, ich krieg' auf die Socken

Wenn ich als kleines Kind Fußball spielen wollte, konnte ich das nur im Schlafzimmer meiner Eltern. Das war ein Durchgangszimmer, es gab dort zwei gegenüberliegende Türen, und jede Tür wurde zum Tor umfunktioniert.

Meine Eltern lebten in der Nähe von Dortmund, genauer gesagt, in einem Mehrfamilienhaus in Lünen-Brambauer. Wenn man im Hof Fußball spielen wollte, kam garantiert die Hausmeisterin herausgeschossen und rief: »Hier darf nicht gespielt werden!« Das Haus war ansonsten von Straßen umgeben, es gab auch keinen Spielplatz in der Nähe. Deshalb blieben nur die Schlafzimmerduelle gegen meinen Vater. Er hat mich meistens gewinnen lassen. Als ich einmal verlor, war ich ziemlich sauer, aber es war die erste Lektion, wie man lernt, Niederlagen zu verarbeiten. Da muß ich drei oder vier gewesen sein.

Auch mein erster Heldenauftritt für eine Frau hatte etwas mit Fußball zu tun. Wir spielten im Kindergarten sehr viel Fußball. Ich erinnere mich genau, daß Regina mitspielen wollte. Das war Anfang der 70er Jahre, und da hieß es: »Regina darf nicht mitspielen, Regina ist doch ein Mädchen.« Und obwohl ich am liebsten Fußball gespielt hab', hab' ich dann auch nicht mehr gewollt. Regina und ich gingen Hand in Hand um den Spielplatz im Kindergarten, die anderen spielten Fußball. Hört sich an wie eine frühe Frauenversteher-Geschichte. Aber Regina war schließlich nicht irgendwer. Ich sagte meinen Eltern kurz darauf, sie möchten bitte das Hochzeitskleid kaufen, denn Regina und ich würden bald heiraten wollen. Es kam nicht dazu.

Ich weiß noch, wie ich aufatmete, als wir umzogen. Ich war sechs Jahre alt, und wir zogen von Lünen-Brambauer nach Selm-Bork, zwanzig Kilometer von Dortmund entfernt. Meine Eltern hatten immer gesagt: »Paß auf, wenn wir mal umziehen, werden irgendwann die Jungs kommen, an unserer Tür klingeln und fragen: Michael, möchtest du spielen kommen?« Und so kam es dann auch. Ein paar Tage nach meinem sechsten Geburtstag klingelte es. Es waren Clemens und Reinhold, zwei Jungs aus meiner neuen Straße, die wissen wollten, ob ich mitspielen möchte. Da gab es einen Spielplatz, der hatte zwar keine Tore, aber unsere Jacken wurden zu Pfosten, und wir haben ganz klassisch gebolzt. Inklusive »drei Ecken, ein Elfer«. Als ich in einem Spiel gegen die andere Straße ein Tor geschossen hatte, war ich von dort gar nicht mehr wegzubekommen. Ich erinnere mich an die vielen Stunden, die wir auf diesem Platz verbracht haben. Anschließend sind wir zum Haus meiner Eltern gegangen und haben da auf der Eingangstreppe gesessen. Das war so ein tolles Gefühl, das bringt man nie zurück. Es ist Sommer, man sitzt auf den Stufen, man hat stundenlang Fußball gespielt, die Beine sind so angenehm müde. Dann noch einmal alles bereden, im Kopf Szenen nachspielen. Wir haben nur einmal gegen die andere Straße verloren, Fasanen- gegen Tannenweg. Es war ein riesiges Geschenk, einfach rausgehen und spielen zu können, und keine Hausmeisterin, die uns verjagte.

Die WM 1974 war meine Weltmeisterschaft. Da kann ich mich heute noch an fast alle Ergebnisse erinnern. Ich habe richtige Aufsätze geschrieben, wie Bonhof sich im Finale an der rechten Seite durchtankt, in die Mitte spielt, Müller stoppt den Ball, dreht sich und schießt an Jongbloed vorbei ins lange Eck. Ich kannte alle Spieler, alle Ergebnisse. Mein Vater hat das unterstützt und mir fünf Bücher über das Turnier geschenkt. Spätestens seit dieser Zeit war ich fußballbesessen. Ich bin deshalb mit acht Jahren in den Verein eingetreten, da habe ich beim PSV Bork gespielt, Polizei-Sportverein Bork. Das Besondere an diesem Verein war, daß er weder eine E-Jugend noch eine D-Jugend besaß. Deshalb hab' ich mein erstes Spiel in der C-Jugend absolviert, und zwar als Mittelstürmer. Nicht, weil ich so torgefährlich war, sondern weil da der Ball so selten hinkam. Leider war unsere Mannschaft nicht besonders konkurrenzfähig. Das erste Spiel meines Lebens habe ich in Davensberg bestritten und mit 0:17 verloren. Ich war gerade acht und trug das Trikot eines 14jährigen.

Es war ewig lang und hing mir unten aus der viel zu großen Hose raus. Im Spiel hatte ich genau einen Ballkontakt. Ich legte ihn mir vor, nur um gleich wieder in eine Pfütze zu fallen – mein erstes Punktspiel.

Es dauerte eine ganze Weile, bis es dann eine E-Jugend gab. Wir waren auch erfolgreich, und ich merkte, daß Fußball mein Ding ist. Mein Vater erkannte schnell, daß ich mehr wollte und konnte. Es machte mir Spaß, aber ich war auch schon ungeheuer ernsthaft bei der Sache. Ich wollte gewinnen, immer. Diese Ernsthaftigkeit hat mein Vater gespürt. Eines Tages sagte er: »Wir fahren mal nach Dortmund zum BVB, und du machst da ein Probetraining.« Der Trainer hieß Kurt Kindel. Borussia Dortmund spielte damals in der zweiten Liga. Zwar gab es die große Vergangenheit mit dem ruhmreichen Gewinn des Europapokals 1966, aber das war Geschichte. Unser Trainingsplatz war ein schwarzer Aschenplatz. Und der Herr Kindel sagte: »Ja, den Jungen können wir gebrauchen.« Das hat mich natürlich glücklich gemacht. Mein Vater hat mich dann immer nach Dortmund zum Training gefahren, wir wurden mit der E-Jugend gleich Kreismeister und bekamen dafür eine Medaille. Insgesamt acht Jahre habe ich für den BVB gespielt. Mit 17, in meinem letzten Jugendjahr, wechselte ich zu Borussia Mönchengladbach. Daß ich in meinem Leben die Trikots dieser Vereine tragen durfte, die meine Traumvereine waren, bedeutet mir noch heute sehr viel.

Dem Kindel konnte man nicht auf dem Kopf herumtanzen, obwohl er kein aggressiver Typ war. Von Anfang an machte man bei ihm vor dem Training Gymnastik. Er hat versucht, individuell zu trainieren, und konnte sehr gut Selbstvertrauen vermitteln. Mein bestes Jahr hatte ich mit ihm in der C-Jugend. Da habe ich rechter Außenverteidiger gespielt, mit starkem Offensivdrang. Zusammen mit Daniel Simmes, der später in der Bundesliga spielte und auch einmal das »Tor des Jahres« schoß, bildete ich auf der rechten Seite ein wunderbares Gespann. Wenn ich an Fußball und an schöne Spiele denke, denke ich an Spiele mit Daniel. Wir besaßen ein blindes Verständnis. Ich ging die Linie entlang, er lief in die Mitte und ließ den Ball für mich durch. Mit unserem Doppelpaß haben wird die Gegner auseinandergenommen. In diesem Jahr spielten wir wirklich modernen Fußball. Wir wurden Westfalenmeister und haben Schalke 04 mit 6:1 geschlagen, und Schalke war damals sehr gut. Das war sensationell. Meine Spielfreude war nie wieder so groß wie in diesem wunderbaren Jahr in der C-Jugend. Kurz darauf wurde ich Westfalenauswahlspieler, machte Auswahlspiele gegen Bulgarien und Irland, lernte dort auch Olaf Thon und Michael Skibbe kennen, der als Linksaußen von Wattenscheid 09 sehr oft mein direkter Gegenspieler war.

Ich verbinde mit Fußball immer das Klackern der Stollen, den Geruch des Rasens, Flutlichtspiele und den Geruch von japanischem Heilpflanzenöl, mit dem ich mich oft eingerieben hatte, um das letzte Prozent herauszuholen. Wenn dann der Wind durch das Trikot auf die ölige Haut blies, brannte es höllisch, und man war hellwach. Diesen Geruch erinnere ich. Ich bin immer als vierter aufgelaufen, das war Aberglaube. Von meinen ersten Fußballschuhen habe ich kein Bild, aber ich habe immer in Adidas gespielt. Als ich später bei Westfalia Herne spielte, war es schwierig, weil der Verein einen Vertrag mit Puma hatte und ich in Puma-Schuhen spielen mußte. Das ging aber nicht. Deshalb habe ich zusammen mit meinem Vater schwarze Farbe besorgt und zunächst in mühsamer Feinarbeit die drei schwarzen Streifen übermalt und dann versucht, den Puma-Streifen nachzuempfinden. Das sah zum Schießen aus, aber es klappte. Die Frage nach den Stollen ist eine richtige Philosophie. Nehme ich die 16er? Nehme ich die 18er? Oder nehme ich die eigentlich verbotenen

Lederstollen? Auf manchen Eisböden konnte man nur mit Lederstollen spielen. Ich habe manchmal den Schiedsrichter überlistet, indem ich nach der Stollenkontrolle noch schnell die Schuhe gewechselt habe. Pelé war ich nicht, man nannte mich eher »Knochenbrecher« als Steinbrecher. Manche riefen mich so. Ich war ein sehr harter Hund.

Als ich 28 war und schon das *Aktuelle Sportstudio* moderierte, habe ich einmal Bayer Leverkusen beim Training zugesehen. Eigentlich wollte ich Bernd Schuster in die Sendung einladen. Da fiel mein Blick sehnsüchtig auf die dort herumliegenden Fußballschuhe. Das hat der Trainer Stepanovic mitbekommen. Er fragte: »Und, mittrainieren?« Ich sagte: »Klar, aber ich habe keine Klamotten dabei.« Da ging er mit mir in die Kabine, hat mir Trainingsklamotten und Fußballschuhe gegeben, und dann ging's los. Und sofort war das Adrenalin da. Der erste Paß saß, alles klappte. Da durfte ich gegen Bernd Schuster spielen, das war unglaublich. Nach dem Training sagte Stepanovic, er hätte in Frankfurt den Journalisten immer angeboten, mal zwei Wochen in der Vorbereitung mitzutrainieren. Und da hab' ich sofort zugegriffen: »Ich bin dabei.« Ich schloß mich einem Reha-Zentrum an, weil die trainingswissenschaftlich ausgebildet waren. Von denen habe ich mir richtige Trainingsprogramme schreiben lassen. Ich hatte neun Wochen Zeit, in denen ich mich systematisch aufbaute. Bei Trainingsbeginn war ich dann so gut in Schuß, daß ich mithalten konnte. Ich war, zumindest was die Fitneß anging, nicht der schlechteste. Auch beim Laktattest nicht. Aus den geplanten zwei wurden dann schnell zehn Wochen. Ich habe das komplette Programm mitgemacht, auch bei Freundschaftsspielen in der 4er-Abwehrkette mitgespielt. Die anderen Jungs hatten auch schnell kapiert, daß das kein PR-Gag war. Ich geb' auf die Socken, ich krieg' auf die Socken. Ich mag gar nicht dran denken, wenn ich Bernd Schuster das Bein gebrochen hätte. Das war eine unglaubliche Zeit für mich. Da waren »Zecke« Neuendorf, Hans-Peter Lehnhoff, Bernd Schuster, Christian Wörns, Rüdiger Vollborn, Andreas Thom. Das war die Saison 1994/95. Ich habe schließlich sogar noch mit Rudi Völler zusammen trainiert, der neu verpflichtet wurde.

Von der Athletik und vom Zweikampfverhalten her hätte ich es durchaus in der Bundesliga packen können. Ich war mit 21 immerhin Stammspieler in der Dritten Liga, als ich mit dem Fußball aufhörte, weil ich das Angebot bekam, die Sendung *Doppelpunkt* zu moderieren. Aber beim Spiel auf ganz engem Raum, wo du dich aus kniffligen Situationen befreien mußt, hatte ich Defizite. Und es war gut, dort meine Grenzen zu entdecken. Für meinen Beruf als Journalist war diese Erfahrung ebenfalls sehr wertvoll, denn ich hatte nun erlebt, was dieser Trainingsalltag bedeutet. Meine damalige Freundin schüttelte nur den Kopf, sie hatte nicht verstanden, wie wichtig das für mich war. Mir leuchten noch heute die Augen, wenn ich mich daran erinnere. Allerdings bin ich kein verhinderter Fußballer, denn meine berufliche Zukunft lag immer im Journalismus.

Mein erstes Fußballidol war Rainer Bohnhof. Der war unglaublich dynamisch, hatte einen riesigen Schuß. Jupp Heynckes fand ich auch wunderbar und sicher auch Netzer, aber der war ein ganz anderer Spielertyp als ich. Ich hatte ein Buch, das hieß *Rebell am Ball*, eine Biographie über Günter Netzer. Da gab es eine Abbildung, die mich besonders fasziniert: Eine Fotoserie, und Netzer schießt einen Eckball. Man sieht, wie der Ball zunächst fünf bis sechs Meter vom Tor wegfliegt und sich dann – auf den folgenden Bildern – wieder in den Fünfmeterraum hineindreht. Ich schlug das Buch stets an dieser Stelle auf und legte es so auf den Tisch in meinem Kinderzimmer, daß der Blick gleich auf diese Fotoserie fiel. Das fand ich richtig klasse! Ich war auch immer Fan. Ich habe den Aufstieg von Borussia Dortmund 1976 miterlebt. Ich fuhr mit meinem Vater nach Hamburg, wo das erste Auswärtsspiel in der Bundesliga stattfand. Das war offenbar so aufregend für mich, daß ich anschließend erst einmal eine Woche im Krankenhaus lag. Keiner wußte, was los war, aber das 4:3 von Borussia beim HSV, das war der Hammer.

Als ich mit 20 in der dritten Liga in Herne spielte, waren wir erst einmal Abstiegskandidat. Der Weg zur Haupttribüne war voller Moos. Alles war nostalgisch, die ruhmreichen Zeiten lagen lange zurück. Im ersten Spiel der Saison hatten wir 700 Zuschauer, dann beim nächsten Heimspiel 1000, dann 1500, und wir blieben die ganz Halbserie ohne Niederlage. Wir waren Tabellenführer, alle hofften plötzlich auf den Aufstieg in die 2. Liga, und gegen Preußen Münster waren über 10000 Leute im Stadion. Herne hatte richtig großes Fanpotential. Die Fahnen wehten, Papierschnipsel flogen, und wenn wir gewonnen hatten, sprangen wir auf die Zäune im Stadion und klatschten die Fans ab. Obwohl es für mich dann die klare Entscheidung gab, mit dem Fußball aufzuhören, ist es doch so, daß ich im Traum noch ein paar Jahre weiterspielte. Auf dem Platz bin ich zu Hause.

(Aufgezeichnet von Torsten Körner)

Harry Valérien, Journalist

HARRY VALÉRIEN, geb. 1923 in München, besuchte die dortige Journalistenschule und wurde 1951 als Rundfunksprecher beim *Bayerischen Rundfunk* angestellt. Er berichtete 1952 von den Olympischen Winterspielen in Oslo. Beim ZDF wurde er 1963 einer der Moderatoren des *Aktuellen Sportstudios* und leitete die Abteilung Sportfilm/Dokumentation. Von 1977 bis 1986 leitete und moderierte er die Sendung *Telemotor*, arbeitete bei der Sendung *Pfiff* mit und fungierte als Interviewer in der Reihe *Sonntagsgespräche*. Bei vielen nationalen und internationalen Sportereignissen war er im Einsatz, so berichtete er, mit Ausnahme des Jahres 1956, von allen Olympischen Sommer- und Winterspielen für das Fernsehen. 1988 gab er die Moderation des *Sportstudios* ab. Von 1988 bis 1989 moderierte er die *ZDF*-Talkshow *Live*. Seit 1990 war er als freier Mitarbeiter für *SAT.1* tätig.

Unser Gespräch führen wir in Hannover. Darf man über Valérien sagen, er sei der weise alte Mann des deutschen Sportjournalismus? Weise ja, aber alt? Der Mann ist 82 und großartig in Form. Wenn alle Menschen länger arbeiten sollen, warum nicht auch er? Valérien fürs *Aktuelle Sportstudio*. Sofort! Während unseres Gesprächs treten Hotelgäste an unseren Tisch, grüßen ihn und bedanken sich für all die Jahre. Tue ich auch! Danke und bis bald.

Der stirbt mit dem Ball

Das erste Mal habe ich sicherlich in der Volksschule gegen den Ball getreten. Vielleicht auch schon im Kindergarten. Wir hatten einen Hof mit Kieselsteinen, und da gab es eine Stahlwand, gegen die wir gerne schossen. Es hat dann fürchterlichen Krach gemacht, wenn der Ball gegen diese

Wand flog. Da spielte immer ein Mädchen mit, die hieß Elfriede, und die war das, was man heute ein Fußballmädchen nennen würde. Sie war begabt, sie war sportlich, sie war liebenswert und spielte mit uns. Die wäre – aus heutiger Sicht – ideal als Nationalspielerin gewesen.

Ich bin in München in der Nähe des Rathauses aufgewachsen, in der Sendlinger Straße, genau dort, wo heute Sport-Scheck ist. In diesem Haus habe ich von meinem ersten Lebensjahr an gelebt, bis mein Vater ein Haus baute und wegzog, aber da war ich schon vierzehn. Mit zehn bin ich zu den Bayern gegangen. Da mußte man mit dem Radl hinfahren, denn der FC Bayern hatte damals sehr viele Plätze in der Fröttmaninger Heide. Heute steht da in der weiteren Umgebung die neue Arena, etwas mehr stadteinwärts lagen damals unsere Bolzplätze. Es waren mindestens neun oder zehn Fußballfelder, und da haben wir trainiert und auch die meisten Spiele absolviert. Es ging immer mit dem Radl hin und mit dem Radl zurück, und das war ein ganz schönes Stück Weg. Manchmal hat mich der Jugendwart, weil ich ein sehr konditionsstarker Bursche war, am späten Vormittag in zwei Spielen eingesetzt. Da war gerade mal eine halbe Stunde Pause dazwischen. Und danach bin ich wieder heimgefahren. Aber als ich dann endlich zu Hause war, hab' ich das Radl nicht mehr in den dritten Stock schaffen können, so kaputt war ich.

Mein Vater war nicht begeistert vom Fußball, konnte es aber nicht verhindern, daß ich spielte. Wir haben mit Stoffbällen gespielt, alles, was Ball war, war ein Teil unseres Lebens. Ich war schon fußballverrückt. Über mich haben sie gesagt: »Der stirbt mit dem Ball.« Als wir dann in das neue Haus einzogen, das in einer ganz anderen Richtung und sehr weit von der Fröttmaninger Heide entfernt lag, hat mein Vater gesagt: »Ich fahr' dich nicht mit dem Auto hin.« Und das war so ein irrer, unzumutbarer Weg, daß ich – bei aller Liebe zum Spiel – Abschied vom Fußball nahm. Das entsprach auch dem Wunsch meiner Mutter. Sie hat immer gesagt: »Ich suche jeden Montag in der Zeitung deinen Namen in den Berichten über Schwimmwettkämpfe.« Meine Mutter war Schwimmerin und wollte, daß ich auch Schwimmer werde. Aber ich habe immer geantwortet: »Mama, ich bin Fußballer, kein Schwimmer!« Zwei Monate nachdem sie 1938 bei einem Autounfall gestorben war, stand mein Name endlich in der Zeitung. Als Schwimmer. Ich war bei einem Langstreckenschwimmen am Wörthsee Zweiter in meiner Klasse geworden. Da war ich fünfzehn. Und so hat sich der Wunsch meiner Mutter doch noch erfüllt.

Als Kinder haben wir auf dem Platz gespielt, wo das St. Jakobskloster stand. Der Platz war mit einer Teerdecke überzogen, mitten in der Stadt, und da trafen wir uns jeden Nachmittag mit zwei, drei Jungen zum Fußball. Wir waren hungrige Buben, und so sind wir zu dem Kloster gerannt, denn da gab es eine Luke, die man hochziehen konnte. Wenn man klopfte, öffnete eine Schwester. Sie gab uns, was wir wollten: Ein Stück trockenes Brot. Das aßen wir, und weiter ging es. Das muß so zwischen 1933 und 1935 gewesen sein.

Mein Vater hat Handball gespielt, im Schwimmbad sprang er gerne vom Dreimeter- und Zehnmeterbrett, und deshalb schätzte er den Fußball nicht. Er war von Beruf Pressefotograf und hat oft mit mir Sportveranstaltungen besucht. Meistens jedoch ging er zu Leichtathletikwettkämpfen.

Es war ein Kampf, bis ich überhaupt bei den Bayern eintreten durfte. Die Geschäftsstelle des FC Bayern war damals in der Dienerstraße, das ist in der Nähe des Marienplatzes. Ich glaube, ich ging alleine dort hin. Das Büro lag im ersten Stock und war nicht sehr hell. Begeisterung kam bei meinem Vater auch nicht auf, als ich mir bei Sport-Münzinger am Rathausplatz meine erste rote Satinhose und meine ersten Fußballschuhe kaufen durfte. Selbstverständlich trug ich auch Stulpen und Schienbeinschützer. Im Verein habe ich dann Rechtsaußen gespielt, ich war schnell, wendig und ausdauernd.

Nachdem ich in den Verein eingetreten war, hing eines Tages, als ich nach Hause gekommen war, an unserem Küchenschrank eine Karte. Diese Karte war die erste Einladung zu einem Punktspiel für den FC Bayern, das war für mich wie eine Einladung in die Nationalmannschaft. Das war so ein vorgedrucktes Formular, wo draufstand, wo man zu sein hatte, zu welcher Uhrzeit, was man mitzubringen hatte, auf welcher Position man spielte. Das Übliche halt. Das Übliche sagt man jedoch erst später, damals war es wie ein sagenhafter Ruf, eine Berufung. Diese Karten verschickte unser Jugendleiter, denn das war damals der gängige Informationsweg; ein Telephon besaßen die wenigsten.

Als ich einmal längere Zeit mit Sepp Herberger zu tun hatte, meinte er: »Wir wußten ja gar nicht, Harry, daß Sie auch einmal Fußball bei den Bayern gespielt haben.« Und da hab' ich ihn gefragt, ob ich denn die Erlaubnis von ihm bekommen könnte – das dürfte 1961 in der Sportschule Grünwald gewesen sein –, mit der Nationalmannschaft zu trainieren. Ich hatte gesehen, daß die Spieler körperlich nicht in überragender Form waren. Da dachte ich, mit denen möchte ich mal trainieren Und als ich am nächsten Tag dann mit meiner Tasche ankam und mittrainieren wollte, sagte Herberger nein. Sehr enttäuscht fragte ich ihn: »Warum denn das, Herr Herberger?« Und er antwortete: »Wenn ich Ihnen das erlaube, dann habe ich einen Rattenschwanz von Journalisten, die sagen, wenn sie den Valérien spielen lassen, dürfen sie uns nicht abweisen.« Diese Erklärung hab' ich grimmig geschluckt.

Ich bekam die Einladung, mit der Schülermannschaft des FC Bayern beim Länderspiel Deutschland gegen

Finnland ein Vorspiel im Grünwalder Stadion zu bestreiten. Das war 1935. Ich habe deswegen meine Pfingstferien gestrichen und meine Eltern im Stich gelassen. Die haben gesagt: »Du bist verrückt.« Ich wollte aber unbedingt in diesem vollen Stadion auflaufen, meinen Traum verwirklichen. Es endete damit, daß wir erst einige Stunden vor dem Spiel erfuhren, daß die Kleineren das Vorspiel bestritten, nicht wir. Da stand ich auf der Tribüne und fühlte mich elendig verloren, ich war sehr traurig. Und als mein Vater fragte, wie es denn gewesen sei, mußte ich sagen: »Ich hab' gar nicht gespielt.« Das war eine meiner schmerzvollsten Niederlagen. Ich hätte vor 35 000 Zuschauern spielen können. Damals erlebte ich noch den Regensburger Hans Jakob im Tor, Fritz Szepan, den Augsburger Ernst Lehner, Edmund Conen und »Lutte« Goldbrunner, das waren meine Größen. Ich glaube, die Deutschen haben 6:0 gewonnen. Unter dem Reichstrainer Prof. Dr. Otto Nerz. Ich kannte die Spieler, weil man als Junge sowieso alles kennt. Man las darüber, man sammelte die Sanella-Bildchen und klebte sie in die blauen Bildbände.

Nach dem Spiel habe ich noch auf die Spieler gewartet, um mir Autogramme zu holen. Vor allem auf Sigi Haringer hatte ich es abgesehen, mit dem habe ich nach dem Krieg auf dem Rasen des Dante-Schwimmbads selbst noch Fußball gespielt. Der Haringer war ein super Fußballer, ein Riesentalent, aber auch eine Reizfigur und ein Giesinger Stenz. Der hat vor der Tribüne die Hose runtergezogen und den Hintern gezeigt, weil ihm die Pfiffe der Zuschauer nicht gepaßt haben. Bei Herberger war er deshalb nicht gern gesehen. Er war ebenso talentiert als Mittelstürmer wie als Verteidiger. Später war er sehr verbittert, daß er seine Karriere nicht mehr ausleben konnte. Ich war ja doppelt vom Fußball besessen: Ich wollte Nationalspieler werden, aber eben auch ein berühmter Fußballreporter. Da hab' ich geschaut, wo der Reporter ist. Er stand ganz oben in der letzten Reihe der Sitztribüne und redete noch. Ich pirschte mich in seine Nähe, und da hat er mich verscheucht. Das habe ich als ungeheure Beleidigung empfunden, ich wollte doch nur seine Reportage hören. Meine Reporteridole waren Rolf Wernicke und Dr. Paul Laven, die habe ich 1936 bei den Olympischen Spielen am Radio erlebt. Unser Radio war von Blaupunkt, ein besonderes Gerät, das wir in der Sonnenstraße gekauft hatten. Beeindruckt war ich auch von Dr. Bernhard Ernst. Ich glaube, er hat das erste Länderspiel, das überhaupt im Rundfunk übertragen wurde, 1923 kommentiert. Als wir dann einmal mit dem Cabriolet nach Berchtesgaden gefahren sind, habe ich ein Autorennen geschildert, eben weil wir im Auto saßen. Oder ich kommentierte Boxkämpfe. Dazu drückte ich meiner Schwester ein großes Kissen in die Hände und übertrug Max Schmeling gegen Joe Louis. Diese Phantasiereportagen waren ein Teil meines Lebens. Ich konnte gar nicht nah genug am Radio sitzen. Sammy Drechsel, der das berühmte Jugendbuch *11 Freunde sollt ihr sein* geschrieben hat, meinte einmal zu mir: »Ich hätte Gott und die Welt dafür gegeben, wenn ich nur ein Länderspiel hätte übertragen dürfen.«

Als das Stadion total leer war, bin ich runter auf den Platz und hab' mich ins Tor gestellt. Das war der Höhepunkt. Ich wollte wissen, ob ich an den Querbalken komme und wie ich da als Torwart aussehe. Damals gab es noch nicht diese strenge Kontrolle, niemand hat mich aufgehalten. Und dann diese Begeisterung! Du riechst den Rasen, du spürst ihn, du legst dich auf den Rasen und schließt mit ihm Freundschaft. Ja, wirklich. Das ist ein besonderer Akt, der nur mir allein gehört. Ich genieße die Vorstellung, daß ich den Ball wie Hans Jakob halte oder als Schütze wie der Augsburger Ernst Lehner einen Ball verwandle. Einen Ball brauchte ich nicht, denn es war nicht schwer, ihn sich vorzustellen. Ich genieße es, daß da ein richtiges Netz ist und keines dieser Stahlgitter, wie es sie damals noch oft gab. Wie der Ball im Netz zappelt, schön. Das waren Bilder und Formulierungen, Erlebnisse, die für mich ganz allein wirkten. Bis zum heutigen Tag habe ich nicht darüber geredet. Diese seltsame Bitternis, daß ich dem Fußball adieu gesagt habe, sagen mußte. Obwohl ich für 100 Punktspiele eine Ehrennadel des Vereins bekommen habe.

Dieses Erlebnis habe ich geatmet. Ich bin kleine private Radrennen gefahren, ich bin geschwommen, ich habe im Boxring gesparrt, ich bin Ski gelaufen, aber diese Form der Begegnung mit dem Rasen, dem Netz und dem nicht vorhandenen Ball, das war Musik, das kam nie wieder. Da ist der Strafraum, der Elfmeterpunkt, das Gebälk, das Netz – das reicht. Das war wie Poesie.

(Aufgezeichnet von Torsten Körner)

Hans-Jochen Wagner, Schauspieler

Hans-Jochen Wagner, geb. 1968 in Tübingen, absolvierte nach Abitur und Zivildienst eine Schauspielausbildung an der Hochschule für Schauspielkunst »Ernst Busch« in Berlin. Von 1997 bis 1999 war er festes Ensemblemitglied des Burgtheaters Wien. Von 1999 bis 2001 arbeitete er als festes Ensemblemitglied des Deutschen Theaters Berlin; seitdem ist er freier Schauspieler. Zusammenarbeit u.a. mit: Hans Kresnik, Hans Neuenfels, Thomas Langhoff, Amelie Niermeyer und Matthias Hartmann. Im Kino war er in *Jena Paradies* (2003) und in *Sie haben Knut* (2002) zu sehen, im Fernsehen spielte er mehrfach im *Tatort*, in *Bloch* und in *Der letzte Zeuge*. In dem mit dem Grimme-Preis gekrönten Film *Familienkreise* (2002) von Stefan Krohmer spielt er die Hauptrolle.

Hans-Jochen Wagner ist, wie sich das für einen Torhüter gehört, ein Hüne. Er hat aber Hände, keine Pranken. Er springt mir während des Gesprächs auch nicht an die Gurgel oder zwickt mich in die Nase, wie andere Torhüter das bisweilen tun, und, obwohl er viel über die notwendigen Aggressionen eines Torhüters spricht, er ist ein friedfertiger und ausgeglichener Zeitgenosse. Das Interview fand in Berlin-Friedenau statt.

Die Katze

Ich bin in Tübingen geboren. Wuchs die nächsten sechs Jahre in Reutlingen auf, dann zogen wir nach Gönningen, in ein Dorf am Rande der Schwäbischen Alb. Dort habe ich beim TG Gönningen gespielt, fing in der E-Jugend an. Wie es dazu kam, ist ganz bezeichnend: Wir sind drei Brüder, und mein älterer Bruder war immer ein Alleskönner.

Aber es gab eine Sache, die er überhaupt nicht konnte, und das war Fußball. Und da haben meine Eltern gedacht, wir geben dem Zweitgeborenen mal etwas, was der andere nicht kann. Mein Bruder hatte zuvor schon mal im Verein gespielt und dabei ziemlich versagt. Deshalb haben sie mich zum Fußball geschickt. Naheliegend war das nicht, denn ich ging auf eine Waldorfschule, da war das Fußballspielen immer verpönt. Man hielt das für eine einseitige und deshalb ungesunde Sportart, weil man den Ball nur mit den Füßen tritt und nicht auch mit den Händen bewegt, daß ich wenigstens Torwart war, konnte gerade noch akzeptiert werden. Zum Problem wurde es jedoch ganz konkret, wenn die Waldorfschule eine ihrer monatlichen Eurhythmie-Veranstaltungen wie üblich am Samstagnachmittag abhielt und ich meinem Trainer erklären mußte, daß ich deshalb nicht ins Tor gehen kann, sondern statt dessen im Eurhythmiekleidchen über die Bühne schweben sollte. Andererseits konnte ich meiner Lehrerin unmöglich erklären, daß ich statt Eurhythmie ausgerechnet Fußball spielen wollte. Da gab es meinerseits tränenreiche Verzweiflungszustände. Meine Eltern gehören zum klassischen schwäbischen Bildungsbürgertum. Sie hatten keine Vorbehalte gegen Fußball, obwohl meine Mutter selbst in einer Waldorfschule war. Mein Vater war Physiklehrer. Er hat ein- oder zweimal zugeschaut, aber er paßte einfach nicht zu den anderen Vätern. Mein zweiter Trainer in der C-Jugend war Harald Deh, der war sehr wichtig, wurde ein bißchen auch mein Vorbild. Ich wuchs damals eigentlich mehr unter einem weiblichen Zugriff auf: die Kindergärtnerinnen, dann meine erste Lehrerin und natürlich meine Mutter. Und da war er, neben meinem Vater, der erste Mann, der eine Art Vorbildfunktion für mich hatte. Mein Trainer war ein aufrechter Schwabe, eine positive Figur. Der arbeitete bei der Gönninger Bank, eher ein stiller, zurückhaltender, aber doch ein sehr konsequenter

Mann. Ich hab' ihn selbst noch spielen sehen und fand es gut, wie er spielte, der besaß eine natürliche Autorität auf dem Platz. Und dann gab es da noch den Eberhard, der entsprach eher dem Bauarbeitertypus, er war unser Betreuer und wurde von uns Schinderhannes genannt, der spielte ein bißchen den Miesepeter vom Dienst.

Als ich zum Verein stieß, war es gerade Winter, und wir trainierten in der Halle. Weil ein Torwart fehlte, bin ich dann in dieses Handballtor. Ich hatte gute Reflexe und wurde relativ schnell sicher. Zuerst hatte ich nur extrem schöne Flugbahnen vorzuweisen, der Ball ging rein, aber meine Flüge waren wunderbar. Mir hat dieser Status gefallen, die erhöhte Aufmerksamkeit, die man als Torwart genießt. Natürlich war der VfB Stuttgart für uns etwas Besonderes, das war die Zeit von Hansi Müller, dem schönen Hansi, das war kein Haudrauf, sondern ein seriöser, schmucker Schwabe. Er war bestimmt ein Vorbild. Als Torwart war für mich der Maier-Sepp wichtig, so im Nachklang, dann kamen Eike Immel, Toni Schumacher. Den Schumacher fand ich extrem gut, obwohl er 1982 dieses brutale Foul gegen den Franzosen Battiston begangen hatte. Er hatte ja richtige X-Beine, sah aber irgendwie doch elegant und lässig aus in seinem kurzen blauen Höschen. Auf der Waldorfschule lernte ich zwangsläufig auch Geige, Bratsche und Trompete. Als Schumacher einmal zu einer Autogrammstunde nach Reutlingen kam, habe ich mir ein riesiges Autogramm auf den Bratschenkasten geben lassen, ich war wahnsinnig stolz. Eine besondere Fußballausrüstung gab es für mich nicht. Bei uns auf der Alb hatte die Firma Reusch ihren Sitz, dort hab' ich mir immer die neusten Handschuhe geholt.

Gönnigen war berüchtigt, weil eigentlich kein Schiri Lust hatte, die erste Mannschaft zu pfeifen. Ein Gönninger Spieler hat es sogar mal in die *Bild*-Zeitung geschafft, weil er dem Schiri die Rote Karte aus der Tasche zog, sie dann zerriß und auf den Boden warf. Er war der Held des Dorfes. Da ging es zur Sache: »Hängt sie auf, die schwarze Sau!« Das war schon ziemlich übel, weil die Alkoholikerriege, die an der Seitenlinie stand, nicht so lustig war. Weil bei uns oft die Väter zuschauten, hatte es der Schiri auch bei der Jugendmannschaft nicht leicht, denn wenn die Söhne was auf die Knochen bekamen, rasteten die Väter völlig aus. Die Grundstimmung war ziemlich aggressiv. Es kursierten auch jede Menge Fascho-Witze. Unter der Dusche wurde das Horst-Wessel-Lied gesungen, nur weil man wußte, es ist verboten. Blöde Türkenwitze gab es auch, obwohl bei uns in der Mannschaft zwei oder drei Türken spielten, die total integriert waren. Ich habe das verdrängt. Alles war ohne Erfahrungsgehalt dahergesagt, wie »Ficken« oder »Ich steck' dir den Finger in den Arsch« – die reine Provokation. Da war keiner, der später einen extremen Weg eingeschlagen hat. Obwohl Rassismus und Antisemitismus sicher latent vorhanden waren, blieb es bei »coolen« Sprüchen ohne politische Wurzeln und Grundlage.

Meine Fußballschuhe waren von Puma, Noppenschuhe. Fußballschuhe sind speziell für den Torwart ein Problem, weil der Fünfmeterraum immer ein Acker ist, da wächst kein Grashalm mehr. In der Sommerpause wurde zwar Gras gesät, aber nach drei Spielen war wieder alles weg. Wenn es heiß ist, ist der Boden hart wie Beton. Alustollen funktionierten dann nicht. Was mich am meisten faszinierte, war das Geräusch der Stollen. Es gab eine Umkleidekabine in unserem Vereinsheim, und von dort führte eine Betontreppe nach unten zum Rasen. Ich weiß noch, wie ich bei der ersten Mannschaft zusah. Ich stand an der Treppe, und das Klackern der Schuhe, der Stollen auf Beton, dieses Klack, Klack, Klack hatte einen irrsinnigen Reiz für mich. Dieses Geräusch, die Männerwaden, die dann in die Schlacht zogen, war unheimlich beeindruckend. Ich dagegen konnte eben immer nur mit Gumminoppen spielen.

Der Torwart hatte für mich eine total wichtige Funktion, denn du bist als Torwart natürlich voll in der Verantwortung und leider dadurch öfter auch mal der Arsch, nur ein Fehler, und es spiegelt sich sofort im Ergebnis wider. Ein Satz, der dann immer fiel, war die berühmte schwäbische Inversionsstellung »den hätschst könne hann« oder den »hätschst müsse hann«. Mit der Zeit wurde ich dann immer besser. Ich war auch fast immer Spielführer, weil ich vernünftig war, kein Rabauke, und weil ich ehrgeizig war. Ich hab' mir bei einem Spiel einmal den kleinen Finger gebrochen, und kurz darauf hab' ich mir bei einem Hallenturnier auch gleich noch das Handgelenk gebrochen, der erste Gips war erst ein paar Tage ab. In so einem Fall kam der Hasen-Karle, unser medizinischer Betreuer. Der Hasen-Karle hatte so einen Verbandskoffer nach Erich Deuser, wenn er den aufklappte, waren da eine Binde und eine Dose Eisspray drin. Der sprühte Eisspray auf meine gebrochene Hand, machte einen Verband drum und sagte: »Kanscht weidaspiele.« Der Arzt ist am nächsten Tag dann fast ausgeflippt. Für mich war es wichtig, ein guter Keeper zu sein, weil mein Bezugspunkt das Dorf war, und als guter Keeper war ich da anerkannt. Ich war zwar schüchtern, aber hinter meinem Tor standen immer Mädels, die kicherten und stellten sogar Maskottchen ins Tor. Ich mußte die dann wegschicken. Ich war zu verklemmt, die lenkten mich ab!

An das Logo von 1974 kann ich mich erinnern, aber als Waldorfschüler durfte ich eigentlich kein Fernsehen gucken. So habe ich einige Spiele bei unserem Nachbarn gesehen. Der hatte eine Platte mit dem Lied *Fußball ist unser Leben, denn König Fußball regiert die Welt*. Bei jeder Niederlage hat der wirklich geweint. Man tauschte Sammelbildchen, aber an Spielszenen erinnere ich mich nicht mehr. Länderspiele habe ich immer sehr emotional gesehen. Elfmeterschießen konnte ich nicht aushalten. Nicht weil ich für den Torwart gezittert hätte, denn der Torwart hat keine Angst. *Die Angst des Tormanns beim Elfmeter* – was für ein Quatsch, er kann nur gewinnen. Ich hatte Mitleid mit dem Schützen.

Meine Eltern sind dann aus dem Dorf weggezogen. Deshalb habe ich noch einmal so eine Abschiedstour zu Fuß durch die Gemeinde gemacht. Ein ganz wichtiger Punkt war, noch einmal zum Sportplatz zu gehen. Da stand ich dann fast eine ganze Stunde auf diesem leeren Platz. Es war mitten in der Nacht. Ich stellte mich in mein Tor und habe die Situationen noch einmal nachempfunden. Die Bewegungsabläufe stecken noch heute in meinem Körper, ganz tief. Dieses Gefühl, auf der Linie zu stehen und abzuwarten, was jetzt kommt, das ist so ein Tagtraum von mir. Früher hatte ich Träume, in denen ich meine Schuhe vergessen hatte oder zu spät zum Spiel kam, das waren Panikträume. Im Lauf der Zeit haben diese Panikträume die Bühne gewechselt, jetzt träume ich, daß ich den Text nicht kann, oder man kommt in eine Inszenierung und weiß nicht, welche Rolle man spielt. In der E-Jugend hat mich mal ein Kumpel angequatscht, der hinter meinem Tor stand. Es kam ein Angriff, und der Ball war drin. Ich war völlig fertig, habe herzzerreißend geweint und war nicht mal vom Trainer zu trösten Es gibt viele Fußball-Dorfgeschichten. Es gab zum Beispiel mal wieder ein Fest auf dem Parkplatz neben dem Spielfeld, und am nächsten Morgen um 10 Uhr mußten wir, die A-Jugend, spielen. Da stand nun das große Festzelt. Wir kamen zum Platz, und sowohl unser Betreuer als auch die Vereinsführung lagen noch im Suff im Zelt herum. Der ganze Sportplatz war mit Bierkrügen und Holzbänken übersät. Als wir da hinkamen, mußten wir also erst einmal die Betreuer wecken und dann eine halbe Stunde lang aufräumen. Das war so eine typische Dorfsituation. Als ich in der E-Jugend war, gab es eine Weihnachtsfeier des Vereins.

Da war ich sieben. Ich hatte als Waldorfschüler noch kaum einen Film gesehen. Jeder bekam eine Tüte mit Süßigkeiten, und dann hieß es: »Wir zeigen euch jetzt einen Film«, und das war *Spiel mir das Lied vom Tod*, projiziert mit einem alten Projektor. Ich war völlig geschockt, vor allem von der Szene in der der Vater, den Strick um den Hals, sterben muß, weil sein Sohn, auf dessen Schultern er stand, zusammenbrach. Dieses Bild hat mich seitdem nicht mehr verlassen. Ich hatte vorher kaum etwas mit Medien zu tun, und wenn *Lassie* beim Nachbarn lief, hatte ich mich hinter dem Sessel versteckt vor Angst, und dann plötzlich so was.

Die Position als Torwart habe ich genossen, weil man außen bleiben konnte, weil man das Wesen des Spiels studieren konnte. Das paßte zu meiner Person, der ich mich oft als Außenseiter empfand. Ich habe keinen Alkohol getrunken und hab' nicht geraucht, ich war nicht integriert, denn bei den Meisterschaftsfeiern wurde immer tierisch gesoffen. Das war eine Sonderstellung, ich war Torwart und Spielführer, aber trotzdem nicht wirklich ganz drin. Der Torwart ist Einzelkämpfer, der eine Grundaggression braucht. Früher, wenn wir zu Auswärtsspielen fuhren und aus dem Bus ausstiegen, haben die Gegner sofort geguckt, wer ist denn der Torhüter, nur um deine Schwäche zu taxieren, deine Statur wahrzunehmen. Du mußt im Fünfmeterraum immer herrschen, aggressiv auftreten, denn die schauen nicht den Linksaußen an, sondern den Torwart. Ist das eine Pfeife, oder beherrscht der sein Handwerk? Da mußt du dich vom ersten Augenblick an verteidigen. Wenn du dich im Spiel verletzt, etwa die Schulter, und die Gegner merken das, dann gehen die gnadenlos auf deine Schulter. Du darfst niemals Schwäche zeigen. Die Aggression muß immer dasein, du mußt immer auf dem Sprung sein, rausrennen, wegfausten, wegschlagen.

Ich habe nach zehn Jahren Pause wieder angefangen, in

einer Mannschaft zu spielen. Die Truppe heißt Turbine Tiergarten, und ich bin da ganz gut gelitten. Ja, ich bekam sogar den ehrenvollen Spitznamen »die Katze«, da hatte ich allerdings noch 15 Kilo mehr drauf als jetzt. Ich war also eine ziemlich korpulente Katze. Ich stell' mir vor, wie es wäre, wenn man als Schauspieler vor zwanzigtausend Zuschauern spielt, und man macht einen Fehler, verspricht sich und wird sofort ausgebuht oder ausgepfiffen. Das wäre ein Horrortrip! Es gibt durchaus Parallelen zwischen Fußball und Theater. Wir hatten mal einen Regisseur, der hat immer gesagt: »Ihr müßt spielen wie Ajax Amsterdam in den siebziger Jahren!« Was auch immer das heißen sollte. In einem Ensemble gibt es ähnliche Zuordnungen wie beim Fußball, ab und zu gibt es einen Star, und es gibt Publikum. Aber der psychologische Druck, den die Profikicker heute aushalten müssen, ist gar nicht mit dem des Schauspielers zu vergleichen. Das ist ja fast kein Spiel mehr, sondern Kampf. Ein Interview zu geben, ist für den Fußballer ein Teil des Jobs, das sind keine authentischen Momente. Kahn ist nicht authentisch, wenn er vor der Kamera steht, da muß jedes Wort abgewogen werden.

Das Identitätsgefühl, das mir der Fußball gibt, ist eigentlich stärker als das, was ich auf der Bühne empfinde. Auf der Bühne ist natürlich alles viel komplizierter. Diese klare Aufgabe, diese verinnerlichten Bewegungsabläufe, der Punkt, einfach das Tor zu verhindern, das ist mein Ort. Das Spiel ist meine Aggressionsableitungsmaschine. Es hat auch etwas Tierisches, man reagiert reflexhaft, darf nicht nachdenken und muß instinktiv den Körper sprechen lassen. Das Leben des Torwarts ist sehr archaisch.

(Aufgezeichnet von Torsten Körner)

Theo Waigel, Politiker

THEO WAIGEL, geb. 1939 in Oberrohr/Schwaben, studierte in Würzburg Rechts- und Staatswissenschaften und promovierte 1967. Dem Deutschen Bundestag gehörte er seit 1972 an. 1982 wurde er Chef der CSU-Landesgruppe in Bonn, 1988 wurde er zum neuen CSU-Vorsitzenden gewählt. Im Zuge einer Kabinettsumbildung wurde er 1989 Finanzminister in der Regierung Kohl. 1989 und 1991 wurde er als Parteivorsitzender der CSU bestätigt. Waigel behauptete 1991 seinen Platz auch im vierten Kabinett Kohl. 1993 und 1995 wurde er wieder als Parteichef bestätigt und blieb auch nach der Bundestagswahl 1994 als Bundesfinanzminister im Amt. 1998 schied er aus der Bundesregierung aus. Im Januar 1999 wurde er als CSU-Chef von Stoiber abgelöst. Theo Waigel ist ein glühender Fan des TSV 1860 München.

Ich hatte gefürchtet, ich könne mich auf unser Gespräch nicht konzentrieren, weil mich die legendären Augenbrauen des ehemaligen Finanzministers fesseln würden. Das ging aber schnell vorbei. Sie sind zwar so breit wie ein Handy, aber sie klingeln nicht. Theo Waigel ist ein jovialer Mensch, er ist mit sich im reinen, er sitzt entspannt, und er hat ein Gedächtnis wie eine ganze Herde Elefanten.

Gegen das Scheunentor

Wenn ich an Fußball denke, geht meine Erinnerung weit zurück bis kurz nach dem Zweiten Weltkrieg. Soldaten, Gefangene, Vertriebene, Flüchtlinge und Daheimgebliebene suchten in einer Welt der Niederlage, der Trauer und der Verzweiflung nach neuem Sinn und sinnstiftendem Tun. Viele Möglichkeiten boten sich nicht. Eine der wenigen Chancen bestand darin, auf einem relativ ebenen Feld einem Ball nachzujagen und diesen durch zwei Stangen zu schießen, was dann als Tor bezeichnet wurde. Die Bälle bestanden aus Schweinsblasen, Lederumhüllungen, in die Seegras gestopft wurde, und anderen Gegenständen, die mit einem Tritt des Fußes bewegt werden konnten. Diesem Treiben sah ich als Bub zu und versuchte es nachzuahmen. In dem Dorf Oberrohr, in dem ich geboren wurde und lebte, gab es nur ein oder zwei vernünftige Fußbälle. Als zu Weihnachten 1948 ein richtiger wunderschöner Fußball auf dem Gabentisch lag, war dies ein unglaublicher Glücksmoment für mich. Noch heute wundere ich mich, daß mein Vater, der das Fußballspielen haßte, mir diese Freude machte. Trotz Schnee und Eis machte ich mich mit der Dorfjugend an den Weihnachtsnachmittagen sofort ans Fußballspielen. Noch viele Jahre besaß niemand im Dorf Fußballschuhe oder eine ordentliche Ausrüstung. Als Ort des Geschehens wurde uns eine frühere Schießbude der Hitlerjugend zugewiesen, die auf einer Länge von ca. 40 Metern eine Höhendifferenz von mindestens zwei Metern aufwies, was der höherspielenden Mannschaft erhebliche Vorteile bescherte. Natürlich war ich ehrgeizig und wollte besser sein als die anderen. Auf dem heimatlichen Bauernhof übte ich deswegen stundenlang mit dem linken Fuß das Spiel mit dem Ball gegen das Scheunentor. Dies war aber nur möglich, wenn meine Eltern in der Arbeit oder auf dem Feld waren, weil sie sonst eine Beschädigung des Tores befürchtet hätten. Bald schon kam es zu Spielen gegen andere Dörfer, an denen ich als junger Spieler begeistert teilnahm, und unglücklich zurückkehrte, wenn wir verloren hatten. Kombinationsspiel, Spiel ohne Ball – das hatten wir nicht gelernt und beherrschten wir nicht. Das Spiel Mann gegen Mann mit möglichst vielen Dribblings entsprach unserer Spielauffassung. Das Spiel zum Mitspieler – Abspielen – war nicht sehr populär. Jeden Abend versuchte sich die Dorfjugend auf der »Schießbude« mit Fußballspielen sehr zum Ärger und Entsetzen unserer Eltern, die davon überhaupt nichts hielten. Es kam zu dramatischen Szenen, wenn die Heimkehr nach dem Gebetläuten erfolgte, nach dem Jugendliche zu Hause sein sollten. Schon bald faszinierte mich die Fußballmannschaft der TSG Thannhausen wenige Kilometer von meinem Heimatdorf entfernt. Von Bewegungsspiel war wenig zu merken, die Verteidiger blieben hinten, die Stürmer vorn, und der Kampf im Strafraum beherrschte das Spiel. Es waren gerade Heimatvertriebene aus dem Sudetenland und aus Schlesien, die eine beachtliche Spielkultur ins Mittelschwäbische brachten.

Schon bald hatte ich entdeckt, daß am Sonntagabend von 18 bis 19 Uhr eine interessante Sendung im Radio im Bayerischen Rundfunk kam: »Sport und Musik« von Rudi Kirmeier und Harry Valérien. Zum ersten Mal hörte ich etwas von der süddeutschen Oberliga und Mannschaften wie TSV 1860 München, VfB Stuttgart, BC Augsburg und Schwaben Augsburg. Meine Liebe zu 1860 München entstand in dieser Zeit, weil die Münchner in einem Spiel gegen Eintracht Frankfurt eine 4:0-Führung in den letzten 10 Minuten verloren. Andererseits imponierten sie mir, weil sie dem siegreichen 1. FC Nürnberg in Nürnberg eine 7:0-Niederlage zufügten. Plötzlich war ich ein 60er, obwohl ich nie die Möglichkeit hatte, ein Spiel in München oder Augsburg zu verfolgen. Als ich 1950 ins Gymnasium nach Krumbach kam, bedeutete es für mich die größte Freude, wenn der Turnlehrer statt langweiliger Turnübungen Fußball spielen ließ. Spiele gegen andere Klassen, zumal gegen höhere, bedeuteten das schönste Schulvergnügen, das ich mir vorstellen konnte. Bis in die letzte Oberstufe spielte ich für das Gymnasium Krumbach, und zu den Höhepunkten meines sportlichen Lebens gehört ein 3:2-Sieg gegen die sieggewohnten Günzburger Gymnasiasten im September 1958. Der Sieg wog für uns um so mehr, als uns im Hinspiel die Günzburger auf Krumbacher Boden vor der versammelten Damenwelt des Gymnasiums mit 5:1 deklassiert hatten.

Zuvor allerdings fiel die Entscheidung gegen das regelmäßige Spielen in einem Klub. Der Jugendbetreuer der TSG Thannhausen hatte mich 16jährigen gefragt, ob ich in der Jugendmannschaft mitspielen wolle. Dies hätte mich unglaublich gereizt, doch ich wollte nicht jedes Wochenende Fußball spielen, sondern auch anderen Dingen des Lebens nachgehen. Mein Engagement in der katholischen Jugend von Ursberg bedeutete mir sehr viel, und ich wollte es nicht zugunsten des Sports aufgeben. Darum habe ich schweren Herzens auf das regelmäßige Spiel in einer echten Fußballmannschaft verzichtet. Dennoch besuche ich auch heute noch mit großem Vergnügen die Spiele der TSG Thannhausen in der Bezirksoberliga oder zuweilen in der Landesliga. Wenn die Thannhauser in der Oberliga gewinnen und dann noch ein befriedigendes Ergebnis der Löwen eintrudelt, ist der Samstag für mich positiv gelaufen. Ersatz fand ich im Spiel der Bundestagsfußballmannschaft von 1972 bis Mitte der 80er Jahre. Jeden Dienstag trainierten oder spielten wir, und es gab eine Reihe von »Länderspielen« und Fußballturniere mit anderen europäischen Parlamentariermannschaften. In der Bundestagsfußballmannschaft herrschte über alle Parteien hinweg eine großartige Kameradschaft. Gerne erinnere ich mich aller Kollegen, mit denen mich heute noch ein freundschaftliches, kameradschaftliches Verhältnis verbindet. Einmal kam die Mannschaft sogar in meine Heimat und machte ein Spiel in Thannhausen gegen ein kommunales Prominententeam. Das war für mich eine große Ehre und Freude. Ein Titel, auf den ich besonders stolz bin, ist »Ehrenspielführer« der Behindertenfußballmannschaft von Ursberg. Ursberg ist meine Heimat. In Ursberg befindet sich ein Behindertenzentrum mit vielfältigsten Einrichtungen und über tausend Behinderten. Ich bin mit ihnen aufgewachsen, groß geworden und bis heute mit ihnen verbunden. Sie haben seit Jahren eine prächtige Fußballmannschaft, die einen sehr schönen, gepflegten Fußball spielt.

Der Fußball läßt einen nicht los, auch wenn man sich über das Spiel der deutschen Fußballnationalmannschaft fast nur noch ärgern kann. Auch das Leben mit den 60ern bietet nicht gerade reines Vergnügen. Auf einen Sieg gegen die Bayern muß man mindestens fünf Jahre warten. Beglückend fand ich vor einigen Jahren die Begegnung mit Fritz Walter, meinem großen Sportidol. Bei einem Länderspiel gegen Bulgarien hielt er es in der zweiten Halbzeit nicht mehr auf der Tribüne aus, weil er zu nervös geworden war. Damals traf ich auch Uwe Seeler, an den ich mich erinnere, wie er als 17jähriger in der Nationalmannschaft bei einem Spiel gegen Frankreich unbeschwert wie ein Alter aufspielte. Der Spieler, der mit dem Ball wohl am meisten konnte, war und bleibt Franz Beckenbauer. Er war ein genialer Sportler und ein begnadeter Marktwirtschaftler. Vor einigen Jahren hat es mir großen Spaß gemacht, gemeinsam mit Edmund Stoiber ein Spiel 1860 München gegen FC Bayern München live kommentieren zu dürfen. Ich glaube, wir haben unsere Sache nicht schlecht gemacht, und der Aufmerksamkeitsgrad war gewaltig. Als am Schluß die Bayern beim gerechten Unentschieden doch noch auf das Siegtor aus waren, forderte ich vehement den Schlußpfiff, der dann auch Gott sei Dank ertönte.

Solange ich lebe, werde ich mich vom Fußball verzaubern und ärgern lassen. Nach dem persönlichen Schlußpfiff hoffe ich, daß auch der Himmel für Fußballbegeisterte ein offenes Tor bereithält.

(Eigenhändig aufgezeichnet von Theo Waigel)

Anne Will, Fernsehjournalistin

Anne Will, geb. 1966 in Köln, ist Fernsehjournalistin und Moderatorin. Sie studierte Geschichte, Politik und Anglistik in Köln und Berlin und volontierte beim *Sender Freies Berlin*. Seit Ende 1992 arbeitete sie bei *B1*, dem Berliner Lokalfernsehen des *SFB*, als Reporterin und Moderatorin. Bundesweit bekannt wurde Will durch die Präsentation der Medientalkshow *Parlazzo* des *WDR*. Sie war die erste Frau, die die legendäre *Sportschau* moderierte (1999–2001). Im April 2001 wurde sie Nachfolgerin von Gabi Bauer bei den *Tagesthemen* der *ARD*.

Anne Will ist ein herzlicher und warmherziger Mensch, dem das Fernsehen und all die schweren Nachrichten nichts anhaben können. Zum Abschied lächelt sie.

Vogelstangenfernbedienung

Mein erstes und wahrscheinlich auch einziges Paar Fußballschuhe habe ich von meinem Bruder abgestaubt. Als die Schuhe ihm nicht mehr paßten, habe ich sie mir genommen. Die hatten weiße Plastikstollen, es war ein Adidas-Schuh, schwarzes Leder, zerknautscht, abgewetzt. Die hatten was, die fand ich damals super. Wahrscheinlich war ich sieben oder acht, er war raus- und ich bin reingewachsen. Wie wir auf dem Hof oder der Straße Fußball spielen, das ist vermutlich mein erstes Fußballbild. Schwer zu sagen, wann ich das erste Mal Fußball im Fernsehen gesehen habe. Wir hatten einen Schwarzweiß-Fernseher, da erinnere ich mich vor allem an Sendungen wie *Schweinchen Dick* und *Dick und Doof*. Dann habe ich aber auch schon mit meinem Vater und meinem Bruder die *Sportschau* geguckt. Aber wirklich gut kann ich mich erst an die Fußballweltmeisterschaft 1974 erinnern, weil es da eine kleine Aufregung über das Bild gab, als wir den ersten Farbfernseher bekamen. Die Weltmeisterschaft 1974 war ohnehin ein spannendes Turnier, das haben wir dann aufgereiht zu viert, meine Eltern, mein Bruder und ich, auf dem Sofa geguckt. Die Balkontür stand offen, es war ein heißer Sommer, und wir schauten gebannt zu.

Unsere Straßenfußballmannschaft wurde immer wieder neu zusammengewürfelt. Wir spielten oft auf Garagenplätzen, und dann wurde immer wieder mit voller Wucht gegen die Garagentore geschossen. Für uns ein Riesenspaß, weniger für die Nachbarn, denn das haben wir wahnsinnig oft gemacht. Mit wechselnden Besetzungen und an wechselnden Orten, auch auf der Wiese, wurde wieder und wieder gespielt. Es waren meistens Jungs, Mädchen waren nur selten dabei. Meine Freundinnen aus der Grundschulklasse spielten keinen Fußball. Aber die Mädchen aus der Clique um meinen Bruder schon. An Sonntagen, wenn es langweilig war, sind mein Bruder und ich losgezogen. Dann haben wir auf ein Garagentor gedonnert und dort sehr viele Abdrücke hinterlassen. Diese Art Fußball habe ich lange Zeit gespielt, auch halbwegs erfolgreich. Mit erfolgreich meine ich, daß ich auch mal ein Tor schoß und lange Zeit sehr gut mithalten konnte. Ich war schnell und konnte mich durchmogeln. Da wir natürlich ohne Abseits spielten, konnte man unauffällig vorne warten und dann zuschlagen. Ich erinnere mich, daß ich eines Tages ein Tor schoß. Im Fernsehen hatte ich gesehen und verstanden, wie enthusiastisch man sich über ein selbstgeschossenes Tor freuen muß. Deshalb lief ich jubelnd über so eine Feuerwehrzufahrt, wo in den Rasen kleine Betonquader eingelassen waren, und über die geriet ich ins Stolpern. Ich erinnere mich an dieses Bild gleichsam in Zeitlupe: Noch während ich juble, beginne ich zu stolpern. Ich freue mir einen Ast ab über dieses tolle Tor, aber gleichzeitig stolpere ich immer weiter und merke plötzlich, du wirst dich nicht halten können. Und dann rutsche ich mit dem Knie über diese Betonstücke. Bis heute ist mir eine fette Narbe am Knie erhalten geblieben, weil der Riß wirklich bis auf den Knochen ging. Das war aber auch schon die Zeit, in der ich mich langsam vom Fußball mit den Jungs verabschiedete. Meine körperliche Unterlegenheit wurde immer deutlicher. Anfangs konnte ich das noch ausgleichen, aber die gingen immer rabiater zu Werke, und meine Angst, mir weh zu tun, nahm immer mehr zu. Deshalb fing ich an, mich vom Fußballspiel zu entfernen. Wenn da aber mal irgendwo ein Ball herumlag, ballerte ich den natürlich in irgendein Tor. Auch auf dem Schulhof haben wir in den Pausen Fußball gespielt, mit einem Tennisball, aber das hörte dann auch auf. Mit zwölf oder dreizehn fing ich an, statt dessen Rollschuh zu laufen, auf Bäume zu klettern, Skateboard zu fahren und Buden zu bauen.

Mein Bruder hat in Hürth im Verein gespielt. Nicht lange, aber er war im Verein. Mir blieb das versagt. Mädchen durften damals nicht in den Fußballverein. Hätte ich es gedurft, ich hätte es gemacht, und ich hätte es gerne gemacht. Es gab einfach keine Mädchenmannschaft. Es war klar, daß Mädchen das nicht machten. Das war genauso klar wie, daß Mädchen keine Meßdienerinnen sein durften. Da habe ich einmal in unserer Pfarrei gefragt, warum es nicht geht. Es ginge eben einfach nicht, hieß es dann, obwohl es in der benachbarten Pfarrei sehr wohl Meßdienerinnen gab. Meine erste Begegnung mit der Amtskirche verlief also unglücklich.

Obwohl ich nun aufgehört hatte, selbst Fußball zu spielen, wurde die *Sportschau* bei uns natürlich weitergeguckt. Da war ich auch immer dabei, obwohl irgendwann Tennis für mich attraktiver wurde. Aber an Bundesligaergebnissen und Pokalspielen blieb ich interessiert. Das war normaler Alltag. Das war Familienalltag, zumal es mitunter Konflikte gab, denn zur gleichen Zeit kam *Daktari*, und das fand ich nun auch super. Aber großen Streit gab es deshalb nicht. Mein Bruder und mein Vater waren nicht so fanatisch, daß sie auf der *Sportschau* bestanden hätten.

Unser Fernseher wurde wirklich für die Weltmeisterschaft 1974 gekauft. Das interessante an diesem Fernseher war, daß er mit so einer Art Sensortechnik funktionierte. Man tippte den Schalter leicht an, und durch die Wärme des Fingers reagierte das Ding und schaltete um, es gab also keine Fernbedienung. Die Fernbedienung habe ich mir dann selbst gebaut. Wir hatten damals einen Wellensittich, und zum Rundumequipment des Vogels gehörte eine Vogelstange aus grüngelb gerilltem Plastik. Mit diesem langen Rohr pustete ich auch mal Erbsen vom Balkon herunter, oder ich nutzte es als Trompete und trötete sehr schön darauf. Als ich wieder einmal mit der Vogelstange auf dem Sofa saß und so vor mich hin trötete, merkte ich, daß ich mit meinem Pusterohr auch die Sensortechnik bedienen konnte. Ich drehte die Vogelstange um und konnte so mit dem erwärmten Mundstück hin und her schalten. Da ich überhaupt wahnsinnig viel Fernsehen schaute, war die selbstgebaute Vogelstangenfernbedienung eine prima Errungenschaft.

Als ich das erste Mal selbst ins Stadion zum 1. FC Köln ging, war ich schon über 18. Ich hatte damals einen Freund, der mich mitnahm. Ich fand das ganz aufregend, merkte aber schnell, daß ich stadionungeübt war und mich kaum auf das Spiel konzentrieren konnte, weil ich überall herumguckte. Als dann ein Tor gefallen war, erwartete ich eine Zeitlupe, die aber zu meiner großen Enttäuschung nicht kam. Das hat sich fortgesetzt, denn als ich in der Sportredaktion des *SFB* arbeitete, bin ich sehr häufig im Olympiastadion gewesen, saß meist auf der Pressetribüne und habe mich zu Kollegen gesetzt, die einen Monitor und somit eine Zeitlupe hatten. Ich bin bis heute eine fernsehverdorbene Fußballguckerin, ich mag die Atmosphäre im Stadion, ich mag es, wenn es laut ist, und empfinde es auch nicht als aggressiv, eher als amüsant, aber ich warte immer noch auf die Zeitlupe. In der raschen Beurteilung von Spielszenen sind andere sehr viel sicherer als ich, und ich vermute, es liegt daran, daß ich niemals höherklassig gespielt habe. Mir wäre deshalb eine Kommentatorenlaufbahn auch immer verstellt geblieben. Ich hätte mir auch nicht zugetraut, in der Bundesligaschaltkonferenz aufzutauchen. Da fehlt mir entweder ein Gen oder eine bestimmte Technik, die man wahrscheinlich nur hat, wenn man im Verein gespielt hat. Mich rührt das an, wenn ich im Stadion bin, wo großer Lärm ist, wo ein Publikum mitfiebert, das bedeutet mir was, das treibt mir die Gänsehaut auf die Arme oder die Tränen in die Augen. Da, in meiner Sportleidenschaft, die sich nicht nur auf den Fußball bezieht, bin ich wirklich anrührbar. Da bin ich fasziniert davon, wie Menschen Druck aushalten, wie sie Streßsituationen, etwa im Finale eines großen Turniers, meistern.

Als ich in der Sportredaktion des *SFB* anfing, ich glaube, es war gleich in der ersten Woche, rief einer der altgedienten Reporter durch das Großraumbüro: »Na, Anne, sag mal die Aufstellung von 1954, und zwar mit Ersatzspielern!« Und dann mußte ich sagen: »Weiß ich nicht, kann man doch aber sicher irgendwo nachschlagen!« Das war natürlich nicht der ideale Zugang zur Garde der älteren Sportreporter, die ihr Selbstbewußtsein daraus bezogen, sich an jedes noch so entlegene Detail zu erinnern. Es war eigentlich ein Riesendrama für diese Generation von Sportjournalisten, daß Datenbanken entwickelt wurden, daß jede Information superschnell abgerufen werden konnte. Ohne es zu wissen, hatte ich da etwas angerichtet. Aber so locker, wie das jetzt klingt, war das nicht für mich.

Ich hatte schon über Jahre gespürt, daß ich nicht so viel weiß wie meine Kollegen, daß ich nicht so viele Details präzise erinnere, daß ich ein Spiel nicht so gut lesen kann wie die, das wußte ich schon alles. Und es hat mich lange Zeit unter Druck gesetzt. Aber dann habe ich irgendwann verstanden, daß ich sehr wohl in der Lage bin, Sportsendungen zu moderieren, daß ich diese Techniken beherrsche und einen Zugang zu Themen finde, daß ich erkenne, was wesentlich ist, daß ich Interviews führen kann. Insofern konnte ich irgendwann den Kollegen auf Augenhöhe begegnen. Auch der Kollege, der mich nach der 54er-Aufstellung gefragt hatte, ist mir später sehr wohlwollend und respektvoll begegnet, obwohl wir weiterhin mit verschiedenen Waren handelten.

Die Situation war ähnlich, als ich mit der *Sportschau* anfing. Ich spürte dieses grundsätzliche Mißtrauen einer Frau gegenüber, die als erste Frau die legendärste aller Sportsendungen moderierte. Das hätte schiefgehen können, ganz leicht, wenn ich die erste Sendung verhunzt hätte, zumal ich damals auch das erste Mal überregional in Erscheinung trat. Zu dem Druck, der auf mir lastete, gehörte auch, daß ich vor dieser Sendung ungeheuer viel Interviews geben mußte, und in wirklich jedem dieser Interviews kam die Frage nach »Schalke 05«. Sie wissen, Carmen Thomas hatte als erste Frau das *Aktuelle Sportstudio* moderiert und sich einmal versprochen. Statt Schalke 04 sagte sie Schalke 05. Sehr nett war, daß mir Carmen Thomas dann einige Tage vor der Sendung einen Brief schickte und schrieb: »Ich drücke Ihnen ganz herzlich die Daumen, Ihre Schalke 05.« Diesen Brief habe ich bis heute aufgehoben, weil er mir wirklich etwas bedeutet. Außerdem finde ich es grotesk, wie Carmen Thomas auch heute noch auf diesen Versprecher reduziert wird. Es gibt doch sehr viel bessere Geschichten. Allein wie sie sich gegen die Kampagne der *Bild am Sonntag* gestellt hat, ist natürlich die viel bessere Geschichte, die aber leider nicht in unser Alltagsbewußtsein übergegangen ist. Da hat sie am Samstag in der Sendung die *BamS* hochgehalten und gesagt: »Hier zeige ich Ihnen die ›Bild am Sonntag‹ von morgen, in der Sie schon jetzt nachlesen können, was ich heute abend alles falsch gemacht habe.« Das war natürlich großartig, und wahrscheinlich würde sich das heute niemand mehr trauen.

Es gibt eine Gesamttendenz, wie Ereignisse in den Medien abgebildet werden. Es liegt in der Logik unseres Mediums, daß sich Geschichten leichter über Menschen erzählen lassen, die man mit einer Kamera begleitet und denen man vermeintlich nahe kommt. Genauso machen wir es in den *Tagesthemen*, genauso wird aber auch zunehmend Sportberichterstattung gemacht. Man spitzt zu und erzählt es mit wenigen Worten. Das nervt einige Beobachter, weil damit das Gesamtphänomen natürlich selten erfaßt wird. Die Vorbereitungen einer Nationalmannschaft auf eine Weltmeisterschaft lassen sich nicht abbilden, wenn man es auf die Frage, wer im Tor steht, reduziert. Aber so läßt sich die Geschichte sowohl in den Boulevardmedien als auch im Fernsehen besser erzählen, indem man es an zwei Menschen festmacht. Im Zweifelsfall liegt man damit neben dem Gesamtphänomen. So machen wir es aber in der Politikberichterstattung auch, denn wir können komplexe Geschichten am besten erzählen, indem wir sie personalisieren. Komplizierte Regierungsbildungen und sehr komplizierte Wahlergebnisse lassen sich gut über zwei Protagonisten erzählen, im jüngsten Fall über Gerhard Schröder und Angela Merkel. Das geht aber an Politik, wie sie tatsächlich läuft, ganz vorbei, das ist ein sehr langsamer und ernsthafter Prozeß, den man an sehr komplizierten Inhalten und weniger an Personen entlang erzählen müßte. Aber so ist es nun einmal. Das Fernsehen ist ein vereinfachendes Medium, das nicht – wie die

Zeitungen – eine ganze Dokumentationsseite zur Verfügung hat, um ein Problem wie etwa die Neuordnung des Gesundheitswesens zutreffend abzubilden. So können wir nicht arbeiten, denn unsere Geschichte muß in 2 Minuten und 30 Sekunden erzählt sein, und sie muß so erzählt sein, daß der Zuschauer folgen kann. Das ist ein Zugang, den wir vor allem im Fernsehjournalismus verstärkt suchen. Diese Form der Berichterstattung hat aber auch sehr viel mehr Menschen den Zugang zum Fußball eröffnet, die nicht so detailsicher und kenntnisreich sind und nicht von der Wiege an wissen, wie Fußball zu verstehen ist. Ich glaube, daß über Personalisierungen im Sportjournalismus auch Frauen verstärkt zum Fußball finden und ein eigenes Interesse entwickeln. Die *Sportschau* der ARD hat inzwischen viele weibliche Zuschauer, und ich vermute, daß ihnen das Zusehen leichter fällt als früher, daß es ihnen mehr Spaß macht. Das liegt aber auch an den gewachsenen technischen Möglichkeiten, denn natürlich kann man ein Spiel durch 30 Kameras im Stadion sehr viel dramatischer erfassen, als es mit einer Führungskamera und einer Hintertorkamera möglich ist. Heute haben wir die dramatischen Bilder mit Superzeitlupen, mit höchsten Auflösungen, mit Kameras, die am Spielfeldrand auf Schienen entlangschießen. Großartig, dadurch ist man wirklich dabei. Ich genieße das und betrachte mich da auch als typische Fernsehzuschauerin, die da mit einem Grundinteresse rangeht, die aber nicht fanatisch gefesselt davor sitzt.

(Aufgezeichnet von Torsten Körner)

Torsten Körner

Nachspielzeit

Da, wo ich herkomme, komme ich nicht her. Aufgewachsen bin ich in einem kleinen Dorf in Niedersachsen, mit dem Namen Barßel. Dorthin verschlug es meine Eltern nach der Flucht aus der DDR. Inmitten von Mooren und umstellt von schwarzbuntem Vieh und tuckernden Magirus-Deutz-Treckern, wurde das Dorf von niedrigen Flüßchen umarmt, die ohne Elan der Nordsee zuliefen. Hier trat ich im Alter von elf Jahren in den Sport- und Turnverein Barßel ein und begann Fußball zu spielen. Fußball hat etwas mit Heimat zu tun, und Fußball in der Kindheit ist ein Ort, der auf keiner Landkarte steht, aber immer auffindbar bleibt, ein Ort, den mancher besucht, um sich zu wärmen, während ihn andere meiden, weil es sie fröstelt. Dieser Platz da hinter der Marienschule bleibt der Ort, wo ein angrenzendes Maisfeld im Sommer den Ball verläßlich verschluckte, wo im Herbst so oft die schwarzen Maulwurfshügel niedergetreten werden mußten, bleibt der Ort, wo ich mein erstes Tor schoß und wo sonntags der Schiedsrichter Bagura zur Belustigung der angeheiterten Zaungäste jedes Spiel verpfiff, weil er auf dem Feld noch mit den allergrößten Schreihälsen diskutieren und stimmlich mithalten wollte, ohne zu bedenken, daß sein dünnes Organ ihm keine Autorität verlieh. Dieser Platz gehört mir, und wenn ich irgendwo in meinem Leben ganz und gar zu Hause war, glücklich im Augenblick und eins mit dem Staub des Sommers, dem Schlamm und dem Rasen, dann da, auf diesem unebenen, unscheinbaren Feld.

Für uns Kinder hieß der Platz nur »der Alte«, denn hier trainierten und spielten die Jugendmannschaften, hier pflegten die dritte und die vierte Herrenmannschaft ihr holpriges Spiel, während der neue Platz der zweiten und der ersten Herren vorbehalten blieb. Hier auf dem »Alten« begann ich mit dem Spiel, und ich weiß nicht, warum es verloren war, bevor es begonnen hatte. Warum bloß hatte ich Torwart werden wollen? Ich war Torwart, einen heißen Sommer lang, ich war Torwart, ohne jemals ein Punktspiel bestritten zu haben, und dennoch war ich eine Katze, eine Bahnschranke, ein Panther, ein Sandsack, ein Baum und ein Blitz, eine rasende Faust, die den schärfsten Ball, der jemals geschossen worden war, aus dem Winkel boxte.

Wie kam es dazu, daß mir meine Eltern eine komplette Torwartausrüstung schenkten? Ein Traumtrikot mit schwarzen Stutzen, einer schwarzen, an den Hüften gepolsterten Hose und einem grünen Torwartpulli, der ebenfalls an den Ellenbogen gepolstert war und auf der Brust einen schwarzen Längsstreifen zeigte. Dieses Trikot trug in den siebziger Jahren Wolfgang Kleff, der bei Borussia Mönchengladbach spielte, als einer der besten deutschen Torhüter galt, aber niemals Sepp Maier den Stammplatz in der Nationalmannschaft streitig machen konnte. Kleff trug die Haare schulterlang, er war ein spilleriger Kerl, hatte ein blasses Gesicht und zeigte luftige Paraden, die immer etwas Unglaubliches und Unerhörtes an sich hatten. »Das gibt's doch gar nicht!« staunte ich, wenn er wieder einmal den Ball mit den Fingerspitzen über die Latte gelenkt hatte. Hatte denn niemand außer mir den gummiartig-gelenkigen Wahnsinn in dieser Aktion bemerkt?

Eine professionellere Torwartausrüstung hatte es vermutlich niemals zuvor in Barßel gegeben. Dennoch verschwand der schwarzgrüne Kleff-Torwartdreß sang- und klanglos nach nur einem Sommer und hinterließ kaum eine Spur. Gäbe es nicht ein Foto, das mich darin zeigt, ich hätte kaum eine Erinnerung daran bewahrt. Keine ruhmreiche Tat, kein gerettetes Spiel, kein waghalsiger Hechtsprung auf eisigem Boden, keine feuchte Landung in einer Fünfmeterraumpfütze, kein Sturzflug in die Beine des Stürmers, ich verbinde einfach nichts mit diesem Trikot. Nein, halt – da ist doch etwas. Im Rückblick erinnere ich mich an dieses kleine, nagende Schamgefühl über den erkauften Glanz, den ich niemals durch Leistung hätte abgelten können, einen Glanz, der einfach nicht nach Barßel gehörte, schon gar nicht auf den »Alten«, schon gar nicht zu mir, der vom Fußball noch nichts verstand. Ich hatte mich mit diesem Trikot in eine imaginäre Liga vorgewagt, die weder etwas mit der Bundesliga noch mit der Bezirksklasse zu tun hatte, eine Traumtanz- und Luftikus-Liga, und wenn ich, der Zugezogene und Fremde, auf dem »Alten« ernst genommen werden wollte, dann mußte dieses hochstaplerische Trikot verschwinden. Das Trikot verlor sich, und ich wurde Libero.

Eine Frage aus diesem Sommer zwischen den Pfosten aber enthält für mich das ganze Drama jeder Fußballkarriere, ganz gleich, ob sie gelingt oder scheitert. Franz-Josef und ich trafen uns beinahe jeden Tag. Wir waren keine Freunde, er war ein paar Jahre älter, gleichwohl diente ich ihm als Trainingspartner. Er bolzte und ballerte auf das kleine gußeiserne D-Jugend-Tor, in dem ich stand, und ich parierte, so gut ich konnte. Franz-Josefs Karriere war zu diesem Zeitpunkt schon irgendwie vorbei. Er war 14 Jahre alt, hatte schon in der Bezirksauswahl gespielt und galt noch immer als großes Talent. Allerdings war er im Tischtennis kaum weniger begabt, und auch hier hatte man ihn bereits in verschiedene Auswahlmannschaften berufen. Nun schien ihn dieser Spagat überhaupt nicht zu quälen, und ein Jahr nachdem er mir die Bälle um die Ohren gedroschen hatte, hörte er mit dem Fußball plötzlich auf. Niemand konnte das wirklich verstehen, es hieß, der Junge sei einfach kein richtiger Kerl. Ich kann über ihn nichts sagen, ich weiß nur, daß ihm heute eine große Baustoffhandlung gehört, die er von seinem Vater übernommen hat, und daß auf dem akkurat geschnittenen Rasen vor seinem sehr großzügig errichteten Haus ein kleines solides Tor steht, das sogar ein Netz hat. Ab und zu tritt hier sein Sohn gegen den Ball. Wo war Franz-Josefs Talent geblieben? Hatte es sich in Luft aufgelöst? Oder war es einfach nicht groß genug? Gehören Talent und Besessenheit zusammen? Ist Besessenheit der glühende Kern jedes Talents, sein Motor, sein Atem? Was ist eigentlich Talent?

Auf die Frage, warum ich kein Berufsfußballer geworden bin, könnte ich mir und jedem anderen flink antworten: »Mein Talent hat einfach nicht ausgereicht!« Aber steckt hinter dieser so ehrlich wie bescheiden klingenden Formel bei genauerer Betrachtung nicht ein Bündel von Motiven, Ursachen und Geschichten, die mit dem Begriff und dem Bild vom Talent nur verschleiert werden? Über einen hochbegabten Spieler heißt es oft, das Talent sei ihm in die Wiege gelegt worden, und man meint damit, er habe, von Anfang an und allen anderen voraus, Fähigkeiten besessen, die sich jeder Dramaturgie und Entwicklung entzögen. Das Talent als Gottesgeschenk, als ererbte Disposition, Mitgift der Natur oder einfach Laune des Zufalls. Sicher, man kann sein Talent verschleudern, oder man kann es entwickeln, aber ohne geht es nicht, das ist die vorherrschende Auffassung. Daß das fehlende Talent aber bereits am Ende vieler Geschichten steht, daß es für Betroffene und Beobachter oft nur Trostpflaster und Alibi darstellt und dahinter eine Menge erstickter Möglichkeiten und verdrängter Geständnisse steht, wird vom allgemeinen Sprachgebrauch nach Kräften verleugnet. In welch schwindelerregenden Abgrund von Erklärungen müßte man auch hinabblicken, wollte man herausfinden, was fehlte, bevor das Talent fehlte.

Und wo beginnt mein Scheitern? Wo lagen die Brachfelder meiner Entwicklung? Ich war zehn, als wir – wie jeden Sommer – meine Großeltern in Leipzig besuchten. Die Nachbarskinder und ich spielten Fußball auf dem Hinterhof, zwischen Mülltonnen und einem alten Geräteschuppen. Einer der Jungen spielte sehr viel besser als die anderen. Sosehr ich mich auch mühte, ihm den Ball abzujagen, er blieb immer Sieger. Er spuckte entschlossen auf den Boden, so als ob das Spucken ebenso zum Fußballspiel gehöre wie der Ball. Seine Kniestrümpfe hatte er lässig bis auf die Knöchel gerollt, so daß man das Spiel seiner Muskeln verfolgen konnte. Nach jedem Tor, das er geschossen hatte, vollzog er einen knappen, beinahe achtlosen Jubel, so als ob er sagen wollte: *Freunde, hier, auf dem Hinterhof zwischen lauter Nullen, zahle ich nur mit kleiner Münze*. Er pfiff auf zwei Fingern und reklamierte Foulspiel, forderte bei Freistößen, den korrekten Abstand einzuhalten, und scheuchte uns mit einer herrischen Handbewegung beiseite. Dieses Schauspiel schüchterte mich ein. Ich kam mir vor wie ein Kalb, das dem Ball mit allzu dünnen und tauben Beinchen nachläuft. »Der spielt ja auch im Verein!« hieß es erklärend über den Wunderspieler, und damit war alles gesagt. Mein Wunsch, den Ball genauso geschickt zu behandeln wie er, war geboren.

Und dann? Ging es nicht mit einer Niederlage weiter? Ich bekam nur Noppenschuhe, das war schlimm genug, denn die Gummistollen wirkten gegenüber den Schraubstollenschuhen kindlich und brav. Wo war dieses herrlich brutale Klackern und Knirschen, wenn man über Steine lief? Zu allem Überfluß geriet mein Probelauf auf dem Teppichboden des Schuhgeschäfts zu einer Rutschpartie, an deren Ende ich einen Strumpfständer umstieß und in der Schaufensterauslage landete. »Die nehmen wir!« sagte meine Mutter und zog mich eilig und beschämt aus dem Geschäft.

Ein Tölpel war ich jedoch nicht, und ich hatte mir in der D-Jugend schnell einen Stammplatz erkämpft. Ich spielte jetzt jeden Tag. Auf dem schmalen Rasenstreifen vor unserem Haus, Achtung, Autos!, auf dem Rasen hinter unserem Haus, Achtung, Rosen!, auf dem Schulhof, Achtung, Mädchen!, im Wohnzimmer, Achtung, Porzellan!, im Kinderzimmer, Achtung, Schwester!, im Schwimmbad, Achtung Köpfe!, auf der Wiese, Achtung Kühe! Wenn ich dabei etwas wie Talent erkennen ließ, dann war es eine Folge dieser Tage und nicht deren Ursache. Ich spielte auch gern allein und erschuf mir Gegner und Mitspieler im Kopf. Unsere Gartenbank diente als Tor, und das Rasenstück verwandelte sich in jedes Stadion der Welt, ob Wembley oder Volkspark, und ob Kevin Keagan oder Franz Beckenbauer, ich war alles und jeder, ich war die Kamera, die Stimme, der Held. Es hat niemals perfektere und schönere Spiele als meine Haus-, Hof- und Gartenspiele gegeben. Doch steckte in diesen Orgien der Einbildung nicht schon die Saat meiner zukünftigen Unfähigkeit, ein wirklich guter Spieler zu werden? Mußte dieses Phantasieren mich nicht lähmen und untauglich machen für das wirkliche Spiel? Kann der, der sich so dick in Traumwatte einhüllt, die harten Stöße des echten Spiels noch ertragen? Sind die wirklich großen Spieler, die Stars, nicht gerade jene, die sich keine Träume borgen, weil sie selbst ein Traum sind? Sie spielen traumhaft, das ja, aber eben ganz und gar traumlos, sie sind ganz bei sich selbst, weil sie in sich selbst alles finden, um das Spiel zu beherrschen. Ein wirklich guter Spieler muß irgendwann auf alle Geschichten pfeifen und selbst Geschichte sein. Ich fürchte, ich bin immer den Geschichten der anderen hinterhergelaufen, ohne dabei meine eigene zu finden.

Obwohl ich lange ein Traumspieler war, war ich kein Traumtänzer. Schon in der B-Jugend fluchte ich so furchtbar, als sei ich in der Pißrinne des Dortmunder Westfalen-

Stadions aufgewachsen. Und wenn ich vom Platz flog, dann nie wegen eines groben Fouls, sondern wegen grober Worte, Gesten oder selbstherrlicher Strafaktionen. Das erste Mal wurde ich in der C-Jugend vom Platz gestellt. Wir spielten gegen den SV Lindern und führten uneinholbar. Als ich am rechten Flügel durchbrach, trat mir ein ziemlich dicklicher Junge in die Beine. Da ich schnell unterwegs gewesen war, knallte ich krachend gegen die Werbebande. Geschrei von allen Seiten, »Schiri!«, Empörung, unser Betreuer eilte mit seinem Medizinköfferchen herbei. Auf meinem Oberschenkel zeigten sich blutige Striemen, ich heulte vor Wut und rannte tränenblind zu meinem Widersacher. Er sah mich irgendwie hilflos, beinahe verständnislos an, so als könne er sich schon gar nicht mehr an das Foul erinnern. Mir riß der Geduldsfaden, ich gab ihm eine Ohrfeige und durfte duschen gehen. Zwei Jahre später die gleiche Szene in der B-Jugend, als ich einen üblen Tritt bekam und den Übeltäter kurzerhand am Kragen packte und kräftig durchschüttelte. Auch in diesem Fall wurde meine Eigenmächtigkeit mit einem Platzverweis belohnt. War ich zu unbeherrscht? Bestimmt, aber es war nicht dieser Jähzorn, der mich hinderte, Fortschritte zu machen, denn sonst wären Spieler wie Lothar Matthäus, Wayne Rooney oder Eric Cantona, Watschenmänner allesamt, niemals Stars geworden. Nein, meine Unbeherrschtheit hatte eine weitläufigere Qualität, denn es gelang mir nicht, meine Gefühle in das System des Spiels, in die eingeübten Rituale und die Ordnung meines Vereins einzubringen. Mit 14 Jahren spielte ich bereits in der A-Jugend, denn ich war hochgewachsen, und in der A-Jugend fehlten Spieler. Ich legte als Verteidiger eine sehr gute Halbserie hin und war Stammspieler. Ich galt als Talent. Aber ich machte den Fehler und verliebte mich in diesen Ruf. Aus eigenem Antrieb wechselte ich wieder in die B-Jugend. Ich wollte glänzen, die Ernte einfahren.

Zwar wurde ich nun Spielführer, aber mir fehlte der Ansporn, die dauerhafte Herausforderung, Lässigkeiten schlichen sich ein. In dem Bewußtsein, Fußball spielen zu können und in meiner Mannschaft leicht einer der Besten zu sein, fing ich mit anderen Sportarten an, Tischtennis, Handball und Leichtathletik. Ich kam vom Weg ab, und ich merkte, daß man auch ohne Fußball existieren kann. Eine derartige Unbeherrschtheit, nämlich den Fußball nicht als das Spiel aller Spiele zu lieben, kann sich kein Spieler leisten, der ein Großer werden will.

Und dann passierte etwas Furchtbares: Ich verliebte mich. Und etwas noch viel Schrecklicheres geschah: Ich wurde Sänger einer Heavy-Metal-Band. Mit dem Mädchen war es nach drei Monaten aus und mit dem Sängerdasein ein halbes Jahr später auch. Zumindest, daß ich als Sänger abtrat, war kein Verlust. Aber daß ich das Mädchen aus nahezu kindischen Gründen verließ, bereute ich viele Jahre. Aber in beiden Geschichten, im Verliebtsein und im Heavy Metal, steckte der Keim einer Krankheit, der auch mein Fußballspiel befiel und es letztlich zur Strecke brachte. Ich weiß keinen Namen für diese Krankheit, die mehr einer Haltung gleicht oder einem Bewußtseinszustand, den man glaubt, beherrschen zu können, bis man merkt, daß man längst von ihm geknechtet wird. Wie soll ich diesen Zustand nennen? Vielleicht Morbus Pop? Anfang der 80er Jahre war alles schrecklich und unabsehbar. Man begann sich wie eine jener Pop-Ikonen zu betrachten, die in irgendwelchen Videos herumstanden, *Dancing with tears in my eyes*, zwischen irgendwelchen Pop- und Welttrümmern spasmisch die Hände krampften, *Sweet dreams are made of these*, und endlich mit einem großen Schluchzen abtraten, *Do you really want to hurt me?* Man fühlte sich mit melodramatischer Ironie gegen jede Katastrophe gewappnet und nahm fast nichts ernst, aber zugleich verfiel man in schwärzeste Weltsicht. Alles war verbaut, alles war möglich, jeder war frei, alle waren Gefangene, du hast das Leben noch vor dir, du bist schon tot, du erfindest dich täglich neu, es gibt nur alten Plunder. Zwischen diesen Extremen ließ es sich leben, wenn man sich selbst beim Leben zusah, wenn man das Leben spielte, wenn man glaubte, man stünde hinten in der Abwehr wie ein mächtiger Libero, an dem alle Angriffe abprallen. Aber in dem Glauben, das Leben wie ein Video vor- und zurückspulen zu können, war man längst eine Zeitlupe in den Händen eines geschickteren Spielers geworden, der seinerseits aus der Ferne bedient wurde. Morbus Pop ließ uns da zittern, wo Angst ganz und gar unangebracht war, und machte uns zu Helden, wo es nicht einmal den Mut einer Maus erfordert hätte. Wer diese Krankheit in sich trägt, hat keine Chance, in die Nationalelf berufen zu werden.

Das Ende vom Lied schlich sich in meinen Körper, ich summte es vor mich hin und dachte, das sei die Melodie des Beginns, in Wahrheit stand ich still, sosehr ich auch dem Ball nachlief. Für das Mädchen und die Musik hatte ich in der A-Jugend mit dem Fußball aufgehört, und ich hatte diesen Entschluß wohl vor allem deshalb gefaßt, um eines jener effektvollen Dramen zu inszenieren, die Morbus Pop ausbrütet. Das Spiel ging ohne mich weiter, was denn sonst. Ich weiß nicht, ob ich gedacht hatte, die Welt des Fußballs würde durch meinen Abschied in ihren Grundfesten erschüttert oder zumindest die tödlich geschwächte A-Jugend des STV Barßel trüge ein halbes Jahr lang Trauerflor, ehe sie einsah, daß ohne mich rein gar nichts lief. Nichts geschah – kein Anruf, kein Abgesandter des DFB, nicht einmal eine kleine Bittprozession des STV in den Übungskeller unserer Band. Nach einem halben Jahr Pause fing ich wieder an, aber das alte Gefühl war weg. Trotzdem wechselte ich ein Jahr später zum BV Cloppenburg, wo ich das letzte Jahr in der Jugend spielte.

Die A-Jugend des BVC war gerade in die damals höchste deutsche Jugendspielklasse aufgestiegen, und so spielten wir gegen den Bundesliganachwuchs von Eintracht Braunschweig, Hannover 96, wir spielten gegen Kickers Emden, den SV Meppen oder Arminia Hannover. Wir behaupteten uns mühsam in dieser Liga, und ich machte das erste Mal die Erfahrung, auf der Ersatzbank zu sitzen. Seit dieser Zeit weiß ich, daß Talente selten wie göttliche Funken vom Himmel fliegen, sondern das Ergebnis ganz und gar irdischer Arbeit sind. Man braucht einen Verein, in dessen Geschichte sich eine bestimmte Spielkultur, ein gewisses Niveau festgesetzt haben, man braucht Trainer, die Begabungen zu Talenten schmieden, und man braucht Eltern, die ihre Kinder auf diesem Weg fördern. Und ganz sicherlich braucht es Glück. In unserer Mannschaft spielten zwei Jugendnationalspieler, und beide haben den Sprung in den bezahlten Fußball nie geschafft. Unserem Torwart fehlten ein paar Zentimeter, um sich im professionellen Herrenbereich zu etablieren, und unser Libero gewann nach einem Kreuzbandriß nie seine alte Klasse zurück und aß zu viele Süßigkeiten.

Und ich? Barßel lag etwa 50 Kilometer von Cloppenburg entfernt, und allein diese Entfernung kostete Kraft und Zeit. Manchmal gab es eine Mitfahrgelegenheit, manchmal mußte ich trampen, und manchmal fuhren mich meine Eltern. Zwar schaffte ich meistens den Sprung unter die ersten Elf, aber ich rutschte mühsam in die Mannschaft hinein und merkte selbst, daß ich meine Fähigkeiten nicht ausschöpfte. Außerdem begann ich mich in mehrfacher Hinsicht abzusondern und eigensinnig zu werden, und das verzeiht der Fußball nicht.

Auf den langen Busfahrten zu Auswärtsspielen las ich, und manchmal schienen mir die Buchstaben noch auf dem Feld vor den Augen zu tanzen. Nach dem Spiel waren alle müde, und es war noch stiller im Bus als auf der Hinfahrt.

Ich las im schummrigen Licht der Innenbeleuchtung, und die Romanfiguren wurden mir allmählich vertrauter als meine Mitspieler. Im Bus setzte ich dann endlich auch die Brille auf, die ich eigentlich immer hätte tragen müssen, die ich nicht tragen wollte, weil ich meinte, sie zerstöre mein Gesicht. Auch meine Kurzsichtigkeit machte mich eigensinnig, denn ich verlor den Blick für den Mitspieler und den Raum. In der Rückserie nahm ich nur noch sporadisch am Training teil, dann gar nicht mehr, und irgendwann hörte ich einfach auf. Ohne wirkliche Abmeldung, ohne Abschied, ohne Schlußpunkt. Lief davon wie eine Katze. Ein paar Wochen nach Saisonende erhielt ich noch einen Brief des Vereins, in dem man mir – wie allen anderen auch – für meinen Einsatz dankte, das war's. Diese Saison hat mir ein unauslöschliches Schamgefühl in den Körper injiziert. Noch heute träume ich gelegentlich von dieser so unglücklich verlaufenen Spielzeit, und ich hoffe und hoffe, ich könnte all die Irrtümer und Fehler korrigieren. Dann stehe ich noch mal auf dem Platz und bin endlich der, der ich hätte sein können, wenn ich nicht vom Weg abgekommen wäre. Doch plötzlich, mitten im Traum, flüstere ich mir selbst mißtrauisch zu: »Du bist zu alt, um hier zu sein und mitzulaufen. Du bist kein Junge mehr.«